国家重点研发计划课题（编号：2018YFF0300603）"冬残奥运动员运动表现提升的关键技术" State Key R&D Program（No. 2018YFF0300603）"Key Technology for Improving the Performance of Winter Paralympic Athletes"

光明社科文库
GUANGMING DAILY PRESS:
A SOCIAL SCIENCE SERIES

·教育与语言书系·

# 越野滑雪运动 I
## ——训练理论与方法

（白俄）伊万·维克托罗维奇·利斯托巴德｜著
徐守森　张渝儿｜译

光明日报出版社

图书在版编目（CIP）数据

越野滑雪运动. Ⅰ，训练理论与方法 ／（白俄）伊万·维克托罗维奇·利斯托巴德著；徐守森，张渝儿译. --北京：光明日报出版社，2022.2
ISBN 978-7-5194-6461-5

Ⅰ.①越… Ⅱ.①伊… ②徐… ③张… Ⅲ.越野滑雪 Ⅳ.①G863.13

中国版本图书馆 CIP 数据核字（2022）第 033334 号

版权登记号：01-2022-0677

Лыжный спорт Ⅰ
Авторское право © 2019 И. В. Листопад
Авторское право перевода на упрощённом китайском языке © 2022 Y Сюй Шойсеня и Чжан Юйэра

## 越野滑雪运动Ⅰ：训练理论与方法
### YUEYE HUAXUE YUNDONG Ⅰ：XUNLIAN LILUN YU FANGFA

著　　者：（白俄）伊万·维克托罗维奇·利斯托巴德
译　　者：徐守森　张渝儿

责任编辑：史　宁　　　　　　　　责任校对：周建云
封面设计：中联华文　　　　　　　责任印制：曹　净

出版发行：光明日报出版社
地　　址：北京市西城区永安路 106 号，100050
电　　话：010-63169890（咨询），010-63131930（邮购）
传　　真：010-63131930
网　　址：http://book.gmw.cn
E - mail：gmrbcbs@gmw.cn
法律顾问：北京市兰台律师事务所龚柳方律师

印　　刷：三河市华东印刷有限公司
装　　订：三河市华东印刷有限公司

本书如有破损、缺页、装订错误，请与本社联系调换，电话：010-63131930

开　　本：170mm×240mm
字　　数：261 千字　　　　　　　印　　张：15.5
版　　次：2022 年 2 月第 1 版　　印　　次：2022 年 2 月第 1 次印刷
书　　号：ISBN 978-7-5194-6461-5
定　　价：95.00 元

版权所有　　翻印必究

明斯克

2017

白俄罗斯共和国体育旅游部

白俄罗斯国立体育大学

伊万·维克托罗维奇·利斯托巴德

越野滑雪运动（上）

训练理论与方法

（修订版）

明斯克

2017

УДК 796. 92+796. 015
Л63
ББК 7А4. 1（075）

审阅人：
白俄罗斯国立大学运动与体育系教授，教育学副博士，白俄罗斯共和国体育荣誉活动家，白俄罗斯共和国荣誉教练，瓦西里·马克西莫维奇·基谢廖夫；
白俄罗斯体育大学旅游招待管理系主任，教育学博士，生物学博士，副教授，亚历山大·安纳多利耶维奇·米歇耶夫
伊万·维克托罗维奇·利斯托巴德

Л63 滑雪运动：教材／伊万·维克托罗维奇·利斯托巴德：в 2 ч. ч. 1. - 明斯克：白俄罗斯体育大学，2017. - 247 с.

ISBN 973-985-541-599-3.

本教材介绍了滑雪和越野滑雪在俄罗斯帝国、苏联、白俄罗斯的产生和发展情况；介绍了越野滑雪应该遵守的安全规范；详尽介绍了越野滑雪比赛的组织和举办问题、滑雪运动员的教学理论与教学方法；详述了人体基本素质的训练特征和培养方法；介绍了滑雪运动入门教学法；介绍了集训和特训两种训练方法的训练量与搭配；人体素质培养的异质性、训练过程和物质技术保障的阶段安排；提供营养均衡的饮食搭配的建议。

教材的编写对象是体育运动专业的大学生、教师和其他专家。

УДК 796. 92+796. 015
ББК 7А4. 1（075）

ISBN 973-985-541-598-6　　伊万·维克托罗维奇·利斯托巴德, 2019
ISBN 973-985-541-599-3　　装帧 教育部, 2019

# 前 言

《越野滑雪运动》（Ⅰ）是高校教材，为 1-88 02 01-01 "体育教育活动（自由式滑雪教练）"专业学生编写。教材编写符合白俄罗斯共和国教育标准 1-88 02 01-01——2008 一级高等教育标准和专业教学计划要求。

学习本教材将有助于自由式滑雪教练和教师、大一大二学生获得必需的知识、技能、教学技巧与方法。

根据《教学方法与体育教育高级技能》项目，教材涵盖了：俄罗斯、苏联、白俄罗斯和冬季奥运会的滑雪运动发展史；滑雪运动种类及其在体育界的地位；滑雪应该遵守的安全条例和因伤退赛规则；传统板和自由板的基本滑雪技能；带滑雪板站队列；转弯、刹车、变道、上坡和下坡技术；初级滑雪教练方法。

本教材还详细介绍了越野滑雪的组织与举办、领导理论、预测竞技体育成绩、体育活动现代化和体育预测等问题。

教材包含以下内容：

训练阶段各项身体指标的阶段性数据；

循环负荷量；

不同年龄阶段滑雪者年度训练中集训和特训两种训法的结合情况；

训练负荷后运动员机体恢复指标；

训练过程的阶段和轮廓；

越野滑雪运动员新手和老手制订的训练计划范例，内容包括训练强度和成套训练；

营养均衡的饮食搭配建议；

训练和比赛的物质和技术保障；

比赛对赛道、赛场、器材和衣着的要求；

影响滑雪板和打蜡材料选择的因素；

打磨滑雪板雪面的器械。

教材编写过程中采用了以下白俄罗斯、俄罗斯和乌克兰作者的教辅和教材：教材：《运动的生化原理》（雅克夫列夫1974）、《体育的教学原理》（特尔-奥瓦涅西昂1978）、《如何打造运动员》（德尔卡丘、伊萨耶夫1982）、《培养高端运动员》（普拉托诺夫1986）、《滑雪运动》（布京2000）、《滑雪运动员专业训练》[拉蒙斯基（女）2001]、高级教练教材《奥运会运动员训练体系》（普拉托诺夫2005）。

教辅：《滑雪运动员的技术训练》（叶尔马科夫1976）、针对体育学院教师和学生、教练和运动员编写的《滑雪技术》（叶尔马科夫1986）、《越野滑雪》（古尔斯基、叶尔马科夫、科布泽夫、雷仁科夫1990）、奥运会教育学院教辅《滑雪运动》（巴尔切夫斯基、基谢列夫、德姆科和其他作家1994）。

教材的编写对象为大学生、教师、专攻冬季运动的进修生（继续教育和进修学院、教练高等学院）、奥运会进修学院和体校学生、教练和广大滑雪运动爱好者。

# 缩写单词表

АнП － Анаэробный（лактатный）порог 乳酸运动极限值

АТФ － аденозинтрифосфорная кислота 三磷酸腺苷

БГОИФК － Белорусский государственный орденоносный институт физической культуры 白俄罗斯国立体育荣誉学院

БГТО － будь готов к труду и обороне 健体为劳动，健体为国防〈口号，命令式〉

ВСЛ － Всесоюзный союз лыжебежцев 苏联滑雪者联盟

ВШТ － высшая школа тренеров 教练高校

ГСК － главная судейская коллегия 主裁判团

ГТО － готов к труду и обороне 健体为劳动，健体为国防〈口号，陈述式〉

ДЕ － двигательные единицы 运动元

ДСО － добровольное спортивное общество 体育慈善协会

ДЮСШ － детско-юношеская спортивная школа 青少年体育学校

ЖЕЛ － жизненная емкость легких 肺活量

ЗОИ － зимние Олимпийские игры 冬奥会

ИП － исходное положение 起始状态

ИППК － институт повышения и переподготовки кадров 干部进修培养学生

КМ － кубок мира 世界杯

МВЛ － максимальная вентиляция легких 最大吸气量

МО － медицинское обследование 体检

МОД － минутный объем дыхания 分钟换气量

МОК － Международный Олимпийский комитет 国际奥委会

МПК － максимальное потребление кислорода（VO2max）最大摄氧量

МС － мастер спорта 运动健将

МСМК － мастер спорта международного класса 国际运动健将

ОИ － Олимпийские игры 奥运会

ОЛЛС － общество любителей лыжного спорта 滑雪爱好者协会

ОО БФЛГ － общественное объединение Белорусская федерация лыжных гонок 白俄罗斯滑雪联合会

ОРУ － общеразвивающие упражнения 集训练习

ОС － основная стойка 主机机柜

ОФП － общая физическая подготовка 大众化体育训练

ОЦТ － общий центр тяжести 公有重心

ОШВСМ － областная школа высшего спортивного мастерства 州高等体育技校

ПАНО － порог анаэробного обмена 厌氧代谢阈

ПМ － первенство мира 世界冠军赛

РШВСМ － республиканская школа высшего спортивного мастерства 共和国高等体育技校

СДЮШОР － специализированная детско-юношеская спортивная школа 青少年体育中专

СКИФ － спортивный клуб института физической культуры 体育学院运动俱乐部

СЛ － стойка лыжника 滑雪者立正姿势

СОЛ － система облегченного лидирования 削弱领先系统

СПС － спортивно-педагогическое совершенствование 体育教育进修

СФП － специальная физическая подготовка 体育专业教育

ТД － технический делегат 技术代表

ТО － текущее обследование 日常检测

УМО － углубленное медицинское обследование 全面体检

УОР － училище олимпийского резерва 奥运后备学院

УТС － учебно-тренировочные сборы 教练团队

ФИС － Международная лыжная федерация 国际滑雪联盟

ЦНС － центральная нервная система 中央神经系统

ЧМ – чемпионат мира 世锦赛
ЧСС – частота сердечных сокращений 心率
ШВСМ – школа высшего спортивного мастерства 高级体育技校
ЭКГ – электрокардиография 心电图
ЭКМ – этап кубка мира 世界杯赛期

# 目 录
CONTENTS

**第一章　训练理论与训练方法** …………………………………………… 1

1.1 《选定体育项目的训练理论与训练方法》教学科目、教学任务与教学内容　1

1.2 越野滑雪发展史　2

1.3 滑雪运动类型及其在体育教育体系中的地位　22

1.4 遵守安全措施并防止滑雪时受伤的规则　28

1.5 雪上滑行基本技巧　33

1.6 传统式滑雪运动技巧　36

1.7 自由式滑雪步法　52

1.8 不同形式的滑雪初步动作训练课堂组织与教学方法　65

1.9 传统式滑雪教学法　80

1.10 自由式滑雪教学法　88

**第二章　滑雪比赛的组织和裁判工作** ………………………………… 96

2.1 滑雪比赛的组织　96

2.2 比赛类别　96

2.3 组织委员会　98

2.4 团队代表会议　99

2.5 医疗保障　101

2.6 团队代表和教练的权利及义务　102

2.7 比赛形式和程序　102

2.8 越野滑雪比赛及选手　105

2.9 比赛裁判　109

## 第三章　理论和技术 ……………………………………………… 120

3.1 体育成绩控制和预测的一般理论基础　120

3.2 运动活动建模以及运动预测　129

3.3 运动训练的基本方法　134

3.4 身体素质发展的异时性　140

3.5 周期负荷容量和训练年度周期不同阶段的多年一般身体训练和专门身体训练方法之间的关系　143

3.6 越野滑雪运动员各种训练负荷后的机体恢复指标　168

3.7 越野滑雪训练过程设计的时间计划和程序　175

3.8 滑雪者的饮食建议　182

## 第四章　体育设施和物资保证 …………………………………… 214

4.1 滑雪场及其鉴定程序　214

4.2 越野滑雪比赛的赛道准备　219

4.3 越野滑雪比赛的滑雪场准备　221

4.4 器材、衣服以及鞋的要求　222

4.5 滑雪板和润滑油选择的影响因素　227

4.6 打蜡工具　228

**参考文献** ………………………………………………………………… 231

# 第一章

# 训练理论与训练方法

## 1.1 《选定体育项目的训练理论与训练方法》教学科目、教学任务与教学内容

《选定体育项目的训练理论与训练方法》是一门针对全日制和半日制大学生开设的课程，通常在大学一年级开设。本课程为 1-88 02 01-01 "体育教育（越野滑雪教练）"专业高校大学生开设，符合白俄罗斯教育标准 1-88 02 01-2013 和上述专业方向的要求。

通过学习该课程，学生可以掌握训练不同水平、不同年龄段运动员的知识和技能；运动员的教育培养技巧与方法；越野滑雪比赛的组织与举办等。学习过程中，学生能不断精进自己的体育水平、掌握未来教练生涯所需知识、获得全面发展、强健体魄、提高工作能力、实现德智体美全面发展。

本科目分为理论与实践两部分。理论部分讲解并巩固训练理论和训练方法方面的知识。学习本科目学生将掌握：越野滑雪发展史；越野滑雪的安全措施；越野滑雪比赛的物资、技术保障与组织；基本的人体生理学知识及其训练特点与方法；越野滑雪技术；不同水平、不同年龄阶段越野滑雪运动员的年度训练方法等。

《选定体育项目的训练理论与训练方法》属于必修课程，学生将习得的体育教育训练理论必须在实践中加以运用。每学年，学生还要接受集训和特训各项指标的测试，以追踪其身体素质和技能水平的动态发展过程。

完成《选定体育项目的训练理论与训练方法》课程学习之后，学生应该掌握所有的相关理论知识，并能实践应用。

## 1.2 越野滑雪发展史

### 1.2.1 滑雪板的出现与运用

滑雪板是人类迄今仍在使用的雪上运动工具。远古人类用滑雪板进行冬季捕食，这样雪上捕猎敏捷迅速、悄无声息。考古学家鉴定，瑞典和挪威发现的描绘雪上生活的壁画以及智人遗骸堆里的滑雪板残骸可以追溯到新石器时代早期，也就是距今 4000 年以前。当时长短板的用法不一：长板滑雪，短板推进，滑雪面还加盖鹿皮或海狗皮。远古时代常见的是打猎用的雪履。时代变迁，滑雪板在不断变化演进，直到变成今天众人熟知的打猎板。有史学家认为滑雪板是斯堪的纳维亚人发明的，有史学家认为是亚洲人发明的。不同地区、不同雪质所用雪板也不同。

使用滑雪板的文字记录可以在古希腊历史学家的作品中找到。公元前 201 年，古希腊历史学家色诺芬曾经描写过自己去小亚细亚的捕猎之旅。亚美尼亚人建议他，雪深马难行，为马安上滑雪板。（公元前 20 年）斯特拉波也写过，亚美尼亚人也穿滑雪板在深深的雪地里活动。

瑞士阿尔弗雷德·基因斯教授的资料显示，公元前 8 世纪曼尼德舒撰写的历史文献提到了穿着木屐、双手持杖的猎人快速穿过长距离路程。诺夫哥罗德地区出土的遗骸见证了滑雪板的演化历史。那里出土的滑雪板可追溯至 13 世纪上半叶，是现代打猎板和竞速板的始祖，长 1.92 米，宽 8 厘米。

滑雪板固定在脚上的区域有一个 3 厘米宽的槽，槽壁有两个水平穿孔用于穿皮带，滑雪板自带定型的滑雪袜，上抬，弯曲。

1499 年阿尔罕城年鉴记录了雪上军队向汉特-曼西区进军的过程。艾尔马克领导的解放西伯利亚的军队和普加乔夫起义军都用过滑雪板。

此后滑雪板不再局限于军用。斯堪的纳维亚传说中滑雪比赛是对骑士的严酷考验。1520 年，瑞典国王古斯塔夫·瓦萨要打击荷兰入侵者维护国家自由，圣诞节他想号召一省人民发动偷袭，但没号召成功。国王便对臣民失去了信心，滑雪离开了莫拉市。国王离开不久，瑞典人民还是决定袭击入侵者，但没有国王做不到，于是他们派了两个实力最强的滑雪者去追赶国王，二人滑了 90 公里到萨伦市才赶上。

瑞典外交官巴尔姆17世纪曾拜访莫斯科公国，他描写过滑雪板的外形和俄罗斯人的滑雪技术，认为滑雪板是俄罗斯人的发明。

1920年后，瑞典开始举办莫拉和萨伦两市间的滑雪马拉松比赛，名叫"瓦萨-罗培特"，每年多达一万名运动员参加。

### 1.2.2 俄罗斯帝国越野滑雪发展史

俄罗斯滑雪运动始于19世纪初。沙皇政府轻视体育，但鼓励建立资本主义体育与体操俱乐部。作为工业中心的工人体育俱乐部的滑雪者不能参加官方比赛。越野滑雪在19世纪末是娱乐活动。

1897年圣彼得堡成立了第一个滑雪组织"极星"。1901年莫斯科成立了滑雪运动爱好者协会。

随后一批俱乐部模仿这两个先锋建立起来：图拉、斯摩棱斯克、彼尔姆、诺夫哥罗德。俄罗斯首场官方比赛是3俄里的竞赛，1896年1月28日在莫斯科霍登场举行。

1902年举办了25俄里的莫斯科最佳滑雪者比赛。冠军是列蒙尔特（莫斯科滑雪者俱乐部），成绩是2小时50分30秒。1903年起女性开始参加比赛。

莫斯科1907年整个冬季参加越野滑雪的只有37人。

1910年2月举办了首场俄罗斯帝国30俄里的滑雪比赛，有14个人参赛，冠军是贝丘科夫，成绩为2小时26分47秒。

1910和1911年贝丘科夫赢得了俄罗斯帝国冠军赛，他第一次采用了"俄罗斯滑行"，现在称为两步交替滑行。以前人们套着滑板跑，而他开始滑。

直到十月革命爆发，俄罗斯一共举办过五次冠军赛。

1911年1月2日举办了俄罗斯帝国滑雪运动组织代表大会。会上通过了会章，选举了俄罗斯帝国滑雪运动员委员会。

举行大型滑雪越野比赛有助于扩大滑雪俱乐部的数量。那年举办了赛程为200到2000公里不等的直线赛和星线赛。俄罗斯帝国一共有30家滑雪俱乐站，都由向城郊的私人业主租来的小房子改建而成，那里供运动员更衣、存放滑雪板和管理组工作。滑雪板和雪杖都从芬兰、瑞典和挪威采购而来。1913年起开始使用雪蜡，它有助于雪板的滑行和保养。俱乐部里上课的都是实力最强的运动员。当时还没有教练员培训体系，但教学方法教材从俱乐部成立起就开始印发。

1913年俄罗斯帝国滑雪运动员贝丘科夫和涅舒兴首次参加瑞典举办的北欧滑雪比赛，但成绩不佳。直到瑞典参赛，俄罗斯帝国滑雪运动员都未曾使用过双腿同步滑行动作。

1918年成立了全民备战体系，其中包括滑雪。从那时起，滑雪运动获得广泛传播。教练的角色由全民备战指导员充当，他们都是当时最优秀的滑雪运动员。

红军还成立了滑雪队，内战期间参与作战。1921—1922年冬，在卡累利亚，白军起义的战乱当中红军滑雪队表现突出。

在此期间举办的俄罗斯帝国冠军赛定期举办30公里越野滑雪项目。1921年起俄罗斯帝国冠军赛向女性开放，首先开放3公里项目，接下来是4.5公里和5公里项目。

### 1.2.3 苏联越野滑雪发展史

1924年莫斯科举办了苏联滑雪冠军赛，冠军是瓦西里耶夫（30公里赛程）和米哈伊洛夫（5公里赛程）。

苏联共产党中央组织局成立后，1925年7月13日通过了《党的体育文化建设任务》，劳动团体当中成立越野滑雪队，比赛人数增加，比赛频率提高。

自1925年起苏联开始生产滑雪板，那年生产了2000副；1927年生产了11万3000副；1929年则达到200万副。

1926年滑雪冠军赛成了"冬节"。接下来几年，每年都举办赛种丰富的全国冠军赛（1928年全苏联"冬节"成了少有的例外，那年冠军赛只有600人参加）。

滑雪运动的大众化发展始于1931年开始推行全苏联体育系统"健体为劳动，健体为国防"。自1934年推行体育项目和"健体为劳动，健体为国防"的综合标准起，小学滑雪教育获得了长足发展。自1935年起开始定期举行全苏联小学生滑雪比赛。

1934年摩尔曼斯克首次举行了"北方节"，参加节庆的有北方居民和本国最优秀的滑雪运动员。

苏联滑雪运动员1939年在与芬兰白匪的战斗中坚忍不拔、技巧高超、英勇无畏，这些交战让一大批滑雪运动员因为刚毅勇敢获得奖章和奖牌的嘉奖。

1939年全国滑雪冠军马雅格科夫是第1名被追授苏联英雄哀荣的苏联运动员。

卫国战争期间很多滑雪运动员自愿走上前线，留在后方的那部分则为前线输送战争物资。1941年2月举办了首届纪念红军23周年的共青团越野赛，参赛人数多达600万人。1943—1944年间又举办了多次类似的越野赛。

1943年到1945年，斯维尔德洛夫斯克多次举办了苏联越野滑雪赛。

1948年，全苏联滑雪部并入了国际滑雪联盟，苏联滑雪运动员可以参加在霍门科伦（瑞典）举办的国际比赛。

苏联滑雪运动员参加了在波亚纳-布拉索夫（罗马尼亚）第九届国际大学生滑雪比赛。女运动员参加了8公里比赛，男运动员参加了30公里比赛。所有奖牌均被苏联大学生摘得。

当时颇受欢迎的是塔林工厂生产的高质量比赛板。

1954年，斯维尔德洛夫斯克举办了首场苏联和芬兰滑雪运动员的见面赛。苏联运动员赢得了接力赛，苏联运动员库兴赢得了30公里比赛冠军。

同年在法隆（瑞典）举行的世锦赛，10公里冠军由科泽列夫夺得，30公里和50公里冠军由库兴夺得。

1956年始，苏联人民开始举办斯巴达挑战赛，1962年起，苏联人民开始举办冬季斯巴达挑战赛。

1958年滑雪世锦赛苏联运动员未获一枚金牌，该年以后男滑雪运动员成绩略微下滑。

第八届冬奥会在美国城市斯阔谷举办，几名苏联女运动员成绩夺目——10公里项目上，古萨科娃是冠军，巴拉诺娃则摘得了银牌，叶罗希娜摘得了铜牌。三人还合力在3×5公里接力赛上夺得了银牌。

1962年在扎科帕内（波兰）世锦赛，苏联滑雪运动员拿下了5公里的前3名（科尔钦娜、巴拉诺娃、古萨科娃）；还有10公里的前3名：科尔钦娜、古萨科娃和叶罗什娜；3×5公里接力赛的金牌由巴拉诺娃、古萨科娃和科尔钦娜摘得。男运动员的成绩不够理想，只夺得了4×10公里的铜牌。

1964年在（奥地利）因斯布鲁克举办的第九届冬奥会女滑雪运动员再次名列前茅。勃亚尔斯基姐妹夺得了5公里、10公里和3×5公里接力赛的金牌。男运动员表现稍微逊色，他们夺得了30公里的铜牌和4×10公里接力赛的铜牌。

1966年在（挪威）奥斯陆举办的滑雪世锦赛上，苏联女滑雪运动员再次夺得佳绩。5公里竞速滑中她们夺得了前4名。3×5公里接力赛女队夺得金牌。男队没有拿牌。

1966年举办了第二届苏联人民斯巴达挑战赛，参赛人数高达1200万人。

1968年（法国）格勒诺布尔举办了第十届冬奥会。维杰宁夺得了50公里的银牌，女队（科尔钦娜、阿丘金娜、古拉科娃）夺得了3×5公里接力赛的银牌，5公里铜牌由科尔钦娜摘得。

1970年在（捷克斯洛伐克）上塔特拉山举办的滑雪世锦赛上，苏联滑雪运动员表现出众。维杰宁夺得了30公里冠军和50公里亚军。古拉科娃夺得了5公里金牌，奥刘妮娜夺得了10公里金牌。3×5公里接力赛冠军是古拉科娃、奥刘妮娜和比刘申科。4×10公里接力赛冠军是西马朔夫、瓦隆科夫、塔拉卡诺夫和维杰宁。

1972年在（日本）札幌举办的第十一届冬奥会上，苏联滑雪运动员夺得了8块奖牌，其中5块金牌。奥运冠军有：维杰宁（30公里），西马朔夫、斯科博夫、瓦隆科夫和维杰宁（4×10公里接力），古拉科娃（5公里和10公里），古拉科娃、奥刘妮娜和木哈切娃（3×5公里接力）。夺得银牌的有：西马朔夫（15公里）和奥刘妮娜（10公里）。夺得铜牌的有维杰宁（50公里）。这是苏联参加冬奥会有史以来的最佳成绩。

1974年在（法国）法伦举办的世锦赛上，夺得4×5公里接力金牌的是巴尔德切娃、谢留妮娜、斯媚塔妮娜和古拉科娃。古拉科娃夺得了5公里和10公里的冠军。男队中，罗切夫夺得了15公里第2名和4×10公里接力的银牌。

1976年在（奥地利）因斯布鲁克举办的第十二届冬奥会，苏联滑雪运动员夺得了4块金牌、2块银牌和4块铜牌。

1978年在（芬兰）拉赫蒂举办的世锦赛上，苏联滑雪运动员成绩优秀依旧。冠军有：阿莫梭娃（10公里和20公里）、萨维里耶夫（30公里）。夺得银牌的有：斯媚塔妮娜（10公里）、季米亚托夫（30公里）、别里亚耶夫（15公里和50公里）、古拉科娃（20公里）。夺得铜牌的有：女子4×5公里接力赛和斯媚塔妮娜（5公里）。

1980年在普莱西德湖村举办的第十三届冬奥会上，苏联女滑雪运动员成绩优异。季米亚托夫赢得了30公里和50公里的冠军；由季米亚托夫、别里亚耶夫、勃儒科夫和罗切夫组成的男队赢得了4×10公里接力的冠军；罗切夫夺得了30公里的第2名；女子10公里冠军是斯媚塔妮娜；由巴尔德切娃、古拉科娃、罗切娃和斯媚塔妮娜组成的女队夺得了4×5公里接力的第2名。

1982年在（挪威）奥斯陆举办的世锦赛上，苏联女滑雪运动员表现依旧十分出色。斯媚塔妮娜夺得了20公里冠军；4×10公里四人（尼基京、巴丘克、布尔拉科夫和札夫亚洛夫）男子接力夺得了冠军；50公里布尔拉科夫夺得了第2名；4×5公里女子（李雅多娃、扎勃洛茨基、斯媚塔妮娜和古拉科娃）接力夺得了银牌。

1984年第十四届冬奥会在（南斯拉夫）萨拉热窝举办。苏联男队夺得了3枚奖牌：30公里冠军季米亚托夫，30公里亚军扎夫亚洛夫；4×10公里男子接力亚军：巴丘克、扎夫亚洛夫、尼基京、季米亚托夫。女滑雪运动员斯媚塔妮娜夺得了10公里银牌。

1985年在（奥地利）塞费尔德举办了滑雪世锦赛。苏联男队发挥不佳，奖牌颗粒未收。由季霍诺娃、斯媚塔妮娜、瓦西里耶娃、列兹卓娃组成的4×5公里接力女队夺得了金牌。

1987年世锦赛在（民主德国）奥博霍夫举办，苏联滑雪队表现出色。15公里杰维亚季亚洛夫夺得了第3名；由巴丘克、斯米尔诺夫、杰维亚季洛夫、萨哈诺夫组成的4×10公里男子接力夺得了银牌。女队方面：5公里列兹卓娃夺得了第2名；由奥尔吉娜、格夫里留克、利季娜、列兹卓娃组成的4×5公里接力夺得了金牌。

1988年（加拿大）卡尔加里举办的第十五届冬奥会上，苏联运动员成绩斐然。男队方面：15公里项目上，杰维亚季亚洛夫夺得了第1名、斯米尔诺夫第3；30公里项目，第1名是普洛古洛夫，第2名是斯米尔诺夫；由萨哈诺夫、斯米尔诺夫、杰维亚季亚洛夫、普罗古洛夫组成的4×10公里男子接力队夺得了第2名。女队成绩也很出色：5公里第2名是季霍诺娃、第3名是温岑娜；10公里第1名是温岑娜，第2名是斯媚塔妮娜；4×5公里接力女子冠军是娜杰基娜、格夫里留克、基霍诺娃和列兹卓娃。

1989年在（芬兰）拉赫蒂举办的世锦赛对苏联滑雪运动员来说也是一大骄傲。斯米尔诺夫夺得了30公里冠军；普罗古洛夫夺得了50公里第3名；瓦亚里波夺得了10公里冠军；季霍诺娃夺得了10公里第3名；4×5公里女子接力亚军是莎姆舒里娜、斯媚塔妮娜、季霍诺娃、瓦亚里波。

1991年世锦赛在（意大利）费耶美谷举办。15公里自由式斯米尔诺夫夺得了第3名；30公里传统式斯米尔诺夫夺得了第2名。女队成绩更好。10公里第1名是瓦亚里波，第3名是季霍诺娃；15公里传统式第1名是瓦亚里波；30公

7

里自由式第1名是叶格洛娃、第2名是瓦亚里波；4×5公里女子接力冠军是叶格洛娃、斯媚塔妮娜、季霍诺娃、瓦亚里波。

1992年第十六届冬奥会在（法国）阿尔贝维尔举办，滑雪队员以独联体为旗号出战。男队没有收获奖牌。女队成绩出色：5公里第2名是叶格洛娃、第3名是瓦亚里波；5公里传统式和10公里自由式冠军都是叶格洛娃、第3名是瓦亚里波；15公里传统式冠军是叶格罗娃、第3名是瓦亚里波；4×5公里接力冠军是瓦亚里波、斯媚塔妮娜、拉祖吉娜、叶格洛娃。

### 1.2.4 白俄罗斯共和国滑雪发展史

滑雪板 лыжи 这个词有斯拉夫词根。在白俄罗斯人们自古就用滑雪板在冬季森林中捕猎。一直以来，白俄罗斯村民在森林砍柴、打猎和日常生活中用滑雪板作为雪上快速移动工具。

直至十月革命，白俄罗斯越野滑雪爱好者没有形成任何组织，爱好者滑雪都是自娱自乐。

白俄罗斯的越野滑雪运动史很短。俄罗斯的越野滑雪史始于20世纪末，而白俄罗斯则在十月革命后发展了起来。苏联政权在白俄罗斯站稳脚跟后，体育和运动的地位就获得了政府认可并成了党和国家一直密切关注的问题。

白俄罗斯政府在红军中大力发展滑雪运动。年轻人应征入伍前必须学滑雪。根据工农兵代表组成的全俄执行委员会4月22号法令，成立了职工普遍军事训练当局，该组织是为体育发展奠基的第一个组织。

1918年全俄执行委员会州委员会在维捷布斯克、戈麦尔、莫吉廖夫成立。全俄执行委员会地方机构、红军部门和特别部门成了举行体育竞赛、体育越野和大型体育节的发动者。1919年起，红军成立了滑雪特别部，这对冬季作战意义深远。1920年铁路各工作点分别成立了爱好者小组。1921年2月明斯克的全俄执行委员会铁路点举行了5俄里的比赛，15名滑雪运动员参加。这些爱好小组没有比赛规则，比赛章程也是滑雪爱好者自己制定的。参赛者在同一起点出发，记录的只有第1名的成绩，其余选手根据到达终点先后排序。

1921年明斯克州的全俄执行委员会成立了"闪亮明星"体育俱乐部，这个俱乐部的成立促进了田径、单车、足球和篮球的发展。冬天，运动员会进行滑雪比赛。

其他苏联共和国也成立了体育俱乐部。滑雪比赛举办得越来越频繁。1923

年西德维纳河冰上举办了维捷布斯克城的滑雪冠军赛，10公里冠军是基尼佛洛夫，成绩是1小时1分19秒。3公里冠军是鲍里谢维奇，成绩是21分17秒。

1923年成立了隶属于白俄罗斯共和国中央执行委员会的白俄罗斯高级体育苏维埃和明斯克城体育苏维埃。全苏联"迪纳摩"体育协会还在白俄罗斯设立了分会。1923年起，滑雪运动的发展就由专业苏联俱乐部负责。各大城市开始举办部间比赛。

1924年2月，道尔金诺夫大道举办了明斯克首场冠军赛，举办了男子5公里、10公里和3×4公里接力。女子项目只举办了2公里比赛。接力赛还是首次举办，一共有4支队伍参赛，艾美尼亚队获胜，成绩是57分43秒，银牌由波兰"闪亮明星"工人俱乐部的滑雪运动员夺得。

1926年在莫吉廖夫举办了首场共和国滑雪冠军赛，比赛项目有男子5公里、男子10公里和女子3公里。

1927年第三届冬季运动狂欢增加了20公里项目。该场运动会有男子5公里和20公里，女子3公里，还举办了3+6+6公里接力。40%的参赛者是女性。

1928年2月，明斯克举办了第五届冬季运动狂欢，举行了男子5公里和女子3公里。男子5公里冠军是来自明斯克州的沃尔夫斯基，女子3公里冠军是来自戈麦尔州的科切加洛娃。那年白俄罗斯国家队在莫斯科举办的全苏联冬季体育狂欢上夺得了奖牌榜第2名。

1929年2月，为纪念白俄罗斯星线赛举办10周年，11支队伍从毕郭索沃站出发滑雪，每支队伍线路都不同。赛程中举办了关于体育对人们生活的意义的座谈会。2月10日明斯克举办了盛大的滑雪队见面会。

至1929年，女子项目扩充到了2公里、3公里和7公里。1929年举办了第六届明斯克冠军赛，该场比赛首次增加了女子5公里，冠军是萨什卡（莫斯科—白俄罗斯—波罗地铁路），男子10公里冠军是亚美尼亚人维尔什申科。

为培养体育人才1929年明斯克开设了体育中专，首批毕业生于1932年毕业。

1929年到1931年，白俄罗斯滑雪运动员都穿系带长板，训练都在平地上进行，不参加大型比赛。

1931年推行了"健体为劳动，健体为国防"的系列政策，滑雪开始大众化。到1931年年底，该系列政策已经有5000个体育运动员执行。1932年高级体育苏维埃设定了该系列的第二阶段。

1933年，白俄罗斯运动员在苏联滑雪冠军赛上名次很靠后，19名。赛场凹凸不平，白俄罗斯运动员措手不及。

　　自1933年始，白俄罗斯共和国迎来了一批接受了高等教育的专家，他们毕业于苏联最早的一批体育高校，这体现了共和国滑雪运动发展的成效。

　　1934年，推行青年版"健体为劳动，健体为国防"系列政策后，青年体育开始发展。1935年，约14000名青年完成了该系列政策的要求。

　　1934年白俄罗斯滑雪运动员出战于斯维尔德洛夫斯克举办的滑雪冠军赛，成绩理想。伊万科维奇进入了前十。那年，全苏联建设局苏维埃敲定了沿白俄罗斯共和国边境举行快速接力的位置，接力赛接下来每年举办一次，直至1938年。

　　1934—1936年白俄罗斯共和国开始举办长距离滑雪比赛。为纪念共青团十大，日洛宾区团体农庄庄员完成了日洛宾—莫斯科的越野，共青团员们沿着打退白军解放了白俄罗斯共和国的第五手枪师的行军路径滑行。备受大学生欢迎的还有明斯克—莫斯科这条路线。

　　1935年白俄罗斯全国滑雪比赛增加了男子10公里、20公里、30公里和50公里以及女子5公里和10公里。直到1938年，50公里只办个人赛。1938年起，50公里开始办团体赛。1935年白俄罗斯冠军赛开始分不同年龄组：老年组和青年组。这一年明斯克和白俄罗斯各州都举办了滑雪教练的研讨会。首场研讨会由滑雪体育理论副教授格特曼尼茨举办，主题为"越野滑雪运动员秋训"。

　　1936年白俄罗斯共和国冠军赛冠军是维捷布斯克州队，男子个人赛冠军是叶尔马科夫和格特曼尼茨，女子冠军是露德尼琴娜。

　　伟大的卫国战争爆发前，各城城队冠军赛的常胜冠军是明斯克市。

　　1936—1937年体育中专学校代表地方政府出战，成为白俄罗斯实力最强的滑雪队，在教学和体育大众化上取得了杰出成绩，根据苏联全苏联强制执行委员会的法令，中专学校荣获劳动红旗勋章，改组为体育学院。该学院成了培养高级体育专家和运动员的中心。学院教授积极研究教学纲领和教材完善的问题。

　　1938—1939年，在格特曼尼茨的领导下，学院教授成立了滑雪博物馆，馆内放映体育电影、举办研讨会和座谈会。

　　1939年以来开始举办专业和共青团滑雪越野赛。基层组织和生产队对发展滑雪十分重视。白俄罗斯越野滑雪运动员参加了第一届专业越野赛，比赛变成了大型团体节日。1939年的冠军赛参赛者也很多，各项目冠军为：叶尔马科夫

（20公里）、秋尔留科维奇（30公里）、叶尔马科夫（50公里）、斯塔谢娃（5公里）、格里谢里（10公里）、康斯坦季诺娃（15公里）。比赛时天气不佳，气温零上2摄氏度，地上有一层薄薄的积雪。

1939年人民委员会推出了"健体为劳动，健体为国防"的系列新政，政策格外重视滑雪培训。

1940年举办了60公里的滑雪马拉松，赛道沿莫斯科公路。

1940年冬，学院最优秀的滑雪运动员志愿加入红军，只为手持武器保卫祖国不受芬兰白匪入侵。

1941年起，白俄罗斯越野滑雪获得巨大发展，滑雪人数达到了大约40000人，其中超过2000人居住在农村地区。青年越野赛参赛人数达到了20000人，参赛人数在苏联各共和国当中占第3名。

此时在白俄罗斯有超过400个设施齐全的滑雪基地。

1941年起最优秀的越野滑雪运动员的所有大型比赛和训练都开始安排在崎岖地带举行。日党诺沃1941年举办了滑雪冠军赛。此次比赛白俄罗斯国立荣誉体育学院表现出色：女大学生康德波娃赢得了5公里冠军、教授贝霍特内斩获男子15公里冠军、奥尔京格赢得了男子10公里冠军、男子20公里冠军是伦卓夫、男子50公里冠军是阿列克西友克。

苏联冠军赛上白俄罗斯国立荣誉体育学院获得了团体第4名。白俄罗斯大学生里成绩最好的是康德波娃，夺得了女子5公里第6名，完成了苏联体育大师的标准。学院女队拿到了团体第2名。这是白俄罗斯滑雪运动员在和平时期参加的最后一场比赛，因为1941年7月22日爆发了伟大的卫国战争，战争打断了苏联人民的和平劳动生活。战争年间，法西斯德国入侵者将白俄罗斯人民的物质财富和文化财富毁坏一空。1944年夏，苏联红军将德国入侵者赶出了白俄罗斯。1944年秋，白俄罗斯国立荣誉体育学院开始培养体育教练。1944年起开始办滑雪教练集训，开始培养指导员。白俄罗斯的体育生活开始变得更加精彩。

1944—1945年冬，白俄罗斯各城和各州举行了滑雪马拉松和越野赛。1945年2月，明斯克附近的乌鲁切耶小村举办了首场战后滑雪冠军赛，来自10个城市的120人参赛。男子10公里冠军由红军战士克拉斯诺谢尔斯基夺得、女子5公里和10公里双冠王是尼科拉耶诺克。团体第1是明斯克队，第2是维捷布斯克，第3是戈麦尔。

伟大的卫国战争还没结束，斯维尔德洛夫斯克城已经举办了苏联冠军赛，几乎所有苏联共和国的教授都参赛了。白俄罗斯国家队参赛有重大的政治意义，白俄罗斯队拿到了第二组小组第5，超过了许多州和共和国。

1946年冬，俄罗斯滑雪运动已有50年历史。苏联多个共和国都庆祝这个周年事件。首先各体育学院间举办了滑雪比赛。1946年，日党诺夫举办了第二届全国冠军赛，有160名运动员参加。明斯克城队夺得了第1名，莫格列夫第2，博布鲁伊斯克第3。女子8公里冠军是妮科拉耶诺科、男子30公里冠军是那杰英。男子青年10公里冠军是罗曼诺夫斯基。该赛季，白俄罗斯队还参加了苏联冠军赛，拿到了第二组小组第6。

滑雪在白俄罗斯越来越受欢迎。到1947年，滑雪比赛参赛人员高达28000人。1947年2月23—26日，明斯克举办了第三届滑雪冠军赛，有260名运动员参赛。莫吉廖夫州州队夺得了第1名，明斯克城队第2，戈麦尔州州队第3。

1947年的苏联滑雪冠军赛上，白俄罗斯国家队在12支参赛队伍里夺得了第7名，落后于莫斯科队、彼得格勒队、苏联两支国家队、独联体的爱沙尼亚队和独联体的卡累利亚-芬兰队。那年组织了体育学院的院间滑雪见面赛。首次出战的白俄罗斯国立荣誉体育学院夺得了第3名，第1和第2分别由彼得格勒体育学院和莫斯科体育学院夺得。4×5公里接力赛的第3名由白俄罗斯学生夺得。

1948年苏联各部门苏维埃和白俄罗斯共产党中央委员会通过了法令《关于提高白俄罗斯劳动者身体素质问题的措施》。法令通过后，捷列航联合工厂生产了第一批滑雪板和雪杖。那年体育学院里成立了单独的滑雪系。

1949年，在苏联体育大学冠军赛上，白俄罗斯体育学院体育俱乐部获得了第2名，仅次于彼得格勒的列斯加夫特体育学院。由巴甫洛夫、萨德科夫、雷仁科夫和巴尔坤组成的4×10公里接力赛小组夺得了第2名。

1950年2月13—17日在莫吉廖夫市举办了第六届共和国比赛，来自11个州和7个志愿运动协会的320名滑雪运动员。明斯克市市队夺得了第1，莫吉廖夫州州队夺得了第2，明斯克州州队夺得了第3。白俄罗斯国立荣誉体育学院的体育俱乐部队的志愿运动协会在第二小组中名列第1。"布尔什维克"队夺得了第2，"斯巴达克"队夺得了第3。

战后，全国运动会经常举办，白俄罗斯涌现了一批天赋异禀的滑雪运动员：巴甫洛夫、雷仁科夫、巴尔坤、季末费耶夫、科斯吉娜、特列莎洛娃、娜波科娃。1948年至1950年全国冠军是：日特科夫、梭罗德科夫、巴甫洛夫、伊格那季耶夫、雷仁科夫、卡蒙斯基、别霍特内、卡布斯基科、科斯吉娜、莫热丽娜、特列莎洛娃。

1951年至1953年，全国冠军赛参赛州和地区达到历史峰值（13~15支队伍），参赛人数高达400人。赛程项目包括5公里、10公里、18公里、30公里和50公里。

1951—1952年白俄罗斯冠军赛赛季达到了56项一级标准，确立了173项新标准，参赛的白俄罗斯国立荣誉体育学院大学生名列前茅。1951年，苏联个人—团体滑雪冠军赛上，巴甫洛夫获得了30公里第9名，50公里第10名。在波亚纳布拉索夫举办的第四届世界大学生运动会，他获得18公里第3名。这是白俄罗斯滑雪运动员在国际赛事上取得的首枚奖牌。1953年，在苏联个人—团体冠军赛上，巴甫洛夫获得了50公里第3名。1954年，他参加了在法伦（瑞典）举办的世锦赛。

1954年起，全国比赛开始在拉乌比奇和洛戈伊斯克十分崎岖的地段举办。越野滑雪的普及和运动水平的提高归功于1947年大规模使用捷列航木材联合工厂生产的滑雪板。1948年共产了500副，1957年的年产量达到了10万副。

1952年起，苏联武装力量冠军赛上，白俄罗斯军区成绩出色，夺得了奖牌。

1957年，在斯维尔德洛夫斯克举办的苏联个人赛上，科瓦列夫斯基在5公里和10公里项目取得了第8名。

从1957年到1960年期间，6个苏联共和国举办了数场滑雪比赛（白俄罗斯、乌克兰、格鲁吉亚、爱沙尼亚、立陶宛、拉脱维亚）。在（乌克兰）沃洛霍塔和基辅举办了数场比赛，在这些比赛中数次夺冠的有：阿丘吉娜、科瓦列夫斯基（女）、塔杜尔、巴拉朔夫、土尔科夫、科里卓夫。

1961年在阿尔玛—阿塔举行了团体赛，21支来自志愿体育协会和苏联共和国的队伍参赛了。该系列比赛中男子50公里冠军是土尔科夫，而白俄罗斯国立荣誉体育学院大学生：杜波夫、普洛亚温科、基谢列夫、巴斯杜霍夫在男子4×10公里接力中获得了第3名。

1962年起，举办白俄罗斯冬季斯巴达挑战赛和苏联人民斯巴达挑战赛后，越野滑雪获得了进一步发展。第一届白俄罗斯冬季斯巴达挑战赛的滑雪冠军是：土尔科夫（15和50公里）、基谢列夫（30公里）、哈里托诺维奇（10公里）、瓦西里科夫斯基（女）（5公里）。苏联人民冬季斯巴达挑战赛，白俄罗斯滑雪运动员在11支队伍中获得了第6名。名列前茅的有：土尔科夫、维什尼亚科夫、科里卓夫、杜波夫、巴斯土霍夫、普洛亚温科、萨塔霍维奇、瓦西里科夫斯基（女）、哈里托诺维奇、巴拉朔娃、什里亚娃、阿娜妮奇。那年，有 30 多支大学代表队参加了在乌法举办的个人—团体冠军赛。白俄罗斯国立荣誉体育学院在各大体育高校的角逐中夺得了第 4 名，仅次于奥姆州、莫斯科和彼得格勒三所体育学院。

1961 年起开始举办 70 公里的苏联冠军赛，比赛在基洛夫斯克，冠军是科尔钦。白俄罗斯队自 1965 年开始去莫斯科参加类似的比赛。白俄罗斯运动员里成绩最佳的是博洛杰。1963 年起白俄罗斯开始举办小学生冬季斯巴达挑战赛，比赛的首批获胜者来自莫吉廖夫市。那年，捷列航木材联合工厂重组为滑雪板生产厂，年产量达到 22 万副，其中 2000 副是竞速体育专用。

1964 年在苏联冠军赛上，白俄罗斯农庄团体代表队"丰收"夺得了第 2 名，仅次于俄罗斯共和国的农庄团体代表队。30 公里冠军是白俄罗斯人叶里谢耶夫，他在 50 公里夺得了第 2 名。

1965 年的苏联滑雪世锦赛上，白俄罗斯国立荣誉体育学院的毕业生阿奇吉娜夺得金牌。鉴于这些比赛的优异成绩，她为苏联滑雪国家队招收，1966 年她参与夺得了 3×5 公里接力赛的冠军，还夺得了 5 公里铜牌。

1968 年第十届冬奥会在（法国）格勒诺布尔举办，苏联国家队的阿奇吉娜夺得了 3×5 公里接力赛的铜牌（科尔齐娜、阿奇吉娜、古拉科娃）。

1966 年在莫吉廖夫市举办了第二届白俄罗斯冬季斯巴达挑战赛。女子冠军有：哈里托诺维奇（5 公里）、瓦西里科夫斯基（10 公里）。男子冠军有：阿夫谢耶夫（15 和 30 公里）、土尔科夫（50 公里）。维捷布斯克州夺得了团体第一。

1966 年 3 月，在斯维尔德洛夫斯克市举办了苏联人民第二届冬季斯巴达挑战赛决赛，参赛的有莫斯科市队、彼得格勒市队、苏联共和国国家队以及来自苏联共和国 24 个州和自治区的地级赛冠军。白俄罗斯国家队夺得了第 5 名（仅次于莫斯科市队、彼得格勒市队、俄罗斯联邦国家队和爱沙尼亚国家队）。表现最佳的白俄罗斯运动员有：贝里辰科夫、布拉夫科、谢蒙诺夫、科里卓夫。阿夫谢耶夫在 15 公里夺得了第 4 名，并以此为苏联滑雪国家队收纳为队员。由什里亚耶娃、哈里托诺维奇、瓦西里科夫斯基、阿娜妮奇组成的女队则在 4×5 公里接力赛中夺得了第 5 名。

直到举办第三届苏联人民冬季斯巴达挑战赛，白俄罗斯越野滑雪运动员在各大赛事上磨炼提高了自己的技术水平。白俄罗斯运动员的巅峰时期是 1969 年苏联西南区举办的冠军赛，夺得了第 2 名。1971 年，他们夺冠，当年参赛的有 7

个共和国：乌克兰共和国、白俄罗斯共和国、高加索共和国、格鲁吉亚共和国、爱沙尼亚共和国、拉脱维亚共和国、立陶宛共和国。

1973年白俄罗斯国家队在专业越野赛决赛中荣获第3名，获奖运动员分别是：阿夫谢耶夫、布拉夫科、果尔多维奇、卢萨科夫、贝里辰科夫、安德烈耶夫、布兹娜、瓦西里科夫斯基（女）、哈里托诺维奇。

1974年在斯维尔德洛夫斯克市举办了第三届苏联人民冬季斯巴达挑战赛。白俄罗斯国家队在33个参赛队伍中名列第14，参赛队员分别是：安德烈耶夫、阿布拉蒙科、奥西德辰科、别洛诺果夫。最出色的青年选手是安德烈耶夫，从上一届苏联冠军赛到这一届他连续两届在15公里夺得了第6名。

第四届苏联人民冬季斯巴达挑战赛决赛开战前夕，白俄罗斯的越野滑雪运动员一共有24万人。四年内白俄罗斯培养了32名苏联运动大师和8721名一级运动员。白俄罗斯共和国共有227名在职滑雪教练，145人在教育部工作，82名在志愿体育协会和政府部门工作。这几年白俄罗斯共和国成长了一大批杰出滑雪运动员：古列朔娃、马楚克、布拉科夫。1974年出现了体育中心"拉乌比奇"，那里可以全年培养高级滑雪运动员，建有滑雪轮滑道、力量训练管、医疗康复中心和旅馆。教练素质在不断提高，因为拉乌比奇举办教练集训，他们有机会与其他国家和共和国的教练交流经验。

1974年在法伦（瑞典）举办的世界杯上，几个国家的越野滑雪运动员首次使用了塑料滑雪板，更轻更灵活，运动速度快很多。

1975年在坎达拉克沙举办了苏联70公里滑雪冠军赛，奥西德辰科获得了第10名。

1977年在瑟克特夫卡尔市举办了苏联滑雪个人—团体冠军赛，马尔卡尚斯基（女）夺得了20公里第十名，她在阿帕季特举办的30公里比赛中夺得了第4名。

在1978年斯维尔德洛夫斯克市举办的第四届苏联人民冬季斯巴达挑战赛上，白俄罗斯国家队成绩出色，在39支队伍里位列第10名。5公里青年组第一名是白俄罗斯国立荣誉体育学院的女大学生古列朔娃，3×10公里青年接力赛小组白俄罗斯获得了小组第4（科斯杰茨基、库克、伊奥能科夫）。那年在阿帕季特市举办的苏联个人—团体赛上，马尔卡尚斯基夺得了30公里第6名。

1979年在拉乌比奇体育中心举办了苏联共和国国家队比赛。白俄罗斯国家队夺得了第1，战胜了彼得格勒市队、乌克兰国家队、哈萨克斯坦国家队和其他国家队。2月在拉乌比奇首次举办了苏联滑雪杯，参赛的是最优秀的白俄罗斯滑雪运动员：古列朔娃、伊奥能科夫、科斯特茨基、布拉科夫、博果马佐夫、阿布罗西莫夫、日冈诺夫、西莫诺娃。但他们都未能取得理想的成绩。只有西莫诺娃、日冈诺夫、西多尔克能进入前20。

1979年在瑟克特夫卡尔市举办的苏联个人—团体冠军赛上，马尔卡尚斯基（女）夺得了20公里的第10名，她在阿帕季特市举办的30公里滑雪马拉松上夺得了第8。

1980年在坎达拉克沙市举办了苏联个人—团体赛上，阿布罗西莫夫夺得了70公里第7。那年在彼尔沃乌拉尔斯克的苏联青年冠军赛上，日冈诺夫夺得了15公里的第5名。在蒙切戈尔斯克举办的苏联青年冠军赛上，日冈诺夫夺得了第1名，男子10公里铜牌由古兹涅佐夫摘得。

1982年2月在洛戈尔斯克和拉乌比奇中心举办了白俄罗斯第五届冬季斯巴达挑战赛，维捷布斯克州夺得团体第1，明斯克市队第2，莫吉廖夫州队第3。

1982年在克拉斯诺亚尔斯克市举办了苏联人民第五届斯巴达挑战赛。青年选手乌沙科娃夺得了5公里和10公里的冠军。夺得银牌的有马佐克、扎莫伊多、杜达尔。夺得铜牌的有古兹涅佐夫和卡莫茨基。那年在瑟克特夫卡尔市举办的苏联青年冠军赛上，果尔巴切夫在15公里赛程上夺得第3。

1983年在阿库里阿尼市举办的苏联冠军赛上，马尔卡尚斯基（女）夺得了5公里第6和20公里第5，她还代表"丰收"志愿运动协会出战4×5公里接力赛并夺得了冠军。那年在阿帕季特举办的苏联冠军赛上，马尔卡尚斯基（女）在30公里赛程夺得了第5名，马祖克则名列第6。马尔卡尚斯基因为成绩优异，为苏联滑雪国家队吸收为队员。1983年蒙切戈尔思克举办了苏联青年冠军赛，比赛的15公里赛程上，卡莫茨基名列第4，20公里赛程上库兹涅佐夫名列第6。

1984年在瑟克特夫卡尔市举办的苏联冠军赛是奥运会的选拔赛，马尔卡尚斯基（女）夺得了20公里的第3名。1984年她作为苏联国家队队员参加了（南斯拉夫）萨拉热窝举办的冬奥会，获得了20公里的第13名。马尔卡尚斯基在1983—1984年冬季的世界杯排名第9。

1985年苏联冠军赛，50公里赛程上，谢尔盖耶夫夺得铜牌。

1986年，拉乌比奇举办了第六届白俄罗斯斯巴达挑战赛。所有赛程的女冠军是库兹涅佐娃-乌莎科娃，女子3×5公里接力冠军为当丘克、托尔谢耶娃、阿什基尔科。青年3×5公里接力冠军是舒利亚克、马蒙托娃、扎达耶娃。男子3×

10公里接力赛冠军是库兹涅佐夫、苏里姆、果尔巴切夫。30公里冠军是菲里莫诺夫，50公里冠军是卡莫茨基。

1986年在克拉斯诺亚尔斯克市举行了第六届苏联人民冬季斯巴达挑战赛，由别特鲁谢恩科、谢尔盖耶夫、卡莫茨基组成的4×10公里男子接力组排名第3。团队排名上，男队排第5，女队排第10。

1987年举办的"友谊"国际赛上，5公里和3×5公里接力赛银牌由乌尔巴诺维奇摘得。

1988年在阿帕季特市举办了苏联青年滑雪冠军赛，白俄罗斯队员获得第3名，仅次于两支俄罗斯队。4×5公里接力赛排名第2，这个出色的成绩由奥布霍夫、普洛亚温科、佳彭、普拉克苏诺夫夺得。女子4×5公里接力铜牌由白俄罗斯队夺得（卢克亚诺娃、沃洛比耶娃、乌尔巴诺维奇、阿丽吉娜）。鉴于这些优异成绩，苏联青年国家队吸纳了乌尔巴诺维奇、沃洛比耶娃、奥布霍夫、加彭为队员，普洛亚温科被吸纳为苏联滑雪队替补队员。

白俄罗斯运动员在1988年在瑟克特夫卡尔举办的冠军赛上表现出色。70公里超马拉松滑雪赛冠军是谢尔盖耶夫，他在15公里和30公里赛程上夺得了铜牌。女子4×5公里接力赛冠军是白俄罗斯国家荣誉体育学院大学生卡莫茨基参加的"专家"志愿体育协会队。马尔卡尚斯基（女）夺得了20公里银牌。

各大赛事高级运动员的教练和组织者是：雷仁科夫、季末费耶夫、巴甫洛夫、杜波夫、苏马托兴、马尔卡尚斯基（女）、利斯托巴德、沃洛比耶夫、托曼诺夫、格洛谢夫、巴斯土霍夫。

1989年在德布勒森（匈牙利）举办的"友谊"国际赛上，代表苏联青年国家队出战的白俄罗斯滑雪运动员斩获佳绩，女子10公里自由式冠军是叶莲娜·伊格娜丘克，银牌得主是她姐姐娜塔莉亚·伊格娜丘克。女子5公里自由式第3名是娜塔莉亚·伊格娜丘克，第4名是叶莲娜·伊格娜丘克。女子4×5公里接力赛冠军是苏联国家队，该队中有3名白俄罗斯运动员：叶莲娜·伊格娜丘克、娜塔莉亚·伊格娜丘克、普特洛。

1990年在克拉斯诺亚尔斯克市举办了第七届苏联人民冬季斯巴达挑战赛，此次比赛中白俄罗斯队员没有得牌。

这几年世界大学生运动会上夺冠和夺牌的白俄罗斯运动员有：卡莫茨基、奥布霍夫、特列古波夫、多里多维奇、谢蒙亚科。鉴于苏联和世界比赛的佳绩，苏联滑雪国家队吸收了阿夫谢耶夫、果尔巴切夫、谢尔盖耶夫、普拉克苏诺夫、卡莫茨基、奥布霍夫、马尔卡尚斯基（女）、卡莫茨基（女）、库列朔娃、乌莎科娃、舒里亚克为队员。苏联"专家"志愿体育协会国家队吸收了菲利莫诺夫、加彭、日冈诺夫。体育协会"季那莫"国家队吸收了苏里姆和库兹涅佐夫。

1991年世锦赛上，普拉科苏诺夫表现出色。

苏联解体后，白俄罗斯滑雪运动员在1993年（法国）法伦举办的滑雪世锦赛上出战。由果尔巴切夫、卡莫茨基、普拉科苏诺夫、奥布霍夫组成的男子4×10公里接力队排名第7。值得一提的是，距离终点500米他们排名第4，仅次于瑞典队、德国队和俄罗斯队。跻身女子个人赛的前20名的是卡莫茨基和西恩科维奇。个人成绩最佳的白俄罗斯运动员有：男子：卡莫茨基在30公里自由式排名第20，普拉科苏诺夫在15公里自由式排名第21，卡莫茨基在50公里自由式排名第21，奥布霍夫在50公里自由式排名第25；女子：卡莫茨基在30公里自由式排名第18，西恩科维奇在15公里传统式排名第29。

1994年在（挪威）利勒哈莫尔市举办的第十七届冬奥会上，白俄罗斯运动员首次作为一支独立队伍亮相，队员有：普拉科苏诺夫、卡莫茨基、奥布霍夫、果尔巴切夫、卡莫茨基（女）、西恩科维奇、迪德列娃。白俄罗斯运动员战绩如下：普拉科苏诺夫在男子10公里和15公里排名第21；男子50公里自由式上，卡莫茨基排名第21，奥布霍夫排名第25。成绩最佳的女子滑雪运动员是西恩科维奇，她在30公里自由式排名第22。

1995年世锦赛在（加拿大）珊德湾举办，白俄罗斯运动员表现不够理想。同年，特列古博夫在世界大学生运动会上夺得了15公里冠军和铁人两项的银牌（10公里骑行+10公里跑步）。

1996年在（奥地利）拉姆扎乌举办的世锦赛上，西恩科维奇在30公里排名第6。2001年多利多维奇在（芬兰）库奥皮奥举办的世界杯决赛上，夺得了集体出发男子60公里自由式的冠军。2001年在芬兰举办的欧洲冬季青年运动会上，娜夫拉诺维奇也成功夺牌。

2002年白俄罗斯国家队出战（美国）盐湖城举办的第十九届冬奥会，参赛队员有：多利多维奇、萨尼科夫、谢蒙亚科、特列古博夫、维罗莱能、沃洛比夫、沙拉克、娜盖金娜、季亚基科夫、卡卢吉娜、洛帕季娜、卡丽诺夫斯基、斯克里帕尼克。男运动员成绩最佳的是：维罗莱能夺得了15公里第13名，多利多维奇夺得了30公里第15名。女运动员里成绩最佳的是娜盖金娜，夺得了15公里第6名。女接力队夺得了4×5公里接力赛第5名，队员有卡卢吉娜、娜塔莉亚·季娅科娃、薇拉·季娅科娃、娜盖金娜。该接力队还出战了（意大利）费耶美谷的世锦赛，夺得了第5名。

2002年奥运会的女子铁人两项（5公里骑行+5公里跑步）上，娜盖金娜排名第8；30公里自由式季娅科娃夺得了第10。男子运动员成绩最佳的是：多利多维奇，他在铁人两项（10公里骑行+10公里跑步）排名第13，维罗莱能在15公里自由式排名第15。

2005年世锦赛在德国奥伯斯多夫举办。赛上，多利多维奇成绩出色，在追逐赛（15公里骑行+15公里跑步）上排名第6。女子4×5公里接力赛白俄罗斯队排名第10，队员有：萨妮科娃、卡丽诺夫斯基、莎布洛夫斯基、瓦茜列诺克。短道接力白俄罗斯男队排名第10，队员是多利多维奇和拉祖特京。

2006年意大利图灵举办了第二十届冬奥会。白俄罗斯国家队阵容有：多利多维奇、拉祖特金娜、洛帕吉娜、瓦茜列诺克、萨尼科夫、科罗利克、布拉夫科。名列前茅的运动员有：男子50公里自由式第12名多利多维奇；男子15公里自由式第16名拉祖特京；短道速滑第21名洛帕吉娜。

2009年图灵举办的世界大学生运动会上，白俄罗斯大学生表现出色。拉祖特京获得两金一银。瓦茜列诺克获得两铜。由娜夫拉诺维奇、萨妮科娃、瓦茜列诺克组成的接力队夺得了金牌。

2007年在（日本）札幌市举办的滑雪世锦赛上，卡尔尼恩科在15公里自由式夺银，这是白俄罗斯男队史上第一枚银牌。多利多维奇在该赛程排名第13。短道接力赛洛帕吉娜和瓦茜列诺克排名第6。

2008年在（法国）法伦举办的世界杯上，多利多维奇拿到了追逐赛（15公里骑行+15公里跑步）第4，8秒惜败冠军巴乌耶尔（捷克人）。

2009年冬季多利多维奇表现出色。雷宾斯克举办的世界杯上，他夺得了15公里自由式第3名，仅以1秒惜败冠军安格列尔（德国）。在（捷克）利贝雷茨举办的世界杯上，多利多维奇50公里自由式排名第5，仅以5秒惜败冠军诺尔图古（挪威）。2009年2月拉赫蒂（芬兰）举办了世界杯新轮比赛，多利多维奇15公里自由式排名第5。

2000年起，白俄罗斯滑雪运动员开始积极参与国际滑雪马拉松："北国狂欢"、托科索沃马拉松、圣彼得堡马拉松和其他。马拉松冠军有：多利多维奇、伊万诺夫、萨妮科夫、特列古博夫、卢达科娃、瓦茜列诺克、萨妮科娃。

近年白俄罗斯冠军有：多利多维奇、特列古博夫、萨妮科夫、谢蒙娅科、

*19*

拉祖特京、伊万诺夫、卡尔尼恩科、瓦茜列诺克、萨妮科娃、洛帕吉娜、卢达科娃、莎布罗夫斯基。

滑雪世锦赛上取得好成绩的还有一批青年白俄罗斯滑雪运动员，他们跻身世界前10：加夫卢科维奇、谢蒙尼亚科、维罗莱能、卡尔尼恩科、科索雷吉娜、卢达科娃、吉德列娃、米哈伊洛娃、洛帕吉娜。跻身二十强的有沃洛比耶夫、沙拉克、特列什科、拉斯捷加耶夫。

2010年第二十一届冬奥会在（加拿大）温哥华举办，白俄罗斯运动员成绩不佳。成绩最好的男运动员是多利多维奇，他在50公里自由式排名第25。白俄罗斯女子接力队4×5公里排名第10，队员有萨妮科娃、杜博列佐娃、卢达科娃、瓦茜列诺克。

2011年在奥斯陆（挪威）举办的世锦赛上，多利多维奇成绩优异，追逐赛第4，50公里马拉松第10。

2014年索契（俄罗斯）冬奥会上，多利多维奇50公里自由式排名第5。2015年在奥斯陆（挪威）举办的世界杯上，多利多维奇50公里自由式排名第4。

这几年白俄罗斯共和国国家队在职教练有，荣誉教练：杜博夫、苏马托兴、基谢列夫、马尔卡尚斯基、利斯托巴德；教练：谢灵、卡莫茨基、苏尔马奇、阿布洛西莫夫、米哈伊洛夫、普洛亚温科。

### 1.2.5 冬奥会发展史

现代的奥林匹克运动会是包含了最常见的体育运动的最大的国际比赛。

在法国社会活动家、教育家皮埃尔·德·顾拜旦（1863—1937）的提议下，奥运会自1896年开始举行。

第一届奥运会在雅典（希腊）举行。随后除了1916、1940和1944年，奥运会每四年在不同的国家举行一次。

截至1924年，奥运会的比赛内容仅包括夏季运动。1908年举办的第四届伦敦奥运会首次将花样滑冰纳入其中。1920年于比利时安特卫普举办的第七届奥运会将冰球包括在内。

根据皮埃尔·德·顾拜旦的建议，国际奥委会（IOC）讨论了将其他冬季运动纳入奥运会的问题。1922年，国际奥委会决定于1924年在法国霞慕尼举办国际冬季运动周。1925年国际奥委会决定，冬季奥运会（WOG）与夏季奥运会同年定期举办。1924年在法国霞慕尼举办的比赛被批准为第一届冬季奥运会。从1924年举办的第一届冬奥会起（只考虑已举办的冬奥会），冬奥会的届数开始依次计算。

1924年国际滑雪联合会（FIS）成立。自1925年起，FIS开始举办世界滑雪锦标赛。战后时期，FIS决定将在所有冬奥会上举行过的冬季运动比赛登记为世界锦标赛，冬奥会从1924年开始举办。

奥运会冠军将获得奥运金牌和证书。奖牌由银制成，上面覆盖着6克纯金。排名第2的运动员将获得银牌和证书，第3名将获得铜牌和证书。排在第4~6名的运动员将获得证书。如果2名运动员（或更多名）排在相同名次，那么他们每个人都会获得相应的奖牌。在接力赛中，获奖团队中的所有参与者都将获得相应的奖牌和证书，而在计算团队奖牌总数时，一项集体项目只计一枚奖牌。奥运会比赛中没有团体成绩。记者和参赛国代表计算国家队所获分数。1908年第一次完成这样的计算，从那时起，统计数据就在媒体上发表了。非官方团队的计算分数随着时间变化而改变。近年来，每种运动的计算得分分为6个档次。第1名获得7分，第2名获得5分，第3名获得4分，第4名获得3分，第5名获得2分，第6名获得1分。

越野滑雪从1924年开始加入了冬奥会。前三届冬奥会（1924年至1932年）包括了男子18公里和50公里的单项越野滑雪比赛。自第四届冬奥会（1936年）以来，男子4×10公里越野滑雪接力赛也被列入其中。

1952年举办的第六届冬奥会首次包括了女子10公里越野滑雪比赛，1956年举办的冬奥会包括了4×5公里女子越野滑雪接力赛。

在1956年的第七届冬奥会男子越野滑雪运动项目中，增加了30公里单项比赛，而18公里的单项比赛被15公里单项比赛取代。

1964年的第九届冬奥会增加了女子5公里越野滑雪比赛。

1984年的第十四届冬奥会增加了女子20公里越野滑雪比赛。

在1992年的法国阿尔贝维尔冬奥会中，越野滑雪男子10公里+15公里双追逐赛，越野滑雪女子5公里+10公里双追逐赛成为冬季奥运会的正式比赛项目。

同年在法国阿尔贝维尔，国际奥委会决定将冬奥会的举办时间相对于夏季奥运会推迟2年。这样做是为了将冬奥会与夏奥会完全分开，并促进奥运会的普及。

2002年在美国盐湖城举办的冬奥会新增了男子和女子短距离竞速赛项目。

2006年在意大利都灵，男子女子团体短道速滑成为冬奥会新增项目，其中包括：男子6×1.2公里竞速，女子6×0.9公里竞速。男子比赛项目也发生了变化——越野滑雪男子10公里+15公里双追逐赛更改为15公里+15公里双追逐赛。而女子的5公里+10公里双追逐赛也变更为7.5公里+7.5公里双追逐赛。

冬奥会的越野滑雪比赛是按照FIS所制定的规则举行的。参加冬奥会时，每个国家最多可以让四名选手参加单项比赛，每支队伍只可以参加一项接力赛。

自1966年以来，接力赛中团队编号是根据上一届冬奥会的比赛结果确定和发布的。直到1964年，接力赛参赛队的起始道次都是由抽签决定。冬奥会的单项比赛男子15公里和女子10公里选手出发时，每人每次间隔30秒。男女双追逐赛，男子50公里和女子30公里选手都是集体同时出发。在单项比赛的资格赛中，每人每次出发间隔15秒，在其决赛时，一组6名选手同时出发。

2005年之前，单项比赛选手分为4个小组出发。每组中的国家运动员间隔一定时间依次出发。2005年之后，出发顺序开始由运动员所获得的FIS分数确定。FIS分数较高的运动员较早出发。

自1970年起，比赛开始借助自动计时装置确定一定距离内选手通过的时间。自1982年以来，自动计时精确到0.1秒。

选手必须穿戴滑雪板滑行完整个赛道。1984年以前，如果滑雪板出现损坏或者断裂，允许运动员用单只滑雪板完成后续赛程。禁止将两只滑雪板全部更换，只允许更换一只损坏或者断裂的滑雪板。

## 1.3　滑雪运动类型及其在体育教育体系中的地位

滑雪运动在白俄罗斯是最流行、最方便的运动之一，在不同年龄人群中都很受欢迎。白俄罗斯几乎推广所有类型的滑雪运动，但最受欢迎的是越野滑雪。滑雪适合任何年龄阶段的人，它是一种积极的休息方法，因为它作为一种户外活动，对人的神经系统的状态有着积极作用，还能缓解人的心理疲劳。滑雪也有其教育意义，在训练过程中，滑雪者以各种方式获得与滑雪相关的知识和技能。

练习滑雪的主要目的是改善健康并在滑雪运动中取得较好的成绩。

滑雪具有极大的保健、教育和应用价值。

保健价值在于，在进行滑雪运动时，滑雪者的身体会得到锻炼，并且由于滑雪时会牵动人体所有肌肉群，滑雪者身体的总体状况会得到改善。

教育价值在于，滑雪可以提高人的耐力、力量、速度，改善协调能力并提升道德和意志品质。练习滑雪时，人们需要学会克服各种天气条件下的困难。

练习滑雪具有的应用价值是：滑雪打猎；服兵役；各种运动中通用的健身手段；积极休息的方式。

由于滑雪对身体的功能状态影响很大，因此应考虑年龄和身体素质。

滑雪培训和滑雪运动紧密相连。随着人们大规模参加滑雪培训，参与滑雪运动的人数也在增加。滑雪运动员的数量庞大有利于在其中挖掘天才运动员。

所有教育机构的体育教学大纲都将滑雪训练作为一门学科列入其中。为了培养滑雪运动员，已经创立了很多专门学校，例如青少年体育学校、青少年专业体校、奥林匹克预备学校、共和国高等运动技能学校、州高等体育专科学校等。

滑雪比赛的主要类型有：

——分间隔出发比赛；

——集体出发比赛（集体起跑）；

——追逐赛（马拉松，Gundersen 系统）；

——接力赛；

——个人竞速赛；

——团队竞速赛。

**分间隔出发比赛** 分间隔出发时，运动员彼此间隔一段时间按次序出发。通常时间间隔为 30 秒（少数情况间隔 15 秒或 1 分钟）。出发顺序由抽签决定，或由运动员当前排名决定。可以双人同时进行分间隔出发。

**集体出发比赛** 集体出发时，所有运动员都同时开始出发。当前排名最高的运动员在开始时占据最有利的位置。

有休息的追逐赛要举行两天，少数情况下举行一天并休息几个小时。第一场比赛是分间隔出发。根据该场比赛的结果，确定第二次比赛中参赛者的出发位置。

无休息的追逐赛要求运动员集体出发。（冬季两项运动；2011 年，FIS 将"冬季两项运动"更名为"滑雪混合两项赛"）运动员使用传统式技术滑完前半段赛程后，到达特定设备区更换雪板和雪杖，并使用滑冰步法滑完下半部分赛程。

**接力赛** 参加接力赛的每个团队由 4 名运动员组成（少数情况 3 名）。滑雪接力赛分为四个阶段（少数情况三个阶段）。接力赛可以采用一种技术方法（所有参与者以传统式或自由式完成自己的赛程）或两种技术方法（第一阶段和第二阶段的参赛者采用传统式，而第三阶段和第四阶段则采用自由式）。接力赛是集体同时出发，最有利的出发位置由抽签决定，或者将其分给在以前此类比赛中排名最高的队伍。接力赛的接力通过下一位运动员用手掌触摸自己团队的上一位运动员身体的任何部位来完成。

**个人竞速赛** 比赛以资格赛开始（初赛），资格赛的形式是间隔 15 秒分间隔出发。资格赛后选出 30 名优胜运动员，并将他们分为 6 人一组，进行五场比赛（四分之一决赛）。根据四分之一决赛结果选出 12 名运动员参加两场半决赛。根据半决赛的成绩再选出 6 名运动员参加决赛。

**团队竞速赛** 与接力赛类似，此类比赛以团队为单位参加，每个队伍由两名运动员组成，各自交替滑行 3 圈。有 10 支以上的团队参与时，需举行两次半决赛，并从其中选出相同数量的优胜团队。在团队竞速赛中运动员集体同时出发开始比赛。

**跳台滑雪** 这是一项从特制跳台跳下滑雪的运动。作为一项独立的运动，他被纳入了滑雪两项比赛中。该项比赛在国际奥委会的主持下举行。

跳台滑雪最早出现在挪威，那里流行着高山滑雪的习俗（回转）。

1924 年法国霞慕尼第一届冬奥会中就包括了 70 米级跳台滑雪。1964 年后冬奥会中包括了 70 米级和 90 米级跳台滑雪。2010 年以前，只有男子参加该项比赛。2006 年，FIS 决定允许女子参加 2009 年在利贝雷茨（捷克共和国）举行的世界滑雪锦标赛期间的跳台滑雪比赛。

跳台滑雪比赛在冬季和夏季都有举行。其中最权威的，最有意义的是在冬季举办的临界点为 90 米或以上的跳台滑雪比赛。

冬奥会包含以下四项跳台滑雪比赛：

——K-125 个人冠军赛-男子，125 米级跳板

——K-125 团体冠军赛-男子，125 米级跳板

——K-95 个人锦标赛-男子，95 米级跳板

——K-95 个人锦标赛-女子，95 米级跳板

世界滑雪锦标赛包含以下五项跳台滑雪比赛：

——K-120 个人冠军赛-男子，120 米级跳板

——K-120 团体冠军赛-男子，120 米级跳板

——K-95 个人锦标赛-男子，95 米级跳板

——K-95 个人锦标赛-女子，95 米级跳板（自 2009 年起）

——K-95 团体冠军赛-男子，95 米级跳板（至 2011 年）

世界跳台滑雪锦标赛包含以下两项跳台滑雪比赛：

——K-185（K-195）个人冠军赛-男子，185 米（195 米）级跳板

——K-185（K-195）团体冠军赛-男子，185 米（195 米）级跳板

**滑雪两项（北欧两项）** 是一项结合了跳台滑雪和越野滑雪的运动。这项运动在挪威发展得最为成熟：在最初的 4 届冬奥会（1924、1928、1932 和 1936 年）中，挪威人占据了整个领奖台，在战前的 12 场锦标赛中，挪威赢得了 8 场。截至 2010 年，挪威共获得了 11 枚奥运金牌，排在第 2 名的是芬兰，获得了 4 枚金牌。

现在北欧两项的每项运动单独举行比赛，包括跳台滑雪标准台或大跳台（一次尝试）以及自由式越野滑雪 10 公里。选手在滑雪道上的起始位置取决于他在跳台滑雪中所取得的名次。获胜者在越野滑雪中第一位出发，其余选手按照跳台滑雪排名间隔一定时间依次出发（Gundersen 系统）。

**团队接力赛** 团队中的 4 名成员每人依次进行跳台滑雪，然后依据团队在跳台滑雪中的整体成绩，确定参加 4×5 公里滑雪接力赛的团队。

**现代冬季两项** 一项结合了越野滑雪和射击的雪上运动项目。冬季两项比赛起源于军事巡逻比赛，这项运动的规则类似于现代冬季两项比赛。目前冬季两项比赛仿照将跑步和射击（越野两项）结合在一起的夏季铁人两项比赛，将越野滑雪和射击（滑雪两项比赛）结合在一起。

参加冬季两项的运动员应使用自由式滑雪技术。滑雪板的长度取决于运动员的身高，不应短于运动员的身高减去 4 厘米，最大长度不受限制。滑雪板最小宽度为 4 厘米，重量不少于 750 克。雪杖的长度不得超过运动员的身高；不允许使用长度可变的或有加强推力的雪杖。

为了方便射击，比赛中使用重量最轻，只有 3.5 公斤重的步枪，其子弹口径为 5.6 毫米。比赛过程中运动员需将其背在身后。射击点距离射击目标范围为 50 米，比赛中使用黑色目标。比赛前将进行纸质目标的试射。

**越野滑雪类型** 在最大的国际冬季两项比赛的框架内，有六种越野滑雪

比赛：

——个人单项比赛，男子 20 公里，女子 15 公里；

——竞速赛，男子 10 公里，女子 7.5 公里；

——追逐赛，男子 12.5 公里，女子 10 公里；

——集体出发赛，男子 15 公里，女子 12.5 公里；

——接力赛，男子 4×7.5 公里，女子 4×6 公里；

——混合接力赛，4×6 公里；

在单项比赛中，对失误的处罚为加时 1 分钟；在其他比赛中，运动员需滑行完 150 米的处罚圈；在团体赛中有 5 个主要的和 3 个备用（附加）的弹药盒用于射击。

**射击**　在竞速赛和团体赛各阶段中，运动员需射击两次，先卧姿射击一次，然后立姿射击一次。在追逐赛中运动员集体同时出发，完成四次射击（前两次卧姿，后两次立姿）。在个人单项比赛中还将进行四次射击。射击交替进行：第一位和第三位运动员卧姿射击，第二位和第四位运动员立姿射击。

**自由式滑雪**　自由式滑雪包括雪上技巧、莫卧儿式自由式滑雪、越野滑雪、半管滑雪、坡道滑雪。自由式滑雪是由 FIS 主持的一项滑雪运动。

**雪上技巧**　运动员自特制跳台跳起，在空中完成两次不同的特技跳跃。跳台有 3 种类型：大（三重）（高度 4.05 米，坡度 70°）；中（双）（3.5 米，65°）；小（单）（2.1 米，55°）。落地点应覆盖着松散的积雪。根据腾空、转动、特技和落地技巧来评分。5 名评委对特技进行打分（满分 7 分），2 名评委对落地进行打分（满分 3 分）。舍去评分中的最高分和最低分，将剩余三个分数相加。算出落地评分的平均分并将其乘以 3。将腾空（最大分值 21 分）和落地（最大分值 9 分）的分数相加并乘以因素复杂系数。获得最高分的选手就是获胜者。

**莫卧儿式自由式滑雪**　起伏斜坡上的技巧速降。运动员在丘陵间不断操纵滑雪板改变方向。下降轨道包含两个跳台，滑雪者将在其上展示跳跃技巧。裁判将根据以下标准评估成绩：转弯技巧、跳跃难度、完成质量和下降时间。

**越野滑雪**　在特殊的山地滑雪道上进行滑雪，其中包括各种跳台式、波浪式和弯道形式的雪堆障碍。越野滑雪比赛分为两个阶段。第一阶段资格赛，运动员每人依次间隔出发通过赛道。根据资格赛结果，运动员分为 4 人一组参加决赛。决赛根据奥林匹克纲要举办，在决赛中对选手进行淘汰。第一位到达终点的选手获得胜利。

**障碍技巧** 在整个滑雪期间内依次完成跳板跳跃、锥体跳跃、反向斜坡跳跃和栏杆跳跃等一系列杂技跳跃。

**高山滑雪** 在特殊滑雪板上从山上下滑，包括以下项目：

——速降，雪道长度约3000米；

——超级大回转，雪道长度为2000米或更长；

——大回转，雪道长度达1500米；

——回转，雪道长度约500米；

山地滑雪组合包括回转和速降。

**速降** 是高山滑雪的一个项目，其间特备雪道暂时开通。运动员通过雪道各个部分时的速度可能会超过140 km/h，跳跃时的飞行长度为40~50米。速降的雪道沿着斜坡的自然地形分布，并通过旗门布置一系列转弯。通常，在跳台的某些部分有天然的土丘和山脊。在雪道两侧的雪地上都有亮线或是三角形小旗做标记。旗门是带有红色或蓝色矩形旗帜的双杆。

参赛者必须在比赛前进行官方培训。速降通常为一轮制。如果坡度不满足高度差要求，那么速降可能分成两场比赛。在这种情况下，高度差不能小于450米。

**超级大回转** 超级大回转比赛是一轮赛。雪道上的高度差：男性，400~600米；女性，350~600米；儿童，225~450米。赛道宽度应为30米。旗门由四个杆和两个旗子组成。红色和蓝色旗门交替放置。旗门的宽度，即敞开的旗门中两个最接近的内杆之间的距离为6~8米，而对于关闭的旗门则为8~12米。下滑线沿侧不得设置旗门。开始之前，带有胸号的参与者有权查看。禁止快速通过旗门和雪道的某些部分。

**大回转** 赛道要求：海拔：男性，250~450米；女性，250~400米；儿童，最长250米；旗门由四个回转杆和两个旗帜组成。红色和蓝色的旗门交替放置。旗帜的尺寸为75厘米×50厘米，旗帜的下边缘应距雪面1米。旗门的宽度为4~8米，回转数量必须等于高度差的11%~15%。雪道的宽度应约为40米。大回转比赛在两条跑道上进行：一个为男子的，另一个为女子的。完成首次试滑后，将重新布置雪道上的旗门。

所有竞争对手都分为几组。第一组的15人包括FIS得分最高的参与者。这些参与者之间将举行抽签，确定首次试滑的开始顺序。第二组包括参与者的FIS

分数少于第一组的成员。他们将按照得分的 FIS 分数开始。第三组由没有 FIS 积分的参与者组成，并在组内进行抽签。

在第二次试滑中，运动员将根据首次试滑中显示的结果开始比赛。同时，对于首次试滑中表现最好的前 30 名参与者，将设置以下开始顺序：

第 30 名选手第一个开始；

第 29 名选手第二个开始；

第 28 名选手第三个开始，依此类推。

第 1 名选手第 30 个开始。

有时，根据裁判的决定，可以将采用反向开始顺序的人数减少到 15 个。获胜者由最短时间和两次尝试的总和来确定。

**回转** 沿 450~500 米长的回旋滑雪道滑行，以旗门做记号（门宽 3.5－4 米，它们之间的距离为 0.7~15 米）。起点和终点之间的高度差为 60~150 米。滑雪者在雪道上的平均速度为 40 km／h。在比赛过程中，运动员必须穿过所有旗门；错过旗门或用一个滑雪板穿过旗门的运动员将被取消比赛资格。结果由两条不同雪道上显示的时间之和确定。

**高山滑雪组合** （阿尔卑斯组合或高山两项运动）-高山滑雪的体育比赛。获胜者取决于几种形式的结果。

高山滑雪组合的类型：超级组合；传统组合；特殊形式的组合。

超级组合包括：

一轮（一次试滑）回转

一轮（一次试滑）速降或超级大回转

比赛在同一天举行。获胜者由两种形式（回转+速降，或回转+超级大回转）显示的最短总时间确定。

**传统组合** 由速降和回转组成的比赛。每个项目类型分别评判。

**特殊形式的组合** 包括根据 FIS 国际规则进行的三项（三项全能）或四项（四项全能）比赛。

## 1.4　遵守安全措施并防止滑雪时受伤的规则

培训和培训课程通常在恶劣的天气条件下进行：低温、高湿、强风、降雪或降雨。培训在崎岖不平的地形上进行，会加速运动员的疲劳程度。为了防止受伤，有必要知道受伤的原因以及必须采取的预防措施。

最常见的受伤是韧带和关节损伤，碰伤，脱臼，面部、手指和脚趾冻伤，因为跌倒和脚部擦伤造成的撕裂伤。骨折、晕厥和因为长时间处于低温环境而导致的体温过低（发冷）一般非常罕见。

学生必须在滑雪之前接受安全措施的培训，并于培训结束后在登记簿上签字，确认本人已熟悉规则。教练和老师最重要的职责是确保学生安全，预测、预防和消除可能损害学生健康的任何因素。教练和老师负责滑雪教学的安全。为了防止受伤，必须严格遵守安全要求。上课时，必须保持纪律和秩序。即使是可能导致伤害的轻微违反纪律的行为，也应引起老师足够的注意。

在进行培训之前，老师必须正确组织滑雪设备的发放，检查学生的设备，标记好并确保安全到达培训地点的路线。

滑雪时出现受伤的原因：

——当转移到培训地点或从培训地点返回时，未遵守安全措施；

——缺乏纪律；

——装备选择错误（滑雪板、靴子、衣服等）；

——用具损坏；

——培训课程和比赛的场地准备不周；

——缺乏热身；

——不遵守保持一定距离的运动规则；

——缺乏对运动员的低温控制；

——雪道地形与训练水平不符；

——违反教学原则——渐进性、连贯性和系统性；

——在训练课程中没有根据天气情况校正训练负荷；

——举办培训课程和比赛的组织及方法上的错误。

在拥挤的地方和公共交通工具中携带滑雪板时，滑雪板必须干净且连接整齐。应将滑雪袜套在雪杖上，以防止在公共交通工具中对车厢和他人造成伤害。不能将滑雪板扛在肩上，不能将雪杖底端放在前面或后面。运输滑雪板的最佳方法是将其放在特殊的布套中。

如果不遵守道路交通规则，或者学生不遵守纪律，也可能造成伤害。应在有标志的人行横道和过道上通过马路。建议按队列行进，将滑雪板移至手臂下方，将雪杖低端向下放置。老师指定一个站在队尾的人，让其履行老师的功能。如果没有交通信号灯，则在路中间的老师必须以红色标志叫停正在行驶的车辆。只有保证每个人都通过道路后，才能继续行进。老师最后一个离开。行进时，有一个基本规则：每个人都必须在引路人经过的地方通过。未经老师许可，不得脱离队伍或离开课程。

上课时，应给学生们留出一个特殊的位置，规定并要求在学习和执行队列命令时，在原地转弯，尤其是展臂转弯时，注意安全距离和间隔。老师有义务观察学生状况，以及他们完成既定负荷的能力。课程结束前，老师必须了解并控制班级成员的数量组成。

老师必须了解并严格遵守关于可以开展滑雪课程的执行规范和天气条件的法规文件的要求。

在滑雪运动中，评估上课和比赛可能性的标准之一是为不同团体确定的温度标准。必须严格遵守这些标准。

禁止没有医生的越野滑雪比赛。只有获得官方医疗许可（申请书或资格证书中盖过章的证明书和书面签署）的运动员才可以参加比赛。

在决定取消比赛时，裁判必须考虑以下因素：温度和湿度，风速和风向，降水的持续时间和强度。

为防止气温在-15℃到-20℃时受伤（冻伤），应建议所有参与者注意防冻措施。学龄前儿童可以在空气温度最低-10℃（微风）的条件下进行滑雪课程；9~10岁的学生最低为-15℃；11~15岁的学生最低为-18℃；对于高级运动员，最低可达-20℃。

对于大多数赛道，如果气温达到-20℃及以下，比赛将被推迟或取消。

如果预测气温为5℃以上，并且天气晴朗，则应对参赛者就衣服、皮肤防护和服用足量液体提出建议。

不遵守纪律，注意力不集中，匆忙完成任务，急躁粗鲁，对身体和技术能力的评估过高等都可能造成伤害。

雪道，尤其是起点处凹凸不平，也可能造成伤害。

训练地点的选择和准备取决于训练课程的目标、天气状况、学生的训练情况以及性别。没有老师的允许，不能在没有准备好的斜坡上下滑。训练场应放置在避风的地方，滑雪道应好好准备（铲平）。上课和比赛的场地应光线充足，因为能见度差会增加危险并造成伤害。在能见度较差的情况下（暮、雾、雪等），应采取预防措施：禁止在没有指令的情况下多人一起下滑；增加滑雪者之间的间隔；降低速度。

地形应与学生的训练程度和课程任务相对应。训练雪道不应较差，雪道本身也不应越过马路、水体。雪道的宽度必须至少为3米，在下降和上升处至少应为5米。必须根据运动方式（传统或自由）相应地准备雪道。

在准备训练场所时犯的错误（雪道，特别是下坡道没有压实）可能会导致受伤。在超车过程中，如果下坡道没有压实，则可能会发生参与者碰撞、跌倒的情况。如果摔倒，尤其是在下坡时摔倒，则必须快速离开雪道。如果被迫摔倒，最安全的是侧向摔倒，首先是胫骨着地，然后是大腿和躯干着地。

在计划训练课程时，有必要确定通过训练的方法顺序，以确保入门课程的质量和主要内容。选择练习和分配训练负荷应根据学生的个人训练情况而定。对于训练有素的学生，应在训练开始时进行单独训练。

正确选择运动器材有助于预防伤害。滑雪板和滑雪杖应适合学生的身高和体重。滑雪靴应该比脚的尺寸大一英寸，以防冻伤，并且还要柔软防水，以防划伤。选择衣服时应考虑天气条件，这将避免体温过低和感冒。

损坏的装备和未正确润滑的滑雪板也可能导致受伤。滑雪板的滑动表面必须根据天气情况进行准备。应根据模板安装滑雪板上的固定装置。滑雪杖的手柄和挂绳应柔软，以防止手掌刮伤。

根据课程的任务，教师可以在斜坡的起点、中部或终点处，并明确地指导训练顺序。

为了防止在入门课程中受伤，有必要进行高质量的热身。热身运动至少应进行15分钟。

当温度较低时，肌肉会快速变冷，建议不要在两次滑行之间留出过长的休息时间。

不遵守远距离滑行的规定可能会导致人身伤害。雪道上不允许后转弯走。为避免碰撞，不能停下来并站在下坡的雪道上。禁止在狭窄的斜坡上超车。万一跌倒，必须迅速起身并离开轨道。在超车时，滑雪者必须按照"Oop！"或"滑雪板！"的口令让行。

滑雪者的衣服必须适合天气。它应该舒适温暖。鞋子不要紧。在高霜冻情况下，建议戴连指手套而不是分指手套。建议将课程安排在防风的地方。滑雪技术的解释应该简洁明了。学生需要互相观察，如果发现冻伤迹象，请告知老师。

必须根据学生的训练情况来选择雪道地形。对于训练水平较弱的滑雪者，建议在不那么崎岖的地形上训练。

在训练期间，训练负荷需要逐渐增加，因为急剧增加训练负荷会导致疲劳并因此导致受伤。

如果学生没有掌握简单的动作或练习，则老师不应让他们进行复杂的动作或练习，因为这可能导致受伤。

长时间休息、受伤、生病后，未经医生许可不能上课。学生生病后，老师应要求其提供可以上课的医疗证明。

根据天气情况和积雪状态，在上课过程中，老师必须进行调整（减少训练时间，降低训练负荷或以其他练习代替）。

在滑雪中，以下伤害最常见：瘀伤、磨破、擦伤、伤口、骨折、冻伤等。

瘀伤的急救措施是用氯乙基冲洗损伤部位，以防止毛细血管出血，疼痛缓解。然后用绷带包扎。在没有氯乙基的情况下，包上压力绷带，每隔15到20分钟将冰和雪敷在瘀伤部位，总共敷2到3小时。在受伤后的一天内，可采用热敷。

要为磨破提供急救，需要用一块无菌的纯棉或浸有3%过氧化氢溶液的纱布清洁皮肤，然后包上涂有抗生素的绷带。

如果发生擦伤，应使用蘸有3%过氧化氢溶液的棉签清洁，然后用无菌纱布（布）擦干擦伤表面，并用2%亮绿色溶液润滑。对于大面积擦伤，可以使用涂有抗生素的软膏绷带。

止血的急救措施是立即停止出血。可以通过以下几种方式暂时停止出血：使受损的身体部位相对于身体处于较高的位置；在受伤部位用压力绷带压紧出血血管；用手指按压动脉或血管；这些急救措施只能在将受伤者运送到医疗机构的必要时间内时进行。止血后要治疗伤口。伤口周围的皮肤用酒精、乙醚或3%过氧化氢处理。所有处理均应从伤口边缘进行。然后用碘或亮绿色溶液润滑伤口边缘，并在伤口上使用无菌绷带。禁止使用任何消毒剂或水清洗伤口，并尝试清除其中的深层异物，因为这样做会导致组织感染。

骨折的急救措施是使用标准运输夹板或辅助材料将患处稳定在骨折区域。在完全没有辅助材料的情况下，若手臂骨折，需将其固定到身体上，若腿部骨折，则将受伤的腿固定到健康的腿上。夹板必须固定住至少两个关节，即低于和高于患处的关节。在夹板下面放置一些柔软的东西，然后用绷带包扎。如果怀疑脊椎骨折，则必须将患者完全水平地放置在坚硬的表面（胶合板护板、木板）上，并以该状态运送到医院。万一伤者的骨盆骨折，也有必要将受伤人以完全水平的姿势放在牢固的表面上，弯曲膝盖和髋关节，将它们稍微向大腿的一侧伸展（"青蛙"状），用枕头、毯子和大衣做成小圆轴，放在膝盖下面，并以此状态将伤者送至医疗机构。

有必要确保将受伤者正确地运送到医疗机构，应当缓慢转移，没有碰撞，支撑受损部位，以免引起过度的焦虑和情况恶化。一个人、两个人或三个人可以用多种方式搬运受伤者：借助手头的工具（椅子、大衣等）将伤者放在手上、担架上，当在身体的开放部位出现冻伤的最初迹象时，请立即用柔软的纺织物覆盖患处，并轻轻按摩，直至血液循环恢复。为了防止损坏皮肤表面，禁止用雪或粗糙的布擦拭冻伤的地方。如果脚上有冻伤的迹象，则必须快速移去滑雪板和靴子，彻底擦拭脚趾，穿上干燥的保暖袜子和靴子，然后在双腿变热前开始跑步。

## 1.5 雪上滑行基本技巧

技巧训练旨在培养运动员的运动技能，使其达到最高水平。
培养运动员技巧就是要让他们掌握并完成所教授的动作的技巧。
大师级水平是技术水平掌握到了高级层次。
大师级水平包括以下几个方面：
技术量——运动员掌握的技巧总量；
技术的多面性；
技术的多样性层级；
运动技术掌握的实现效果（体育技术离形成个体条件反射的差距）；
运动技术的掌握程度。
大众锻炼和专业训练的区别是：
大众锻炼的任务：
学习并提高运动技能的范围，为专攻某项体育运动打下基础；
掌握大众体育训练的锻炼技巧。

专业训练的任务：

形成体育运动技能的知识体系；

形成适合自身条件的个性化运动技巧；

掌握顺利参加比赛所必需的知识和技能；

变革并更新技术（不超过运动技能提高的极限，符合自然规律的条件下进行）；

开发新的体育技术。

### 1.5.1 带板到上板的列队方法

在学习穿上雪板运动前，必须先学会从带雪板到穿雪板的列队方法，掌握上板的各种口令、移动到教学地点的规则、变换队列和停止的规则。

集合前或带着滑雪板走时必须在滑板的脚后跟和脚趾处用带扣扣好。

要让队伍给雪板上带扣，就下命令"扣雪板！"。如果要带滑雪板移动一小段距离，一定要一只手抓板，另一只手拿杖。走路时抓雪杖要抓杖鞘的中间，杖身和地面成锐角。走远路的话就把扣好的雪板扛在肩上或夹在腋窝下。要让队伍扛板或夹板，就下命令"扛板！"。听令，队员按如下步骤完成从站姿带板到扛板的过程：右手抬起雪板放到左肩上，左手则抓住滑雪板尾部。下令"夹板！"时，队员左手抓着雪杖的固定把手，右手则抓着固定槽把雪板拿起来，让槽里的脚趾方向朝前下垂，然后把雪板从左往右翻过来，一定要用手肘把雪板夹在腰侧，同时放下左手。板尖一定要过膝。

要让队员从"夹板"回到站姿要下令"放板！"。

站姿带板有两个口令："站立！"或"成排站立！"。队员听令后，把雪板板尾点地而立，立在右脚脚趾旁，右手抓着固定槽，要让固定槽的脚趾位略微前倾。"看齐！"口令要求队员把头向右或向左转，并把雪板向肩部靠拢。"立正！"口令要求队员头朝前，板尖前倾，身体站直。"稍息！"口令要求运动员放松，但不离开队列。

原地转（左转、右转、后转）时要先把滑雪板轻轻抬起，抬到下腰右侧，然后再转。转完后要把雪板板尾点雪地立于脚旁。

行进去训练点时，要让队伍成一列就要下令"全体听令，向左/向右跟在我身后成一纵列，行进！"行进途中，滑雪队员之间应该保持2~3米间距。雪道上行进队员之间要保持 3~4 米间距，下坡要保持 8~10 米间距。要让队伍停下就下令"立定！"。要把扣好的雪板放到雪地上，就下令"放下！"。下令成一列时，队员应该左腿向前迈一步，右腿原地不动，雪板板尾不离地，弯腰把雪板放到雪地上，然后直起身，收回左脚。要列两横队时，为了放雪板，第一行队伍要先向前走两步，然后两行队伍同时放下雪板。听到"近板！"口令，运动员要站在滑雪板板尾左侧。听到"拿板"，他们要前进一步，右手抓着固定槽把板拿起来，直起身后，把左脚向右脚并拢，恢复队列。听到"上板！"口令后，队员必须先把雪杖从雪板里抽出来，立在左侧，然后把雪杖分开，一支在左，一支在右。然后站上雪板，把靴子固定住，拿起雪杖，恢复队列。听到"向左看齐！"的口令后，运动员把雪杖杖柄压在胸前，头向左转。听到"立正！"口令，队员把雪杖立在固定槽附近，雪杖杖柄拿开胸口，头向前看。听到"下板！"口令后，运动员要把雪杖立在左侧，松开靴子下雪板，把雪杖放在雪地上。听到"扣板！"口令后，队员用带扣把雪板扣住，把雪杖的雪爪和板尖放在一起。

**板上转体：**

踏步转体；

旋板转体；

跳跃转体。

**踏步转体** 以雪板板尖或板尾为轴转。为让运动员完成围绕板尾踏步左转/右转，要下令"绕板尾踏步左/右转！"。运动员以左脚/右脚为轴转体，然后抬高右/左板的板尖把板向右/向左转，同时把支撑的雪杖换到另一只手，把重心移到雪杖上，换杖时把另一只雪板并拢。绕板尾转体时，左转先出左脚，右转先出右脚。转体没完成就继续踏步。

绕板尖踏步转体的口令是"绕板尖踏步左/右转！"。技术动作和上个转体类似。滑雪板板尾依序转到另一边，板尖不动。左转先转右板，右转先转左板。

**旋板转体** 能让滑雪运动员转 180 度，可以左转或右转。转体口令是"跨步向右/左转！"。运动员将重心放在轴心雪杖上，比如左杖，板尖朝上高高抬起另一侧的雪板（右板）并转向对面落下。身体转圈然后把左板向旋转后的雪板并拢。

**交叉旋板向前/向后转体** 是不同种类的旋板转体。听到"交叉旋板向前/向后转！"的口令后，运动员抬起一个雪板，旋转雪板，使之与另一个雪板从平

35

行到交叉，把身体重心移到另一个雪板上，然后旋转轴心雪板与之并拢。

**带杖跳跃旋转** 口令是"带杖跳跃向右/向左转！"。雪杖分开放，靠近雪板板尾。比如，要向右跳，就要把左杖向右立在雪板板尖处，把右杖立在板尾处，运动员微蹲，把身体转向对侧，然后以雪杖为轴跳跃，向上抬起雪板板尾，使其和身体一起大幅转向另一侧。落地式膝盖微蹲以缓冲。

**无杖跳跃旋转** 口令是"无杖跳跃向右/向左转！"。运动员微蹲，身体转向对侧，然后猛地一跳，转向另一侧。屈膝缓冲着地。

**原地转体** 不同的转体方法可以成套一起教授，因为讲解和展示后，运动员能轻松完成。即便在完成技术动作时出现了一些小错误，也会很快被更正。以雪板板尾为轴时，运动员应该注意让板尾固定不动，转体时板尖抬起。以板尖为轴时，运动员应该注意让板尖固定不动，转体时板尾抬起。

**旋板转体** 要在平行于地面的滑带上练熟后，在上坡练习，要加边防滑。

**带杖跳跃转体** 要猛地一蹬，然后把身体转向要转的那一侧。转体前，运动员必须注意雪杖的位置是否正确，转体和落地时要注意让两条雪杖保持平行。

## 1.6 传统式滑雪运动技巧

二步交替滑行主要用于中高度陡坡的爬升。这个方法的基础是滑行。一个二步交替滑行动作的完整周期由交替的两个滑步和两个撑杖动作组成。该方法是爬升的主要方式之一。顶级滑雪者的滑行长度可以达到 7~8 米，时长为 0.80~0.95 秒，滑行频率为每分钟 60~72 次。对于能力最强的越野滑雪者而言，二步交替滑行技术，最大的不同点在于步频较高（每秒 2 步以上），自由滑行、下蹲滑行、弓步下蹲的时间较短，手部和腿部撑地的时间和力度也有所不同。腿部蹬地的最大水平分量为 45±5 千克，在撑杖为 30±5 千克的情况下滑雪杖撑杖的最大水平分量为 17±4 千克。撑杖时滑雪杖尾端的角度为 30±2° 的角度。

滑行过程分为用滑雪板滑动时的滑行阶段和用滑雪板腿部蹬地时的停板阶段。优秀的越野滑雪者在二步交替滑行动作中，不会两个滑雪板同时滑行。

整个滑动步骤有条件地分为五个步骤，其中三个步骤属于滑行阶段，两个步骤属于停板阶段（D. D. Donskoy，H. H. Gross，1971），详见表格 1-6-1。

图 1-6-1 两步交替滑行传统动作技巧

表 1-6-1 滑步的步骤

| 步骤 | 阶段 | 步骤名称 | 时间界点 |
|---|---|---|---|
| 1 | 滑行 | 自由滑行 | 滑雪板与支撑点分离 |
| 2 | | 支撑腿伸直滑行 | 滑雪杖插杖 |
| 3 | | 下蹲滑行 | 支撑腿膝关节开始弯曲 |
| 4 | 蹬地 | 弓步下蹲 | 滑雪板停板 |
| 5 | | 伸直腿蹬地 | 蹬地腿膝关节开始伸展 |

每个步骤的运动特性变化很大（变化系数达到30%）。同时，将所谓的"作用点"，也就是滑雪板选为测量对象，它决定了每个步骤的行进距离、行进时间和平均速度。不同滑雪者在不同运动阶段的表现存在很大差异。"作用点"的速度不能充分描述滑雪者的速度（总体重心速度，OCT）。尽管各个步骤的完成度存在很大差异，但是可以按照合理完成每个步骤的标准建立起一个总体的要求。它们可以表述为：

第1步——建议在滑雪板接触雪的瞬间不要对其施加剧烈压力，以免降低滑行速度，以此来减少滑雪板上的压力。

第2步——建议依靠滑雪杖在冲击时的主动停滞、腿和手的快速摆动以及强有力的撑杖动作来保持或提高滑动速度。

第 3 步——建议快速降低滑行速度，停止滑动，依靠快速下蹲和使身体重心集中在支撑腿上的动作开始撑杖动作，将一只手撑杖另一只手摆动的动作结合起来。

第 4 步——建议通过手和脚的摆动来提高身体的运动速度，向蹬地的腿部施加身体重量，使 OCT（总体重心速度）向前移动，进一步弯曲蹬动的腿部关节，同时主动向前伸出腿和另一侧手臂，并用另一只手撑杖。

第 5 步——建议最大限度地提高后续滑动的速度，这是通过腿部沿身体轴线完全蹬地（"起飞"）来实现的，同时及时结束弓步动作并将身体的重量平稳地转移到支撑腿上。

必须考虑滑雪者在滑动步骤中的动作，其动作完成的合理程度很大程度上决定了运动效果：

在第 2 步结束时，滑雪者伸直支撑腿至膝盖关节处角度为 $165 \pm 3°$，同时脚向前稍微移动。此时，小腿相对于滑雪板处于直立位置。接下来，滑雪者将身体重心前移至脚上。从这一刻开始蹲下。随着身体下降，滑雪板上的压力减小。在慢速下蹲时，滑雪板上的压力会急剧上升，这使滑雪者可以快速停止滑动滑雪板。滑雪运动员身体的运动能量会用于肌肉的弹性拉伸，借此有助于帮助腿部产生最大的蹬地力。

在第 4 步，随着滑行的停止结束快速下蹲的动作。

腿、臂和躯干的推力，腿和臂的摆动是决定滑雪者运动速度的主要驱动动作。

在准备用脚蹬地时，两个要素很重要——重心前移和蹬进腿的下蹲。重心前移是将滑雪者的身体重心向前转移到支撑腿的脚上。下蹲可加快身体重心转移。脚的蹬进力量在很大程度上决定了滑雪的速度，并且是滑动周期中的主要动作组成。腿部蹬进动作开始于滑雪板停板后髋关节的立即伸展。运动速度的 75% 到 80% 取决于蹬进效率和腿部向前的摆动。在蹬进时，不必急于从滑雪板上卸下滑雪靴的后跟，因为必须让脚的屈肌伸展（"给脚充电"），这样可以增强蹬地力。在用脚的最后力气使膝关节伸直的那一刻，蹬进结束。不应将滑雪靴的后跟长时间保持在滑雪板上，因为这会减弱脚的弹性并降低最终蹬进的效果。

下蹲、支撑腿膝关节和髋关节的蜷曲以及踝关节的伸展。在腿部蹬地之前滑雪者蹲在蹬进腿上。下蹲持续时间为 0.04~0.06 秒，下肢的肌肉被拉伸。蹲下时重心前移加快,滑雪者在支撑腿上向前倾倒。腿部蹬进的力量取决于深蹲和重心前倾的正确执行。腿部的蹬进力很大程度上取决于滑雪者正确执行腿部摆动动作的能力。在交替的两步运动过程中,腿的运动相互关联,也就是说,在一只腿蹬进的时候,另一条腿应完成摆动动作,处于开始形成弓步的状态。由于将身体重心提早转移到了摆动腿上,滑雪者处于两支撑滑行状态,因此减少了腿部的蹬地力。比赛运动员以一定的力与滑雪板分离,该力具有垂直和水平分量。具有不同运动资格的滑雪者的垂直分量略有不同。一等滑雪者和高运动水平滑雪者的水平分量指数明显不同。对于合格的比赛运动员来说,腿部蹬进力的水平分量为45~55千克,对于运动健将而言为35~45千克,对于二等和一等滑雪者而言为12~20千克。由于腿部蹬进力的垂直分量,滑雪板在中央部分弯曲并会黏附在雪上。脚部在形成脚部蹬进力的水平分量中起着重要作用,因为通过脚可以传递大腿和小腿更大、更强壮的肌肉群的力量。腿部蹬进力水平分量的显著增加是由于脚在滑雪板上的短期握持(即"脚充电"),以及接下来在蹬进最后阶段的快速弯曲。脚部蹬进效果的主观评估是脚趾关节的蹬地感。这些感觉在原地和运动中模仿交替两步滑行时得到了很好的再现。在腿部蹬进的时刻,比赛运动员的躯干和腿部、肩膀、髋部,膝盖和脚踝关节应形成一条直线。在良好滑动条件下的交替两步滑行过程中蹬进时间为0.09~0.10秒,在恶劣条件下为0.16秒(V. V. Ermakov, 1989)。可以通过减少蹬进时间,增加蹬进力和脚的摆动速度来提高运动成绩。摆动腿的摆动和另一只腿的蹬进相互联系。摆动腿的速度取决于蹬进的速度。蹬进结束后,滑雪靴后跟应比滑雪板高出10~15厘米,摆动腿抬得更高会导致支撑腿滑雪板上的压力增加,因此不建议过分抬高摆动腿。摆动腿在前伸时应在膝关节处稍微弯曲。摆动的产生依靠大腿前部表面的肌肉,由于参与作用的肌肉群较少,因此用腿部摆动比腿部蹬进消耗的能量少。要训练腿部的摆动动作,建议可以运用水中奔跑(水位在膝盖以上)、肺部运动、快速滑轮滑雪、训练机模拟练习,用一般性和专门性练习来进行锻炼。在摆动时,骨盆会发生小但足够主动的转动,这会增加摆动的幅度。弓步的步幅长度取决于腿的摆动速度。对于能力最强的滑雪者来说,在平坦的良好滑动条件下,弓步的步幅长度在90~105厘米之间。在将摆动腿的滑雪板放在支撑雪地上时,应首先轻松触摸雪地,然后再承受全部体重。摆动腿的正确放置影响弓步的步幅长度和持续时间,也就是滑行动作进程的有效效率。

手部撑杖是交替两步滑行动作周期中的重要组成动作。滑雪板上滑行的速度很大程度上取决于用手撑杖的力量和速度。当处于前端位置的手中的滑雪杖放置在支撑点的时候，手臂的肘关节应以 145 ± 5°的角度弯曲，而手部应与下巴齐平。爬升跃坡时，应将滑雪杖的底部放在滑雪靴脚尖附近。爬升坡度越陡，滑雪杖底部距离滑雪靴脚跟应越近。自由滑进步骤结束后，在第 4 个滑进步骤将滑雪杖放在支撑点上。因此，手部撑杖动作的初始时刻很重要。缓慢将滑雪杖放在支撑点上会降低滑动速度。将操纵杆放在支撑点上时，有必要创建一个牢固有力的系统"手臂-躯干"。倾斜角度为 80 ± 5°的滑雪杖可为强有力的撑杖动作创造有利条件。向前倾斜 57°可以增加撑杖的力量。手臂在肩关节处伸展直到手靠近身体，然后肘关节再主动参与作用。滑雪杖牢固有力地放置在支撑点上可以显著降低滑动滑雪板上的压力，这也就意味着可以提高滑动速度。在肘部和腕部关节完全伸展时，在滑雪杖离开支撑点后，撑杖动作便会终止，这可以提高运动员的运动速度并有助于其身体重心前移。此时手臂与滑雪杖应形成一条直线。

撑杖动作完成后不应伸展手指并向后上方甩动手部，因为这会导致滑雪板上的压力增加从而降低运动速度。在滑雪道上滑行时，双手只能前后移动。手部向侧面的任何外展都会增加运动员身体的能量消耗。撑杖动作完成后，笔直向上移动摆动臂至其接近躯干的位置，然后须在肘关节处轻轻弯曲该臂，使其向上前方移动。利用手臂和滑雪杖的重量完成挥杖动作。摆动臂在第三滑行步骤达到最大速度，同时也取决于滑雪者的速度。当快速摆动手臂时，摆动腿的伸展程度增加同时蹬进时间减少，这意味着沿着赛道滑行的速度增加。进行摆动动作时，手应伸出至膝盖以上。

躯体运动。在二步交替滑行的冲程进入中等陡度的上坡时，身体的摆动幅度可以忽略不计。克服陡坡爬升时，几乎不存在身体摆动，在平原上，摆动为 10%～20%，摆幅取决于运动员的水平。在将滑雪杖放在支撑点上的那一刻，躯干倾斜角度最小，而最大的倾斜角度是在"向前伸展摆动"的状态。身体的摆动会增加蹬动力量的水平分量。通过身体的轻微旋转，可以减少腿部向前伸展摆动时发生的扭转运动。

滑雪板滑行是这个运动技巧的重要组成动作。滑雪板在雪地上的轻盈着陆以及重心在其上的平稳转移，体现了该运动技巧的有效性和运动员的水平。在滑雪板上滑行时，运动员不要急剧伸展躯干和支撑腿，以免增加滑雪板在雪地上的摩擦力。当用脚蹬进时，滑雪者施加一定的向上力，以减小第一步开始时滑雪板上的压力。在第一步结束时，即最大限度地抬腿时，运动员身体的 OCT（总体重心速度）达到最高位置。可以通过降低 OCT 来减小滑行板上的压力，以完成蹬地"起飞"。为了提高滑行速度，必须在滑行期间减小滑雪者在滑雪板上施加的重力压力。只有高度身体协调性才能达到这一点，而这种协调性通常见于能力超强的一些滑雪者。当进行二步交替滑行时，滑行速度很大程度上取决于滑行条件。当滑行条件恶化，步伐的幅长和频率改变时，滑行进程的协调性也就受到了破坏（V. N. Manzhosov, I. G. Ogoltsov, G. A. Smirnove, 1979），详见表 1-6-2。

表 1-6-2　二步交替滑行技术在不同滑行条件下的一般技术参数变化（%）

| 滑行条件 | 速度 | 步幅 | 步频 | 进程协调性 | 降低至单速的步频 |
|---|---|---|---|---|---|
| 在融化期 | 94 | 90 | 105 | 85 | 112 |
| 在松软雪道上 | 88 | 86 | 103 | 84 | 117 |
| 条件良好时 | 105 | 107 | 87 | 123 | 88 |

尽管蹬动动作为滑行施加了强大的推进力，但在融化期的滑动速度却降低了，同时蹬动时间也增长了。为了保持运动的速度，滑雪者可以增加步伐的频率并减小步伐的长度，以防止速度进一步下降。同时，必须更用力地撑杖，使它们形成一个更锐利的角度，也就是说要把滑雪杖底部更加靠近雪靴的脚尖部分，靠近雪靴鞋尖的位置。在松软的滑雪道上运动时，腿部不可能用力蹬进。因此导致运动速度降低并且撑杖时间增长。为了保持运动速度，应将滑雪杖插在雪靴附近的雪地上，即成一个锐角，但同时，由于腿部无法用力蹬地，凭借手部较大的力量也无法充分提高运动速度。由于步频的增加，摆动腿在膝盖关节处弯曲程度更大。在松软的滑雪道上滑行时，建议进行平稳的运动而不要突然加速。在良好滑行条件下，步长可增加至 3.5~4 米，步频会降低。在这种情况下，腿部蹬进时下蹲高度会更低。在强力蹬进作用下，自由滑行的长度会增加，并且小腿仍与水平线成锐角。滑雪杖的底端在雪地上插入的角度应为 80±3°，即建议将滑雪杖的底端插在雪靴脚尖前 35 厘米处。借助滑雪杖强大的推动力，增加了第二和第三步的行进距离。运动速度也相应有所增加。随着运动速

度的加快，摆动腿前伸的速度显著提高，但这也需要消耗更多能量。为了减少能量消耗，建议摆动腿在膝关节处弯曲角度为5°。

**爬坡时二步交替滑行技术的特点**　滑雪者通过减小步幅、加快步频的方式克服坡度爬升。滑雪者可以通过滑步克服坡度爬升，而在坡度超过10°的爬升中，可以使用滑步或跨步。借助"人字形"步伐可克服15°以上的坡度进行短距离爬升，也就是说，滑雪者要将滑雪板顶端分开向两侧伸展，以此来进行移动。当克服坡度爬升时，跨步的特征是没有滑动。为了利用滑步合理地克服坡度进行爬升，滑雪者必须具有良好的身体素质。在爬坡时，滑雪杖撑杖时间较晚，以防止滑雪者在运动过程中身体相对滑行滑雪板滞后。滑雪板停板时，摆动腿需保持在支撑腿的后方。在相同步频情况下克服距离更远的滑雪者可能会通过较大步幅显示出更好的运动效果。

腿部蹬动的力量取决于运动进程速度和爬升坡度。在爬升陡坡的过程中，蹬动几乎占据了步伐动作的所有时间，并且带有推举的特点。身体重心前移通过弯曲腿来实现，在减小下蹲幅度的同时需在膝盖关节处弯曲支撑腿。在蹬动动作结束时，不应将滑雪板尾部与雪地分离以实现完全蹬动。为了减少腿部摆动的能量消耗，必须使在膝关节处弯曲腿部，腿部弯曲程度越大，爬升坡度就越陡。重要的是，在第一步开始迈出时，就要伸出腿形成大跨步弓步。腿部蹬动时，膝盖关节在爬升情况下的伸展速度要快两到三倍，而滑雪杖应避开冲击插入在滑雪靴的脚尖附近的雪地中。

在爬升时，由于需要尽快开始摆动手部，手部撑杖动作具有迅速完成的特点。滑雪者用手撑杖时的主要任务是：将身体保持在所需位置；防止大幅度降低速度；增大步幅。为了减少能量消耗，需要手部在肘关节部位弯曲并立即开始摆动。手部摆出时，手部应明显超出膝盖。这样的手部运动可以减少能量消耗。在爬升时手部摆动的时长在比在平地上要短。在滑雪者爬升运动期间，滑雪板的滑行时长变短，脚部向前迈出。由于滑行时长变短，步幅减小，导致了运动速度降低。爬坡时，滑雪者的躯干处于垂直位置，并且在此状态下支撑躯干的肌肉处于放松状态。在这种情况下，腿部蹬动量的水平分量会减小。需要注意的是，由于腿部蹬动力水平分量的增加和蹬动速度的增加，滑雪速度是可以进一步增加的。

**女性滑雪运动员的技术特点**　女性滑雪者在平地雪道上比具有相同资格的

男性滑雪者要慢9%~11%。女性的运动（步伐）频率比男性快，这与人体特征有关（女性的腿相比男性较短）。为了保持较高的步骤频率，她们需要良好的身体机能方面的准备。不具备足够身体机能准备的女性滑雪者会以较低的步伐频率运动，因此其运动速度较低。与男性滑雪者相比，女性滑雪者的速度动力的素质发展水平较低。女性腿部蹬进和手部撑杖的力量分别比男人少35%~50%和70%~90%。女性的步幅也小于男性。综上所述，女性滑雪者和男性滑雪者的技术差异展现在以下几个方面：

——身体重心的前移是通过不完全伸直腿部来实现的；

——腿部在完成蹬进动作后不会上升到滑雪板10~15厘米以上；

——小腿放在雪地上的角度几乎是水平的；

——滑雪杖以65±5°的角度放置在支撑点上；

——摆动腿更加弯曲；

——躯干倾斜度增加。

随着运动的速度增加，蹬动的水平分力也相应增加，而垂直分力增加的程度较小。在高速移动的情况下，缩短了蹬动和达到力度极限的时间，减少了滑行时间。滑雪者应系统地提高最大速度下的运动技能，确保在不破坏动作结构的情况下保持每一步的跨度（Л.科布泽娃，1984）。

**不迈步同时推进滑行技巧** 应在非常良好的滑行条件下的平地、上下斜坡上运用。而在较为一般的滑行条件下，它可以在中等和非常陡峭的斜坡，或者是滑雪道上运用。

完整的滑行动作包括双手握住雪杖同时撑开，然后在雪面上滑行。滑行的周期长度从4~8米不等，滑行持续时间介于0.2~0.8秒。

可以从滑雪者完成撑杖、躯干前倾至水平位置、手臂和雪杖成直线向后、双腿膝关节微微弯曲、身体在滑雪板上保持平衡以及抬头等一系列动作研究和分析这项动作的技术。

滑行动作由两个阶段组成：

——双臂压杖撑开阶段；

——双臂撑开滑行阶段（В.叶尔马科夫，1989），详见表1-6-3。

表 1-6-3　不迈步同时推进滑行技巧动作结构

| 时期 | 阶段 | 动作临界点 | 动作要点 | 运动动作 |
|---|---|---|---|---|
| 滑行时期（完整滑行动作周期） | 1. 双臂压杖撑开阶段 | 将雪杖压在雪地上（开始撑动雪杖）完成用雪杖撑开动作（将雪杖抬离雪面） | 最大限度提高滑行速度 | 平均地把身体的重量分配在两个滑雪板上，雪杖成锐角插在雪地上，撑动双臂，躯干弯曲 |
| | 2. 双臂撑开滑行阶段（自由滑行阶段） | 将雪杖抬离雪面 将雪杖插在雪面上 | 保持滑行速度，准备撑开雪杖 | 微微向前-向上张开双臂，挺直身体 |

　　滑行的周期长度从4米到8米不等，滑行持续时间介于0.2秒到0.8秒。此项动作适用于出发、上坡、赶超和结束阶段。

　　滑行时期有两个阶段组成。

　　第一阶段是最积极主动的阶段，在这阶段需要完成有力的双臂撑开动作。双手撑开时的动作必须快速有力，同时需要观察滑雪杖正确的摆放角度，然后完成撑开动作，形成"手臂-躯干-双腿"系统化动作。

　　第二阶段是相对被动的，在这阶段滑雪者以第一阶段的速度前进。在这阶段的滑行持续时间取决于滑行的条件、地形起伏和双臂撑开时的蹬动力度。在5米/秒的速度和良好的平地滑行条件下，第一阶段（根据平均数据）完成时间为0.42秒，第二阶段为0.62秒。

　　不迈步同时推进滑行技巧包括两项方法：

　　自由滑行方法——抬腿蹬动；

　　传统滑行方法——不抬高腿蹬动

　　不迈步同时推进滑行技巧在滑雪道上的移动速度是所有传统滑雪动作中最快的，比自由式步法的速度只慢一点点。

　　近年来，由于出现铺设滑雪道的机器、投用塑料滑雪板、使用新的润滑剂、滑雪者滑行速度力量以及身体机能的提升使得这个滑行技巧大受欢迎。

　　为了提高滑行速度，建议将滑雪杖插入雪面之前，将身体重心快速移至脚掌前方，以减少滑雪板前部分负荷的时间，提高滑行速度。

　　在滑雪杖以80±6°的角度放在雪地上的时候双臂应该开始撑开。在高速滑

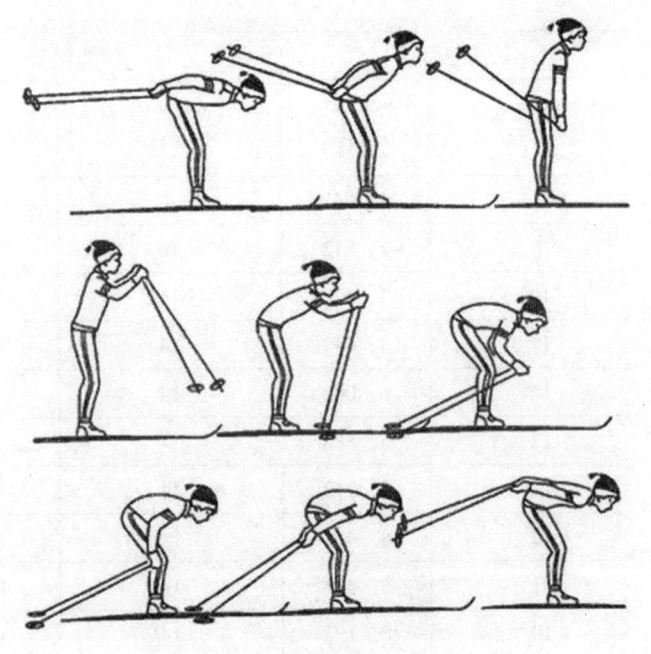

图 1-6-2 不迈步同时推进滑行技巧

行时将雪杖快速而有力地插在雪面上，角度不超过90°。由于所谓的"压杖"原理，过大的雪杖角度会导致滑行速度下降。当滑雪杖插在雪地时，躯干应快速倾斜，肘关节略微弯曲，双手紧紧握住滑雪杖并向前移动。尤其在双臂处于水平位置时，应大力压杖，将雪杖插在雪面上。在撑杖动作结束时，双手握住滑雪杖形成一条直线，拇指、食指和中指紧紧握住滑雪杖。滑行时期滑雪者的膝盖关节处应微微弯曲。

在双臂撑开时，蹬动力尤其是它的水平分力，在进行高速滑行中起着至关重要的作用。随着滑雪杖向前倾斜，蹬动力的水平分力也相应地增加（B. 叶尔马科夫，A. 皮罗格，A. 科布泽娃，A. 古尔斯基，1982），详见表1-6-4。

表1-6-4 在双臂撑动时随着雪杖倾斜角度水平分力的数值变化

| 雪杖位置<br>（°） | 不抬高腿蹬动 | | 抬腿蹬动 | |
| --- | --- | --- | --- | --- |
| | 对雪杖的压力<br>（公斤） | 水平分力<br>（公斤） | 对雪杖的压力<br>（公斤） | 水平分力<br>（公斤） |
| 85 | 3 | 0，262 | 5 | 0，436 |

续表

| 雪杖位置 (°) | 不抬高腿蹬动 对雪杖的压力（公斤） | 不抬高腿蹬动 水平分力（公斤） | 抬腿蹬动 对雪杖的压力（公斤） | 抬腿蹬动 水平分力（公斤） |
|---|---|---|---|---|
| 80 | 6 | 1,042 | 4 | 0,694 |
| 75 | 7 | 1,812 | 10 | 2,588 |
| 70 | 10 | 3,420 | 11 | 3,762 |
| 65 | 11 | 4,649 | 14 | 5,916 |
| 60 | 12 | 6,000 | 14 | 7,000 |
| 55 | 12 | 6,888 | 14 | 8,030 |
| 50 | 12 | 7,712 | 14 | 8,999 |
| 45 | 12 | 8,485 | 14 | 9,899 |
| 40 | 11 | 8,426 | 14 | 10,724 |
| 35 | 10 | 8,192 | 14 | 11,469 |
| 30 | 9 | 7,794 | 14 | 12,124 |
| 25 | 7 | 6,344 | 9 | 8,157 |

在滑雪比赛中，最顶尖的滑雪者经常在双臂向前向上摆动的时候运用抬腿蹬动的不迈步同时推进滑行技巧，这让他们可以快速有力地撑开双臂。快速抬腿蹬动，躯干向前倾斜以及雪杖的撑动力减轻了滑雪板上的体重压力，有助于显著提高滑行速度。

在大型国际赛事中，长距离滑雪者和速度滑雪运动员经常在准备出发、出发时、赶超其他赛手、平地滑行和下坡、上坡以及终点加速时使用这个方法。

以传统滑雪风格举办的国际赛事中，速度滑雪运动员在中低地形上使用滑雪板，并且仅在出发时使用不迈步同时推进滑行技巧。

在学习不迈步同时推进滑行技巧时必须掌握将躯干快速向前向下倾斜至不超过90°，以便形成最低的雪杖撑开角度。

**单步同时移动法** 包括两种可选的滑行方法：

—— 基本速度滑行法；

—— 快速滑行法

两种方法的结构一样，单步同时移动法由滑行阶段以及雪杖撑开阶段组成。

图 1-6-3　单步同时移动技巧（基本滑行法）

（A. 皮罗格，B. 叶尔马科夫，1976），详见表 1-6-5。

表 1-6-5　单步同时移动法动作结构

| 时期 | 阶段 | 动作的临界点 |
| --- | --- | --- |
| 单步同时移动法周期 滑行时期 | 1. 单支点滑行 | 蹬腿后将滑板抬离雪面 |
| | | 停止撑杖 |
| | 2. 双支点滑行 | 雪杖抬离雪面，双手停止推动 |
| | | 开始弯曲蹬离的腿 |
| | 3. 蹬腿下蹲滑行 | 开始弯曲蹬离的腿 |
| | | 抬起脚，滑雪板停止滑行 |
| 撑杖时期 | 1. 撑开雪杖，弯曲并蹬腿 | 滑雪板停止滑行 |
| | | 开始伸直蹬离的腿 |
| | 2. 撑开雪杖，伸直蹬离的腿 | 开始伸直蹬离的腿 |
| | | 蹬腿将滑板抬离雪面 |

　　动作持续时间为 1.0~1.5 秒，距离跨度为 5~8 米。完成撑杖后，滑雪者必须平稳地挺直身体，并将手握的雪杖向前挪动。在撑杖结束时，要将身体的重心转移到重心支撑的腿上，并完成蹬腿动作。另外一条腿在这个时候也向前推进。在蹬腿的时候雪杖必须插在脚前方的雪面上。在蹬腿动作结束时，滑雪者

将摆动的腿放回身体支点上，身体重心平均分布在两个滑板上滑行，撑杖动作顺利完成。完成撑杖动作同时，手肘关节应与膝关节同高。

阶段1——单滑。动作从滑雪板抬离雪面开始，之后完成蹬腿动作，直到双臂结束撑杖。伸直蹬离的腿，而重心腿的胫骨应垂直于滑雪板。手握住雪杖向前摆动。雪杖摆放位置和撑杖动作应和不迈步同时推进法一样。滑雪者在这个阶段面临的主要挑战是保持滑行的速度。

阶段2——双滑。动作从雪地抬起雪杖开始，一直持续到蹬动的腿开始弯曲。在滑行条件良好的情况下将支撑腿重心转移至身体，而身体重心应平均地分布在两个滑板上。在滑行条件糟糕的情况下必须快速将身体重心转移到将要蹬动的腿上，应在结束撑杖动作后才挺直身体。滑行速度越快，就应该更快速地挺直身体。滑雪者在这个阶段面临的挑战是避免减速。

阶段3——蹬腿下蹲滑行。动作从弯曲并蹬腿开始，一直持续到腿从滑雪板上抬离的那一刻。滑雪者的重心位于蹬腿的前部。滑雪者在这个阶段面临的挑战是在滑雪板上摆腿快速停止摆动。

阶段4——撑杖，弯曲并蹬腿。动作从滑雪板停止滑行的那一刻开始，在蹬腿开始弯曲时结束。髋关节弯曲意味着撑杖阶段开始，在滑板上的摆腿应该要积极向前推动。

阶段5——撑杖，伸直蹬离的腿。动作从膝关节弯曲的那一刻开始，一直持续到滑雪板抬离雪地结束。向前伸出摆腿约100厘米，随后身体的重心应放在这条腿上。

同时单步移动法的基本滑行和快速滑行的主要区别如下：

——运用基本速度滑行法移动时，在蹬腿之前应将握住雪杖的手往前挪动；

——运用快速滑行法移动时，蹬腿和挪动雪杖应同时进行；

——快速滑行时，动作周期持续时间比基本速度滑行法短0.12秒。而快速移动法的下降速度为88±2厘米，基本速度滑行则为100±2厘米；

——快速滑行时，滑雪杖以71°的角度放置在重心上，而基本速度滑行法则以78°的角度放置；

——快速滑行的速度为0.94周/秒，基本速度滑行法为0.86周/秒；

——快速滑行法的最快移动速度为0.09秒，而基本速度滑行法为0.15秒；

——当快速移动时，在蹬腿结束后的0.11秒开始撑杖，而以基本速度滑行时则是在蹬腿结束后立马撑杖，因为在快速移动时需要在整个动作周期保持均等的滑行速度。

——在快速滑行移动时的双滑持续时间较短。运用快速滑行法能通过在不降低撑动力的情况下增加移动速度来实现比基本速度滑行法更高的移动速度。

**两步同时移动法**

图 1-6-4 两步同时移动技巧

近年来，滑雪爱好者和青少年滑雪者非常喜欢这个滑雪技巧，它通常用于滑行条件良好的平地和上坡路段。

两步同时移动方法的完整运动周期由两个滑动步骤以及第二个步骤之后同时收回雪杖组成（图1-6-4）。在整个周期中，滑雪者滑行距离从7米到12米，而持续时间为1.4~1.8秒。整个滑行动作由四个周期和九个阶段组成（B.叶尔马科夫，1989），详见表1-6-6。

表 1-6-6 两步同时移动法动作结构

| 时期 | 阶段 | 动作的临界点 |
| --- | --- | --- |
| 1 | 1. 单支点双臂撑杖滑行 | 在第二次撑杖后将蹬动的腿抬离雪面 |
| | 2. 双支点身体挺直滑行 | 停止双臂撑杖 |
| | 3. 蹬腿蹲下滑行 | 准备弯曲要蹬离的腿 |
| 2 | 4. 撑杖，腿弯曲并蹬腿 | 将蹬离的腿抬离滑雪板 |
| | 5. 撑杖，伸直蹬离的腿 | 开始伸直蹬离的腿，将腿抬离雪面 |

续表

| 时期 | 阶段 | 动作的临界点 |
|---|---|---|
| 3 | 6. 单支点自由滑行，伸直重心支撑的腿 | 伸直蹬离的腿后，开始弯曲重心支撑的腿 |
|   | 7. 重心在支撑腿上蹲下滑行 | 将蹬动的腿抬离雪面 |
| 4 | 8. 撑杖同时弯曲蹬动的腿 | 开始伸直蹬离的腿 |
|   | 9. 撑杖同时伸直蹬动的腿 | 将蹬动的腿抬离雪面 |

当以两步同时移动时，第一滑步与快速滑行法相同的方式进行，第二滑步类似于单步同时运动的基本速度滑行法。蹬腿应与向前摆动手臂同时进行。在准备第二次撑杖时，将雪杖置于前方，并把重心放在雪杖上。手臂撑杖应在第二次蹬腿后完成。滑行周期在单滑撑杖结束后开始。

第一滑雪期和它的第一阶段从在滑雪板上单滑开始。小腿胫骨垂直于重心支撑的滑雪板上，而另外一条腿以蹬腿结束动作。手臂的肘关节略微弯曲向前挪动。在两个滑动步骤中，抬起手，然后将雪杖压到雪地上，这减少了支撑反作用力，从而增加了滑行速度。为了增加手臂撑杖的强度，身体必须倾斜。当身体重心平均分配在两个滑板上，滑行效果会更好。

第二阶段动作在身体挺直、手臂撑杖进行双滑时开始。在平稳伸直的过程中，身体重心会转移到将蹬动的腿上。

第三阶段在重心支撑腿的踝关节、膝盖和髋关节弯曲时开始。

第二滑雪期由两个阶段组成：

—— 撑杖，腿弯曲并蹬腿；

—— 撑杖，伸直蹬离的腿。

在这阶段，摆动的手向前伸，身体重心移向蹬动的腿。在蹬腿的时候，身体重心平稳地转移到滑雪板上，这样就结束了第一个撑开移动阶段。

第二个滑雪期开始于滑雪板抬离雪面那一刻。

第一阶段，重心支撑腿在自由滑动中伸直，同时双臂在摆动中向前面向上移动。

第三滑雪期由两个阶段组成：

—— 单支点自由滑行，伸直重心支撑的腿；

—— 重心在支撑腿上蹲下滑行。

<<< 第一章 训练理论与训练方法

在此期间，重心支撑腿的膝关节最大限度地伸直，滑雪板就会停止滑行。

第四滑雪期由两个阶段组成：

—— 撑杖同时弯曲蹬动的腿；

—— 撑杖同时伸直蹬动的腿。

在这时期，伸出雪杖和手柄，并处于重心位置。第二撑动时期和整个动作周期在滑雪板抬离雪地时结束。

职业滑雪者不能在训练和比赛中使用交替四步移动方法，如图1-6-5。当在厚厚的积雪上移动，在不平坦的滑雪道上移动时，总而言之，在所有不坚实没有支撑的雪面上，这种移动方法很常见。

图 1-6-5　交替四步移动方法

交替四步移动方法的整个动作周期循环由四个滑步、两个手持滑雪杖交替踢腿组成，而踢腿动作分别在第三步和第四步进行。滑行周期为 1.7~2.4 秒，滑行跨度为 7.0~10 米。平地上的平均循环速度为 4~6 米/秒，速度为 27~35 周（循环）/分钟。在周期循环开始滑行时期，滑雪者先用左（右）滑板滑行，随后右（左）脚和左（右）手撑开，同时用右（左）手伸出撑动雪杖。第一步，滑雪者重心在右板上，左板向后摆动，右手开始向前挪动雪杖，右板向前滑行。第二步，重心在左板上，右板蹬动的同时，左手将左杖前提，右雪杖仍继续向前提动。第三步时，重心在右板上，左板蹬动，将左雪杖插到雪上并开始支撑，右杖仍继续往前提。第四步，重心在左板上，蹬动右板。在右板蹬动同时，结

51

束左杖的支撑动作，并将右雪杖向前挪动，左板继续滑行。在整个滑行周期时，在这个阶段没有运用雪杖，所以前两个滑步的滑行速度比第三步和第四步短。

## 1.7 自由式滑雪步法

　　塑料滑雪板、新型雪蜡以及专门铺设滑雪道机器的出现为采用新型快速的滑雪方式（即自由式滑雪）创造了前提。滑雪时，在起跑、转弯和终点时可以采用自由式步法。但作为一种步法，自由式滑雪步法自 20 世纪 80 年代起得到推广。1974 年，芬兰滑雪运动员帕乌里·斯密多恩采用半自由式滑雪步法，在达洛米特杯滑雪马拉松比赛中取得胜利。十年后，即 1984 年，在奥地利泽费尔德的世界锦标赛上，自由式滑雪步法得到了充分认可。1988 年的卡尔加里冬奥会，滑雪比赛开始以传统式和自由式进行。比赛规则规定，短距离采用自由式滑雪，而长距离则采用传统式。

　　自由式滑雪步法中单个动作的区别在于：滑雪杖的放置和最终推开的不同（时间、角度和推力）；蹬腿时增加的用力时间的不同；两种特征的蹬腿动作（在开始时，推蹬动作；结束时，速度-力量动作）。

　　随后，自由式滑雪步法被不断地研究和完善。

　　如今，以下几种滑冰步法在滑雪比赛中被广泛运用：同时推杆半自由式、不推杆自由式、同时双步自由式、同时单步自由式、不推杆自由式、交替双步自由式。

　　同时推杆半自由式步法运用起来最为简单。

　　从结构和运动动作来看，半自由式是滑冰步法周期中的滑步，以滑行的支撑点来蹬地是它的主要特点。在运动结构上，半自由式和传统的同时单步式滑步类似。区别只在于，采用半自由式时，单脚蹬地以滑动支撑点来回的方式来实现，而滑雪杖在滑雪板相反方向的雪地上划大圈。在上述基础上，考虑到动作特殊性，有必要保留同时单步式步法的相应结构（A. V. Pirog, 1973），详见表 1-7-1。

图 1-7-1　同时推杆半自由式步法

表 1-7-1　同时推杆半自由式周期结构

|  | 阶段 | 临界点 | 任务 | 运动方式 |
|---|---|---|---|---|
| 滑行期（完整步法） | 1. 单腿和双手同时后蹬 | 双腿并行 | 最大限度提高动作速度 | 双手和单腿同时后蹬，将摆动腿放至支撑点，滑雪杖放至支撑点，身体向后蹬方向移动，推手时身体倾斜 |
|  | 2. 自由滑行 | 后蹬腿脱离支撑点，双腿并行 | 保持运动速度，准备后蹬 | 在支撑腿上滑行，抬起摆动腿转入支撑，摆动提引双手 |

整个步法由一个双手同时后推动作和一个单腿后蹬动作组成。步法用于平地、转弯、缓坡。

第一阶段——单腿和双手同时后蹬。步法从双腿并行开始，并持续 0.4~0.6 秒。这一阶段的主要任务是通过同时推动双手和蹬单腿来最大限度地提高滑行速度。在蹬腿时，身体重量迅速移动到被蹬滑板上，滑雪杖放在支撑点上呈 70~80 度角。在推动双手时，躯干向前倾斜。将被蹬滑板放置向支撑点时，滑板边缘倾斜角度为 25~35 度。在这一阶段运动员滑行 3~5 米。蹬腿时要从滑动滑雪板上推，滑雪板逐渐弯曲到内肋（边缘）上，以增加踢力。单腿蹬腿后，滑雪者在支撑滑雪板上滑行，膝关节伸直。蹬腿动作以推蹬的方式在 0.30~

53

0.36秒内完成。

第二阶段——自由滑行。这一阶段开始于蹬地脚脱离支撑，在摆动腿移至支撑腿时结束。这一阶段的主要任务是准备后蹬并保持现有速度。建议迅速将摆动腿移至支撑腿上，并迅速摆手以进行随后的双手蹬地。推手时间为0.28~0.30秒，后蹬腿时间为0.30~0.36秒。后蹬持续时间为1.02秒，速度为每分钟60次左右。在这段时间里，滑雪者滑行约7米的距离。

不推手自由式主要是腿的运动，它和自由式有外在的相似性。这一步法的特点是体位低，从而可以增加蹬腿动作的持续时间。在平地和缓坡上，躯干倾斜角度呈40±5°可加快速度，因为保持这一姿势减小了迎面而来的逆风气流的阻力和风力。滑雪者的双手不向后推，而是在不转动躯干的情况下来回摆动。完成这一动作时可以摆动双手，也可以不摆。

推手自由式滑行时，滑行者在肩关节处做向前、向后退的动作，双臂在肘关节处微微弯曲，滑雪杖应保持水平姿势，杆朝前。这是一种高速的步法。

不推手自由式滑行时，双臂应在肘关节处弯曲，压在胸前，滑雪杖保持水平，杆超前。滑雪者上半身保持这一姿势，可以增加速度和滑行时间，减少空气阻力和能量消耗。这一招省力，但无法达到最高速度。

在不推手情况下，滑行期间只有以下在两种阶段可以完全完成自由式步法：自由滑行阶段和蹬腿滑行阶段。

图1-7-2 同时双步自由式步法

步法由两阶段组成。第一阶段滑步持续0.58秒，第二阶段持续0.75秒。第一阶段滑行距离为 2.5 米,第二阶段为 4.0 米。第一阶段速度为 4.5 米/秒,第二阶段为 5.3 米/秒。同时自由式步法持续约 1.6 秒,在这段时间里滑行者通过 8 米左右。在 1 分钟内完成的动作频率达到每分钟 80 次。滑行周期可分为四步。(V. V. Ermakov,1989),详见表 1-7-2。

表 1-7-2 同时双步自由式周期结构

| 阶段 | 步骤 | 临界点 | 任务 | 运动方式 |
| --- | --- | --- | --- | --- |
| 1 | 单腿双手同时蹬地 | 双腿并行 | 最大限度提高动作速度 | 双手和单腿同时后蹬,躯干向后蹬方向移动,摆动腿向前并放至支撑点 |
| | 伸手自由滑行 | 后蹬腿脱离支撑点 | 准备后蹬 | 伸直支撑腿滑行,抬起摆动腿转为支撑,躯干伸直提引双手 |
| 2 | 单腿双手同时蹬地 | 双腿并行 | 最大限度提高动作速度 | 双手和单腿同时后蹬,躯干向后蹬方向移动,摆动腿向前并放至支撑点 |
| | 伸手自由滑行 | 后蹬腿脱离支撑点 | 准备后蹬 | 伸直支撑腿滑行,抬起摆动腿,躯干伸直提引双手 |

步法平均速度为 5.0~7.0 米/秒。

开始单腿后蹬时,将滑雪杖放在支撑点的同时开始后蹬。步骤一的主要任务是保证全阶段的最高移动速度。双手蹬地应在放置滑雪杆碰撞时迅速完成。在步骤开始时躯干与水平面大约保持 64°角,而结束时保持约 60°角。在这一步,滑雪板以摆动的方式接在支撑腿上,并准备将滑雪杖放在支撑点上。

步骤二为伸手自由滑行。这一步骤的临界点是将后蹬腿由滑雪板移至支撑点,主要任务是准备后蹬。滑雪者在滑雪板上滑行的同时伸直支撑腿。在这一步骤中,摆动腿靠向支撑腿,双手同时挥出,躯干伸直。在此步中,滑雪者通过 1.0~1.3 米。在第一阶段,滑雪者最多滑了 5.5 米的距离,而第二阶段与第一阶段基本相同。差异仅体现在蹬腿和移动摆动腿的施力上。躯干的倾斜度减小。摆动腿放在支撑点上时膝关节处应弯曲至 20°角。第一阶段的运动速度略高于第二期。当滑动蹬腿时,尤其在第二步时,滑雪板需要持续回转。滑雪者通过赛道时,应当掌握单支撑点的滑行动作。滑雪板倾斜角度对滑雪者的运动速度有很大的影响，它主要取决于滑雪者的力量和速度力量的运用，以及陡度、雪道的状态和天气条件。

图 1-7-3　同时单步自由式步法

同时单步自由式对比赛者的力量、对速度-力量掌控程度、协调性和平衡性有更高的要求。只要掌握正确的滑雪技术，滑雪者可以在平坦的地形、平缓的上坡和下坡时达到较高的速度（最高 7.0~7.2 米/秒）。该步法用于起跑进场加速和终点加速。

步法周期包括两个滑行滑冰步法和两个同时推双手动作。整个周期由两个阶段，四个步骤组成。（V. V. Ermakov，1989），详见表 1-7-3。

表 1-7-3　同时单步自由式周期结构

| 阶段 | 步骤 | 临界点 | 任务 | 运动方式 |
| --- | --- | --- | --- | --- |
| 1 | 1. 伸手自由滑行 | 后蹬腿脱离支撑点 | 准备后蹬 | 伸直支撑腿滑行，抬起摆动腿转为支撑，躯干伸直提引双手 |
|  | 2. 单腿双手同时撑地 | 双腿并行 | 最大限度提高动作速度 | 双手和单腿同时后蹬，躯干向后蹬方向移动，摆动腿向前并放至支撑点 |

续表

| 阶段 | 步骤 | 临界点 | 任务 | 运动方式 |
|---|---|---|---|---|
| 2 | 3. 伸手自由滑行 | 后蹬腿脱离支撑点 | 准备后蹬 | 伸直支撑腿滑行，抬起摆动腿转为支撑，躯干伸直提引双手 |
|   | 4. 单腿双手同时蹬地 | 双腿并行 | 最大限度提高动作速度 | 双手和单腿同时后蹬，躯干向后蹬方向移动，摆动腿向前并放至支撑点 |

周期中上坡长度达到 8～10 米，而在平地上以每分钟 50～52 次的频率达到 14～15 米。后蹬时间为 0.25～0.46 秒，手撑地时间为 0.25～0.40 秒。

在第一步里，滑雪者在双手单腿同时后蹬后以单个支撑点的姿势滑行。开始该步骤的分界点是后蹬腿脱离滑雪板，滑雪板离开支撑点，支撑腿和摆动腿结束双腿并行。同时，支撑腿和躯干伸直，手和滑雪杖向前伸。当支撑腿伸直后，身体的重量会转移到支撑腿上。将身体的重量转移到支撑腿的脚前部时，蹬腿动作必须用力完成。

第二步开始于推动双手以及后蹬腿离开支撑点时。滑雪杖置于支撑点上，以锐角碰撞地面。用单脚双手后蹬同时，躯干向进行后蹬的腿部倾斜。手臂在放至支撑点和后蹬前必须先在肘关节处弯曲。力从躯干到腿部和滑雪板的传递是通过有力的"腿部-躯干"系统完成的。在后蹬时，应当利用身体的重量施加作用力。第一阶段的第二步骤结束于滑雪杖和滑雪板离开支撑点时。

第二阶段的第二步和第一阶段的相应步骤一致。而在它的第三和第四步应当用另一条腿来完成滑动蹬腿的动作。在滑动蹬腿时，滑雪板的倾斜角度取决于以下几点：滑雪者的力量和对力量速度的控制水平、滑雪道的陡度、滑行条件、滑雪道滑面的准备质量和滑雪道本身。

如今，高水平的运动员在比赛中不再采用交替双步式步法，因为他们有足够的能力和力量来运用其他更为快速的步法。而这一步法不适宜在平坦场地中使用。

这一步法全周期包含两个滑行滑冰步法和两个交替手蹬地。身体素质不高的滑雪者会在上坡时使用这一步法。在雪道上的移动取决于移动频率的提高而不是后蹬动作。该步法主要在陡峭的山坡和滑行条件较差的情况下使用。整个周期滑行距离为 4～5 米，运动频率达到每分钟 75 次，单脚蹬腿时间约为 0.3

图 1-7-4　交替自由式步法

秒，推手时间则为 0.35 秒（V. V. Ermakov, 1989），详见表 1-7-4。

表 1-7-4　交替自由式周期结构

| 阶段 | 步骤 | 临界点 | 任务 | 运动方式 |
| --- | --- | --- | --- | --- |
| 1 | 1. 单腿双手蹬地滑行 | 双腿并行 | 最大限度提高动作速度 | 单腿后蹬，结束后蹬，相反方向手摆动伸出，将滑雪杖放至支撑点，另一只手开始后推，移动躯干，将摆动腿移至支撑点滑行 |
|  | 2. 推手滑行 | 后蹬腿脱离支撑点，双腿并行 |  | 以支撑腿为支点滑动，将摆动腿放至支撑腿，后推反方向手，另一只手摆动伸出 |
| 2 | 3. 单腿双手蹬地滑行 | 双腿并行 |  | 单腿后蹬，结束后蹬，相反方向手摆动伸出，将滑雪杖放至支撑点，另一只手开始后推，移动躯干，将摆动腿移至支撑点滑行 |
|  | 4. 推手滑行 | 后蹬腿脱离支撑点 |  | 以支撑腿为支点滑动，将摆动腿放至支撑腿，后推反方向手，另一只手摆动伸出 |

步骤一：滑动单腿双脚蹬地。本阶段主要任务是通过有力的单手单脚蹬地

和积极摆动手脚来最大限度地提高移动速度。临界点为双腿并行。

步骤二：在蹬地腿脱离支撑点后开始单手蹬地滑动。主要任务为通过单手蹬地和另一只手的频繁摆动来保持运行速度。

第二阶段的步骤三及步骤四与第一阶段的步骤一二相同。但在这两步骤中用相反的手和脚蹬地。

### 1.7.1 自由式步法间转换方式

由一个自由式步法到另一个自由式步法的转换方法的主要区别表现在以下两点：中间滑行步法的数量和切换时手的位置（前于或后于躯干）。

不同于传统式步法，自由式步法在步法间有更多的切换。

由同时式变为交替式时，往往在一个中间滑步中进行，左右手分别放于身体后方和前方。在第一种情况下，在结束同时式蹬地前，用滑雪杖来完成中间的滑步。因为反方向手位于身体后方，朝向蹬地腿，以此结束蹬地，而另一只手在向前做摆动运动。在此之后可以进行滑冰步法的切换。在第二种情况下，在将滑雪杖放至支撑点前，提前将手放在前方。在完成中间滑步时，一只手在前方握住滑雪杆，另一只手（蹬地腿反方向手）将滑雪杖放至支撑点并蹬地。由此开始了交替双步自由式步法。

由交替式变为同时式时，将手放在前方，在一个滑步间进行转换。此时，拿滑雪杖的手向前伸并保持这一动作，另一只手向前摆动。两只手臂在前方相碰，并在下一个滑步时完成同时单步式或半自由式动作，同时，每一步都蹬地并摆动手臂。为切换至同时双步法，必须完成两个中间滑步。第一个滑步时双手向前伸，第二个时双手同时蹬地。随后，滑雪板将以左或右方的同时双步步法，来完成一个同时自由式步法动作。

由交替滑步变为同时双步滑步时，完成中间滑步时将双手放在后方会更加方便。在完成交替式滑步转向同时式滑步的中间滑步时，进行后撑的撑地手放在背后，处于前方的手向前摆动。以这种姿势，在第一步摆动双手同时转为同时双步式步法，在第二步时蹬地。第二个中间滑步在以下情况下是必要的：通过中间滑步来实现交替自由式向同时单步式或同时半自由式的转换时，手在后方；双手向前摆动时。通过这些动作，在每一个滑冰步上都可以在蹬地和摆手的同时转为其他滑步。

由同时单步和半自由式转为同时双步自由式时，不需要中间滑步。以双手

59

在后的姿势完成滑雪杖蹬地动作时，适合在第一个滑步时做向前摆动动作，而在第二个滑步时双手同时蹬地，这一系列动作正好构成了同时双步式滑步的动作周期。

由同时双步自由式转向同时单步或半自由式时，双手前伸。滑雪者在完成滑冰步时单腿和双手蹬地，然后双手向前摆动。

在同时双步步法中，由右方转向左方或是相反方向的转换通过中间滑步来实现，并具有三种不同的方式：同时蹬地摆动双手；双手放于躯干后；双手放于躯干前。

高水平的滑雪者采用高速的方式（同时蹬地和摆动双手），他们在中间步时完成单脚和双手蹬地和摆动双手动作。也就是在周期的第一和第二步之间完成一个同时单步式滑步。在变为同时单步式滑步后，滑雪者由一个中间步就可将右方滑步转为左方滑步或进行相反方向的转变。

在中间滑步时，双手不蹬地只举起，完成转换动作较为缓慢。在滑雪杖蹬地后，双手在整个中间步期间一直放在身体后方。在下一个滑步中，滑行者开始新一轮的同时双步式动作，向另一方不对称移动。

将双手放在躯干前的转换动作经两个中间动作完成。在第一个滑冰步时，滑雪者在前面握住滑雪杖，将滑雪杖放在支撑点之前完成中间滑步。在滑步中，滑雪者将滑雪杆放在支撑点上，而另一条腿放在前面的支撑点。之后转入为另一方向的同时双步式滑步。

由同时自由式转为不推手自由式时，采取双手置于躯干后方的姿势，无须中间滑步。这一运动周期开始于双手的反方向运动或是双腿放至支撑腿的大腿位置。反方向转换通常采取一个中间滑步。双手此时放置于同时步法转变之后的周期开始时的位置。

滑雪者的运动速度在很大程度上取决于由一个滑步转向另一个滑步的有效程度和及时性。

### 1.7.2 上坡方法

在滑雪比赛中，共有五种上坡方法：滑步、滑跑、"人字形"或"半人字形"、踏步、阶梯式。

上坡方式的选择取决于滑雪者的力量水平、速度、能力水平以及滑雪板质量。现代滑雪比赛不仅对滑雪者的身体素质提出了更高的要求，而且对滑雪者所掌握的在不同条件下如何上坡的技术水平有了更高的要求。

滑步式上坡是交替双步式步法的组成部分。只有当坡度在14°以内的雪地上且有足够的抓地力时，才可以采用该方法上坡。

滑跑法对运动员的能力要求很高。这一方法的结构和交替双步式的结构很像。在最强比赛者的滑跑上坡中，会出现"飞行阶段"，就像正常跑步比赛中的频率每分钟可达130步一样。最高频率的滑跑动作的完成可以避免在滑雪板上滑动。此时躯干必须保持直立姿势，滑雪杆应与中脚水平放置，中脚要有自上而下的冲击力。高速运动使得撑地手无法完成伸展。滑跑动作中，有一点很重要，那就是要趁着另一条腿蹬地时，将摆动腿往前带。弯曲的腿必须在膝关节处抬走。摆动腿的时候，身体的负重要晚很多，所以不宜提前伸脚，因为这样会减慢运动速度，阻碍翻转的完成。

人字形上坡适用于非常陡峭的上升路段，即当无法采用滑步和滑跑式的时候。为完成这一动作，滑雪者要把滑雪袜向两侧拉伸，并把滑雪板放在内肋上。根据滑行者的能力，以踏步或跑动的方式进行，交替将摆动的滑雪板移到支撑点上。随着滑雪道的陡度增加，滑雪板张开的角度也会增大，滑雪杖也会被放置在滑雪板后面。

半人字形方法是在上坡及斜坡时使用。为此，将一个滑雪板（在翻越斜坡时用下层滑雪板）放在腿上。另一个滑雪板继续向运动方向直线滑行。滑雪杖的放置方式和滑步法中它的放置方式类似。

当滑雪板在雪地上的抓地力较弱时，可采用踏步式上坡法。滑雪者上前一步，将滑雪板举过支撑点，然后"啪"的一声，将滑雪板放在雪地上。滑雪杖和斜坡夹角小，以增加蹬地的强度和持续时间。当另一只手还处于支撑位置时，迅速地将滑雪杖移走以完成下一个蹬地动作。为提高运动行进速度，踏步上坡法以跑步的形式，短步速、高速移动的方式来完成。

阶梯式上坡法在相当陡峭的山路上，或是游客在游览时使用。

应按以下方法来上坡：沿着上坡的木棍向上移动，先将上层滑雪杖上移，再将上层滑雪板上移，随后是下层滑雪杖，最后是下层滑雪板。

### 1.7.3 通过斜坡方法

滑雪斜坡根据方向的不同主要分为直坡和斜坡。完成下坡动作时的姿势应当保证滑雪者位置的稳定。主要有三种姿势：基本姿势、高位姿势、低位姿势。

在训练练习中，不同水平的滑雪者最经常使用基本姿势，因为基本姿势最能保障在坡道上的稳定性，且不烦琐，便于通过陡峭的弯道。由于使用该姿势下坡时风阻强度高，该方法不适于在比赛中使用。保持该姿势的滑雪者双腿膝盖关节微微弯曲，躯干略微前倾，双臂下垂，滑雪杖平行于坡面握在手中。为保障过弯时的稳定性，应将对侧腿向前伸长10~15厘米，身体重心转移到对侧滑雪板上。

滑雪者运用高位姿势来增加空气阻力的制动力，以降低下坡速度。为了更多地减缓下坡速度，滑雪者有时会持滑雪杖将双手向两边摊开。

在平坦、可见的斜坡上采用低位姿势（又称为"空气动力姿势"）可以提高速度。为保持低位姿势，需要将双腿尽量弯曲在膝关节处，躯干向前弯曲，将前臂放在膝关节上，膝关节紧扣一起在向前移动。采取该种姿势正面的空气阻力会减少。

### 1.7.4 通过不规则路段方法

下坡时会遇到多种不规则路段，如凸起、反坡、凹陷等。此时，滑雪者应当自信应对出现的障碍物。在通过不规则路段时，滑雪者应当学会将身体的重心从一条腿转移到另一条腿上，学会通过减缓腿部移动和调整身体位置来改变下坡姿势。通过凸起处时，滑雪者应保持较高的姿势，随后在接近凸起顶峰时下蹲。通过顶峰后再直起身来。

在凹陷或坑洼处时，滑雪者应按照相反的顺序完成所有动作——先保持低位姿势，在最低点时腿和躯干伸直，通过凹陷或坑洼处后，滑雪者需再次下蹲。滑道上覆盖有垫子的部分和小部分的不规则处，可以通过减缓腿部移动来克服。

### 1.7.5 行进中转向的方法

为了改变行进方向，在下坡时采用不同的转向方法。行进中转向分为三类：

——踏步式（从内侧和外侧转动滑雪板）；

——滑行式（"犁状"制动，"支撑点式"或是"半犁状"制动，"剪刀"式）；

——抬式（"从犁"，"从停"，在平行滑雪板上）。

用内侧滑雪板转弯是滑雪者经常使用的方法，因为它可以通过主动从滑雪板外侧（相对于转弯方向一侧）单腿蹬地来提高运动速度。在教授自由式步法时，为掌握滑动支撑蹬地技术会采取踏步式转弯。采取基本姿势下坡时，滑雪者将身体的重量转移到外侧的滑雪板上，而会用脚尖向转弯处推开内侧滑雪板。踏步是从外侧滑雪板发力向内侧向前推，然后与内侧滑雪板相连。

滑雪者相对较少使用外侧滑雪板来转弯，只有在灌木草丛或狭窄的林间道路时使用。转弯开始时，滑雪者将身体的重量转移到内侧的转弯滑雪板上。在这种情况下，滑雪者应当将外侧滑雪板举过雪面，将滑雪板的后方向外侧移动，然后将该滑雪板放在雪地上，迅速将内侧滑雪板移到转弯处，并将身体的重量转移到这块滑雪板上。踏步数取决于转弯弯度。

**滑行中转向**

"犁式"转弯适用于能见度较差的中高陡坡，即需要降低运动速度时。这种转弯多被游客、越野滑雪爱好者，有时是滑雪比赛者使用。转弯时，滑雪者采取"犁"的姿势，然后将外侧滑雪板放在肋骨上，轻轻按住靴跟，同时将躯干拉到一边，内侧的滑雪板承受身体的重量，这就转到了负重滑雪板的相反方向。

"停式"（或"半犁式"）的转弯方式非常简单，会在下坡和浅雪中的中陡坡上使用。完成这一转弯动作时，滑雪者将身体的重量转移到内侧滑雪板上，外侧滑雪板向前伸，多出内侧滑雪板 10~15 厘米。之后，将外侧滑雪板的后跟拉到一边，将滑雪板放在内肋上。使用这种方法时，身体的重量并没有完全转移到转向滑雪板上。

"剪刀式"转弯用于高速度下坡、爬坡时的平稳转弯。熟练掌握"剪刀式"转弯技术的滑雪者，可以轻松掌握抬式转弯。以基本姿势下坡落地后，滑雪者将身体重心转移到转体外侧，将内侧滑雪板向前推 25~30 厘米。滑雪袜被拉向转弯方向，将承受部分身体重量的滑雪板放在外侧肋骨上。为停止转弯，需要将转向（内侧）滑雪板的袜口移向外侧滑雪板的袜口。

抬式转弯是在平行滑雪板上进行的。只有在开始转弯或转弯的起点处，才会采取"犁式"或"支撑式"。因此，滑雪者在使用"犁式转弯""停式"等术语时，应当知道，转弯是通过转向来完成的，而"从犁转弯""从停"等术语，只表示开始抬式转弯。

"从犁"转弯运用起来很容易。转弯的出发点是"在犁"时的下降向右转时，需要将身体重心移到左滑雪板上，同时用右腿推开，将右滑雪板与左滑雪板相连，并在平行滑雪板上进一步滑动。

"从停"转弯法适合在从下坡到斜坡时使用。滑雪者采用基本姿势下坡，将

63

身体的重量转移到下边的滑雪板上，然后采取低位姿势。在此之后，通过移动躯干和推动下层滑雪板，来完成"停"的动作，并将身体重心转移到脱离的（上层）滑雪板上而"进入转弯"。通过平稳前移，来将身体重心转移到外滑雪板上，内滑雪板以"停止"的姿势与上滑雪板相连。然后在平行滑雪板上进行转弯。

平行转弯是最实用的。采用这种方式转弯时，速度下降幅度最小，耗费体力也最小。滑雪者以基本姿势下坡后，将躯干稍稍转到转弯的另一侧后下蹲，随后迅速伸直双腿，开始向内转躯干。当双腿几乎完全伸直时，身体继续转向并迅速下蹲。当滑雪板不再承受身体重量后，双腿在转弯的外侧方向上用力一蹬，将滑雪板后部推出。在进入转弯时，滑雪板应保持在整个滑行面的雪地上，只有这样，随后滑雪板才可被移至相对于转弯处的内侧。内侧滑雪板向前推5~10厘米，并在平行滑雪板上继续转弯进行。

### 1.7.6　刹车方法

在缓坡时采用犁式制动。滑雪者将滑雪板尾部分开，挪动滑雪袜将膝盖并拢。在陡坡上高速滑动时不建议使用犁头制动。

在下坡或平地上的滑行时，为减缓滑行速度可采用"停式"制动。制动的方法如下：将全部身体重量转移到一个滑雪板上，将另一个滑雪板与行驶方向保持一定的角度，尾部朝外向内侧边缘。

使用侧滑制动的方法可以降低运行速度，改变方向或停止运动。这一方法在高速行驶时或是在陡坡上使用。刹车时，滑雪者将身体的总重心移动到支撑点的后边缘，将两只滑雪板放在边缘，同时迅速进行躯干旋转。这些动作完成后，滑雪板会与运动方向成一定的角度并滑落。

跌落制动法是在紧急下坡时（如突遇障碍物）的情况下使用的。最安全的方法是倒在一边。为了防止受伤，应当蹲下并迅速将滑雪板横在坡上，握住滑雪杖杖头向前。

杆式制动是为了减缓在下坡时的速度。完成该动作时，滑雪者应当握住滑雪杖，杖头向前，并用力将其压向雪地。降速速度取决于滑雪杖按向雪地的力度。

## 1.8 不同形式的滑雪初步动作训练课堂组织与教学方法

滑雪运动的大众性，特殊物质保障的必要性以及需要耗费大量的训练时间等，都决定了它要有明确的教学训练组织过程。训练质量不仅与采用正确的教学方法有关，还与正确选择和准备训练地点、必要的后勤保障等不可分割。

**初步滑雪技术训练场地的选择与准备**

在选择和准备进行滑雪技术初步训练的地点时必须考虑训练课程的任务，练习者的准备程度和天气状况等。在前往训练地点时，应尽可能避开各种有可能构成危险或者需要花费较长时间才能克服的道路和其他障碍物。训练场地最好选在森林中，这样风能够对练习者起到一定程度上的保护作用，滑雪时间也能更长一些。

训练课程需要准备：教学场地，教学训练滑雪道，教学训练斜坡，起跑线和终点线。

教学场地是进行准备和辅助练习，学习滑雪技术要素和方法的场所。

根据课程的内容和目标，教学场地的形式也可能有所不同：

圆角四边形，场地中间铺设有教练员滑雪道；

两个封闭的四边形（外部和内部），场地中间和侧面铺设有教练员滑雪道。

场地的大小取决于学生人数：

学习传统式技术时每个滑雪者6~7米。

学习自由式技术时每个滑雪者9~10米。

教学滑雪道是专用于教授滑雪方法的场所，一般由500~2500米之间的封闭曲线组成。教学滑雪道必须符合特定滑雪方式的要求。

练习滑雪道专用于提高并巩固在教学滑雪道学习的滑雪方式的各种技术。

如学生人数较多，则必须准备两个圆圈式场地，要么是呈"8"字形分布，要么是将一个圆套在另一个圆之中，教练员滑雪道铺设在圆圈的中间。教授传统式滑雪技术需要铺设3~5个平行滑雪道。

教学训练斜坡是学习和巩固滑降，登坡，刹车和转弯方法，以及进行小回转路线训练的场所。

在选择坡度时，必须考虑雪层的状况和地形特点：坡度和坡长，是否有沙堆、凹陷和其他障碍物。

掌握滑雪技术的成功与否在很大程度上取决于滑雪器材的状况及其配合的正确度和滑雪蜡的使用。在培训开始时，教练员必须带领练习者熟悉滑雪板、滑雪杖和固定器的相关要求以及滑雪板的润滑，还要学习滑雪板、滑雪杖及固定装置的选择及保养规则。在第一堂课上，学生应在教练员的监督指导下给滑雪板打蜡，在有了一定经验后，他们就要在课前自己给滑雪板打蜡。

滑雪课的最适宜气温通常认为是$-3℃$至$-10℃$之间。有风时，最佳温度的界限要再窄一些。成功学习滑雪技术离不开一定厚度的雪层：传统式滑雪的雪层厚度为10~15厘米，自由式滑雪的雪层厚度为15~20厘米。在较低的温度下进行训练会降低训练的效率。随着空气温度的升高，雪会变得潮湿和黏稠，滑行的顺畅度就会降低，从而加快滑雪者的疲劳和身体冷却。

当气温为$-10℃$至$-15℃$时，必须通过延长训练部分的时间来提高活动强度。学生站着听教练员讲课学习新知识时，建议教练员减少讲解时间，以免学生挨冻。

如果天气条件恶化，教练员要对课程计划进行适当调整。

在进行教学训练时，学生的身体温度会变低。这时，学生的心理素质就具有十分重要的意义。如果温度下降不大，则无须将活动转移到室内进行。

教练员在培训期间应在更适合他/她指导教学、展示技术和纠正错误的位置进行操作，要让学生们都能较为直观地看到教练的技术展示。在教授滑雪技术时，教练必须位于教学场地的中间。个别辅导及纠正指引都应在教学中进行，只有给学生们做重新展示，纠正错误，提供进一步指导的时候才可以停下教学进程。

在教学斜坡上讲解移动方式时，教练员应当面对着小组，站在斜坡的顶端；讲解滑降方法时站在坡中部；讲解登坡方法时要从坡上滑下来，站在坡下进行讲解；在讲解转弯方法时，教练员要站在斜坡的中间，这样学生就可以绕着教练员进行转弯练习。

在教学或是滑雪训练中，教练员可以位于团体的最前面或是跟在最后面。滑雪训练课的组织和纪律一定要非常严格。在学习滑雪动作技巧时，教练员应事先确定好动作的顺序、方向、距离、间隔、登坡和滑降的位置，必要时还包括滑降或登坡后的地点。在进行教学培训课程期间必须严格遵守规定规则与纪律。

**教学步骤与原则**

滑雪运动动作技巧的教授必须从对条件反射行为本质和教育学的唯物主义观点出发。

在教授动作技巧时，通常分为三个阶段：

动作技巧的教授；

动作技巧的巩固；

动作技巧的完善。

各种滑雪方法的教学过程分为三个阶段：

一般动作模式教授；

深入了解动作要领；

全面掌握滑雪技术。

每个教授阶段都有具体的目的，目标，检查和自我检查方法，手段（L. D. Nikoshenkov，1976），详见表1-8-1。

表1-8-1　滑雪技术的初步教学方法

| 阶段 | 特征 | 目标和任务 | 练习 | 检查和自我检查 |
| --- | --- | --- | --- | --- |
| 1 | 掌握滑雪的基本步法。<br>1. 掌握滑雪的站立姿势<br>2. 协调手脚动作<br>3. 完成单杆滑行 | 目标：掌握滑雪的基本知识。<br>任务：教授滑雪的站立姿势，单杆滑行，手脚动作的协调 | 原地与运动过程中的一般性与专业性准备（引导和模仿）。主要是滑雪动作和引导性滑雪练习 | 检查：完成单脚滑行，将身体的重量向前转移到滑行中的滑雪板上。<br>自我检查：感受从一只滑雪板到另一只滑雪板的身体重量转移变化 |
| 2 | 1. 掌握滑雪步法的要领<br>在一（两）只滑雪板上稳定滑行，使身体重量均衡分布<br>2. 完成下沉重心和蹬冰的动作<br>3. 使滑雪杖处于最佳角度 | 目的：掌握滑雪步法的要领。完成滑雪步法动作。目标：教授下沉重心，蹬冰，手脚的摆动，滑雪杖的摆放 | 原地与运动过程中的一般性与专业性准备 | 检查：推杆时伸直双腿和手臂，在滑行结束时屈腿，自觉将雪杖放在支撑物上。<br>自我检查：感受重心下沉与手脚的蹬动 |

续表

| 阶段 | 特征 | 目标和任务 | 练习 | 检查和自我检查 |
|---|---|---|---|---|
| 3 | 1. 掌握滑雪步法<br>2. 完成阶段结束时的位姿<br>3. 协调地完成滑行步中的动作要素 | 目标：从整体上掌握动作。<br>任务：讲授如何协调地完成滑动步中的动作要素 | 滑雪动作 | 检查：在滑步中以较大幅度的摆动并自如地完成动作，在一只滑雪板上平稳滑行，突出并融合性地完成基本要领。<br>自我检查：感受手脚动作的融合感和协调性 |

**第一阶段培训**

教学任务

在这一阶段要求熟悉掌握滑雪板、滑雪杖和滑雪鞋的相关知识。滑雪者还应认识滑雪技术，了解滑雪比赛的条件，习惯滑雪用具，培养"滑雪感和雪感"。在课程的第一阶段，滑雪者需要做许多多余的、不确定的、有束缚感的动作，这些动作往往做得很慢，平衡性很差。掌握滑雪技能的主要困难在于学习是在不熟悉的条件中进行的。由于动作技巧的形成掌握是从第一次尝试再现某种运动开始的，即从掌握动作要领开始，因此在准备阶段开始之前，那些未参与过滑雪的人，在进行个人动作技巧训练之前就需要在第一课中学习基础知识。

第一堂课涉及两个共同的教学任务：

像掌握机器一样掌握滑雪；

学习如何将滑雪板在雪中推展开（"雪感"）。

这两个任务是通过一系列引导性练习来完成的，例如：

1. 交替抬起滑雪板，并使滑雪板在空中上下左右移动。重复5~10次。

2. 交替抬起滑雪袜。重复5~10次。

3. 围绕滑雪板的靴跟和滑雪袜原地踏步转动。重复5~10次。

4. 分两次和四次完成侧靠步。重复5~10次。

5. 摆动式转动。重复5~10次。

6. 不用雪杖在浅雪上徒步滑雪。重复5~10次。

7. 依靠雪杖在雪中徒步滑雪。重复5~10次。

8. 在雪中"梯状"、笔直、倾斜着登坡滑降。重复5~10次。

9. 以中正姿势在缓坡做滑降动作。重复5~10次。

10. 分别以缓慢和快速的滑行步法爬上平缓的斜坡。重复5~10次。

用这种方式进行上述所有的练习和滑行并不需要耗费很大力气，也不需要很高的精度和速度。这些练习适用2~3节课。学会克服滑降是掌握刹车和转弯技术的基础。下降速度是滑雪者通过自己的身体感官感知的。通过形成条件反射，滑雪者可以在滑降时采取正确的身体姿势，但其中起主要作用的并不是前庭器官，而是视觉和运动分析器官。初学滑雪者在很大程度上都表现出防御性反射（如跌倒）。摔倒的原因是对基本技能的掌握不够，不能在特定条件下运用这些技能。

在学习一个新的动作时，所谓的技巧迁移具有十分重要的意义。例如，专业性准备练习，特别是模拟练习就是以积极正面的技巧迁移现象为基础的。

教练员应当了解导致进度缓慢和技能削弱的原因，这一点十分重要：

客观原因：装备、服装、鞋子较差，训练场地或坡度准备不良，天气条件差（降雪、霜冻、有风等）；

主观原因：练习者对练习的态度较为被动，兴趣较差，对自己的能力和机会缺乏信心，练习者的情绪和自我感觉不佳。

不正确的教学方法可能会导致学生技能学习的进度较为缓慢，如：

换了一种教授方式或是练习方法；

在学习新动作时以不变的形式仍然使用陈旧的、固定的动作方式，这使得学生难以进一步学习新技能。

例如，在第一阶段的学习中，技能的学习掌握是带有错误性的，这可能会让新的滑雪方式的学习变得困难。

教练员们通常有必要将一个复杂的动作分解成一系列更简单的动作。一种或另一种教学方法的使用也取决于学生的准备程度以及他们的感知和练习能力。

在这一学习阶段中，学生的自我意识和积极性所发挥的作用会越来越大。教练员应尽可能将有关于所学动作应用的规律和条件的完整信息提供给学生，鼓励他们对动作技巧和他们的收获成果进行分析。只有对所学的滑雪方法进行全面的研究学习才有可能掌握技能要领。应当补充的是，滑雪者必须学会自己分析自己的行为并判断错误，教练员只能在这个方面协助他并对这一过程进行监督检查。

在学习二步交替滑行技巧时，建议做以下练习：

滑雪者学习基本站姿时的建议性练习：

1. 起始姿势——立正姿势。弯曲双腿的髋关节、膝关节与踝关节。双手肘关节弯曲向下。重复5~10次。

2. 起始姿势——滑雪姿势。由滑雪姿势变回到立正姿势。重复5~10次。

3. 由立正姿势迈步变成滑雪姿势。先迈左腿与先迈右腿都要做，重复5~10次。

改善手脚动作协调性的建议性练习：

1. 起始姿势——滑雪姿势。前后交替摆动双手。重复5~10次。

2. 起始姿势——滑雪姿势。手持滑雪杖交替摆动双手。将雪杖撑在中间，在不滑雪的情况下用雪板做几次动作。重复5~10次。

3. 起始姿势——滑雪姿势。无须滑雪手脚交替动作走路。重复5~10次。

4. 起始姿势——站在雪板上。双手交替前推做滑降运动。重复5~10次。

5. 手脚交替动作滑雪向前。重复5~10次。

6. 单脚站立，用另一侧的手握住滑雪杖——交替地挥动胳膊和腿。重复5~10次。

单杆滑雪提高平衡的建议性练习：

1. 起始姿势——滑雪姿势。将身体重量从一条腿交替转移到另一条腿。重复5~10次。

2. 起始姿势——单脚站立在高杆上，用另一只脚和手交替前后摆动。重复5~10次。

3. 起始姿势——滑雪姿势。一边走一边将身体重量从一只腿转移到另一只腿上，反之亦然。重复5~10次。

4. 起始姿势——滑雪姿势。将手背到身后，一边跳一边将身体重量从一只腿转移到另一只腿上，反之亦然。重复5~10次。

5. 起始姿势——滑雪姿势。模仿二步交替滑行的步法，手的动作也要加上。重复5~10次。

6. 起始姿势——滑雪姿势。在行进中跳跃模仿二步交替滑行。重复5~10次。

**第二阶段培训**

教学任务

在这个阶段，滑雪者在进行传统式滑雪和自由式滑雪时，应该已经能够逐渐做到手脚和躯干动作的协调一致。

在第二阶段的训练中，运动员应继续进一步研究学习整体技能，并进行巩固。

从第一阶段的课程开始教练员就应该训练滑雪者分析自己的动作。一个能够做出成绩的滑雪者总是可以把注意力集中在某一个特定的技术要领上并将其从所有要领中分离出来，如果做错了，就改正错误。

在巩固技能的同时还必须防止错误的发生。发生错误的原因之一就是技能巩固过程的组织不当。

为了深入学习二步交替滑行的技术，建议进行以下练习：

有助于在单板滑行时保持稳定并使身体重心均衡分布的训练：

1. 起始姿势——在滑降时采用滑雪姿势。将身体重量从一只滑雪板交替转移到另一只滑雪板上。重复5~10次。

2. 起始姿势——在滑降时采用滑雪姿势。将身体重量从一只滑雪板交替转移到另一只滑雪板上。固定单杆滑行。重复5~10次。

3. 起始姿势——滑雪姿势。加速滑雪（8到10米），左脚单支站立。右脚向后拉，左脚单支撑位时尽可能滑行。重复5~10次。

4. 重复训练3，右脚滑行。重复5~10次。

掌握重心下沉要领和蹬冰技能的建议性训练：

1. 起始姿势——立正姿势。用两只脚蹬地向上跳跃。重复5~10次。

2. 重复训练1，但预先弯曲双腿膝关节处。重复5~10次。

3. 起始姿势——滑雪姿势。将双手背到身后。模仿步法的同时着重注意蹬冰。重复5~10次。

4. 起始姿势——滑雪姿势。将双手背到身后。一只脚一只脚地向前跳。重复5~10次。

5. 起始姿势——滑雪姿势。手臂交替进行跳跃模仿（在平地上、缓坡上）。重复5~10次。

6. 起始姿势——滑雪姿势。将双手背到身后。单板滑行。用另一条腿多次蹬冰（强调重心下沉）——"滑板车"训练。重复5~10次。

7. 起始姿势——滑雪姿势。将双手背到身后。用滑雪板交替滑行。重复5~10次。

8. 分别用滑雪杖和无滑雪杖形式二步交替滑行。重复5~10次。

学习正确摆放滑雪杖和用手推展滑雪杖的建议性训练：

1. 起始姿势——滑雪姿势。手持滑雪杖，将手摆动着移至眼睛等高，然后摆动着将滑雪杖移到身体后方。重复 5~10 次。

2. 起始姿势——滑雪姿势。手持滑雪杖，将手向前移，并以敲击的方式将滑雪杖放在鞋头。重复 5~10 次。

3. 起始姿势——滑雪姿势。向前迈步，并以敲击的方式将滑雪杖放在支脚后。重复 5~10 次。

4. 二步交替滑行登坡步法模仿。重复 5~10 次。

5. 二步交替滑行登坡跳跃模仿。重复 5~10 次。

6. 用手交替推展雪杖，两只雪板向前滑行。重复 5~10 次。

7. 二步交替滑行。重复 5~10 次。

**第三阶段培训**

培训任务：

巩固已掌握的滑雪方法技能；

教授在各种条件下，包括在竞技中和与其他动作结合时完成所掌握的动作；

——根据学生个人特点，并结合其身体机能状况改进滑雪技能。

在第三阶段则要进一步完善滑雪技能，进行课程训练，以减少对抗肌的紧张程度，改善肌间协调。

滑雪者在越野时，必须学会正确地选择滑行方式，根据雪的状况，空气和雪的温度，滑雪场的准备情况等改变滑雪步的频率和长度。滑雪者必须学会以更加经济的方式，更少的能源消耗滑雪。

在这一阶段的学习中，学生可以通过去除多余的动作，并反复重复直到达到自动性的程度来提高整体运动技能。这个阶段的学习目的是将技能转化为习惯，并学习如何根据地形和天气状况的不同来选择所掌握的滑雪方法。这一阶段的学习过程由两个动作技能发展阶段组成：主要动作选项的技能完善阶段和辅助动作选项的技能形成阶段。

第三阶段（巩固、提高技能）可能会持续几年之久。训练过程应与运动员身体素质的发展程度和机能训练水平有机地联系在一起。

为掌握二步交替运动技巧，建议进行以下练习：

为提高滑步结束时的动作协调性，建议进行的练习：

1. 起始姿势——滑雪姿势。双手放到背后。向前迈单步，将完成起跳动作的腿从支撑架上挪开并保持单脚支撑状态。重复 5~10 次。

2. 起始姿势——滑雪姿势。向前迈出单步，交替使用双手，从支撑架上挪开完成起跳动作的腿。重复5~10次。

3. 起始姿势——滑雪姿势。交替向前伸出拿滑雪杖的手，并用滑雪杖击打支撑架。重复5~10次。

4. 进行二步交替运动，着重于手臂和腿的摆动。重复5~10次。

5. 同样进行二步交替运动，但着重于手和脚伸展的协调性。重复5~10次。

6. 重复练习4，但着重于腿的下蹲和伸展。重复5~10次。

7. 重复练习6，但着重于腿的伸展、摆动及身体的向前猛冲。重复5~10次。

各阶段的练习是相互关联的，是一个有机的整体，不能打乱顺序。

第一阶段教授滑雪技术的基础知识。第二和第三阶段进单步完善滑雪技术。如果不及时纠正错误，就无法正确掌握滑雪技术，因为这样一来不正确的滑雪动作会使人形成思维定式。因此，各个阶段都有必要纠正练习中犯的错误。

现代教学法要求教师遵循方法理论。规划整体学习任务以及有助于掌握滑雪运动基础知识的任务都是从每一阶段、每一堂课的任务设置开始的。老师需要有耐心且目标明确，能够按阶段制定和解决方法论任务。

动作技能的形成要求在进行体育锻炼的过程中正确运用教学原则。教学工作开展过程中，必须使用以下教学原则：意识性、积极性、直观性、系统性、易懂性。因为它们是正确掌握技能的基础，能根据培养和教育的目标确定教学进程。这些原则不仅适用于学习方法，而且适用于训练方法。教育式学习的原则是最基本的，贯穿于学习和运动训练的整个过程。在感情饱满、健康的体育运动环境中，教练员可以并且应该将训练转变为学生能量和活力的来源，培养学生的爱国、勤奋、懂纪律、有勇气、积极、谦虚等性格特征。

**滑雪课程类型：**

课程是组织和进行滑雪训练的主要形式。根据学生面临任务的不同，课程可以采用多种形式。组织课程时特定任务的完成条件：

每堂课要正确设置任务；

课程组织的手段和方法要符合学生的课程任务和特点；

课程内容与上一堂课和后续课程的内容要保持连续性；

整个学年内要系统组织课程；

要系统上课。

根据设置的任务和目标，针对滑雪者的学习及训练课程可以有不同的重点：学习、学习兼训练、训练、考察。

学习课程旨在学习新的滑雪方式，复习已经学过的材料，熟悉由于长时间休息（例如暑假）而忘记的一些运动技能。

学习兼训练课程旨在学习各种运动技能和滑雪方法，并对其做出改善。在课堂上，需要完成两项任务：完善运动技能并增强运动员的实操能力。

训练课程包括进行大量的体育锻炼。滑雪者学习具体的策略，并明确如何根据不同情况（地形、积雪、滑雪道状况）采用不同的运动方式。在训练课程中，还培养了学生的道德意志品质。训练课程还包括距离不同的训练测试。

考察课程的目的是获得规范要求的学分，展示习得的滑雪技巧。可以通过比赛的形式或简单的作业形式进行。

任何课程，无论其形式和类型如何，都应当具备教育性的特点，也就是说，能够培养学生崇高的道德品质，帮助他们形成各自的物质世界观。

滑雪培养课程包括三个部分：课程准备部分、课程主干部分和课程总结部分。本课程的每个部分都有其各自的任务，这些任务可以通过一定的手段和方法技术解决。

滑雪训练课程结构：

课程准备部分占课程10%~15%的时间。

基本目的：组织学生上课，为后续工作做准备（进行课前热身）。

任务：有组织地开始上课，让班级成员熟悉本节课的内容。

主要手段：设置、评估、检验、告知课程的内容，进行队列安排，带领学生移至进行课程主干部分的地方，围绕训练场地进行几次绕圈和斜坡下滑。

课程主干部分占课程70%~80%的时间。

基本目的：研究滑雪技术的一般基础知识，提高训练水平。

任务：研究特定的滑雪方式并在不同地段进行巩固练习，锻炼必备的身体素质，研究具体的运动策略。

主要手段：进行无滑雪杖和有滑雪杖的预备滑雪练习，研究滑雪技巧的要素（移动、下降、上升、转身、跳台滑雪），进行接力赛和各种游戏练习。

课程总结部分占课程10%~15%的时间。

基本目的：逐步降低训练负荷并有组织地完成课程。

任务：进行课程的总结。

主要手段：简要地对课程加以总结，简单告知学生下一堂课的内容，在平坦地段上减速滑雪，进行能够放松肌肉并有助于形成正确姿势的练习。

教练员应当制订教学训练计划（工作计划）和课程提纲。规划应包括学习、学习兼训练、教育工作的任务、手段和方法，内容具体，并在充分考虑滑雪者的准备和健康状况的情况下进行。每个月的工作计划都应根据课程大纲制订。学习材料应按一定顺序按计划分发。该计划还应包括对于测试和考察的要求。学习过程中，工作计划可以根据需要进行更改、补充和改进。在起草工作计划时，首先要确定课程主干部分的学习材料，然后按照所附表格（见表1-8-2）确定课程准备部分和总结部分的材料。

表1-8-2　20____年____滑雪课程____部分工作计划

| 课程内容 | 组织方法说明 | 注释 |
| --- | --- | --- |
|  |  |  |

根据课程计划组织和开展教学训练工作有助于滑雪者高质量准备每一节课。了解在课程的特定阶段如何进行学习和训练后，教练员可以把每节课的任务、教学手段和方法具体化，从而更有效地培训学生。根据每节课的工作计划，用以下形式汇编课程提纲（见表1-8-3）：

表1-8-3　____班滑雪课程提纲

课程任务：

1._____

2._____

3._____

手段_____

训练方法_____

上课地点_____

| 课程部分，持续时长 | 学习材料内容 | 定量（复习的次数、时间） | 方法说明 |
|---|---|---|---|
|  |  |  |  |
|  |  |  |  |

教练员签字：_____

在年度训练周期的每个阶段，课程的任务和内容都是不同的，这取决于学生的准备程度、教学训练课程开展的条件和培训目标。课程提纲中应指出课程的组织和开展方法，还需提供对本课学习材料的描述。学习材料应按顺序介绍，并明确说明练习的顺序。课程提纲还应就每次的运动量给出建议。经过慎重熟虑并正确制定的课程提纲会促使教练员高质量上课，并解决既定的任务。

根据所要解决任务的次序、练习的选择、学习顺序和任务量，每一堂课都应与上一堂和下一堂课密切相关。

教学方法是用于教授正确滑雪技术的方式和方法。

学习时，言语方法至关重要。教师必须能够通顺、准确、简要、有感情地解释教材。在不利的天气条件下，应将对教材的解释时间降到最少。在学习的初级阶段，为掌握运动节奏、训练注意力，建议根据命令进行锻炼。例如，在训练四步交替运动时，可参考以下命令："一伸"（迈出第一步，伸出滑雪杖），"二伸"（迈出第二步，伸出滑雪杖），"三跳"（伸展一只手和脚），"四跳"（伸出另一只手和脚）。

如果训练方式不正确，教练员会提供方法说明以纠正错误。该说明应重点关注整个动作或动作中某一完成不当的部分。在训练青年的滑雪者时，建议通过某种形象来给出说明，帮助他们理解任务。例如，要帮助学生掌握如何伸展脚，可以通过"展示一下踩踏板车时的运动方式"来说明。

没有相应命令的话就无法管理初学的滑雪者。命令由初始部分和执行部分组成。命令的初始部分指示（强调）接下来需要完成的工作，执行部分则是工作开始的信号。例如，在" 转圈，前进！"这个命令当中，" 转圈"是初始部分，"前进！"则是执行部分。

教练员应当评估学生的知识和技能。教师的评价应该能鼓励运动员，而不是打击他们，也就是说，要激发运动员完成既定任务的希望。

直观性原则是学习最重要的原则。在进行体育锻炼时，直观性起着至关重要的作用。直观性分为直接的、间接的和抽象的。

直接的直观性包括演示练习动作，展示海报、电影画面、图像，从而更好地解释滑雪技术、滑雪动作模仿技术，纠正错误，不仅能影响视觉感官，还能影响其他的感官。例如，在传统的交替二步滑雪中，运动时发出的平稳声音、没有鞋后跟碰到雪的砰砰声而是滑雪时的沙沙声都表明练习方式是正确的。直观的方法有助于迅速消化学习材料。主要一种直观的方式是演示。使用直观方法是否有效，在很大程度上取决于教练员是否能够正确演示滑雪的练习技巧。

为了使学生更好地理解演示，教练员必须精通滑雪技巧。如果有一个滑雪动作没有掌握到位，教练员可以要求技术上能够完成这一动作的滑雪者来演示。任何运动技巧的研究都应当首先从慢速开始，然后再逐渐加快到接近比赛的速度。

系统性原则指的是在练习滑雪以及其他运动时，运动技能的学习是按一定顺序进行的。

顺序性原则提供了一种研究学习材料的方式，即下一堂课以上一堂课为来源和基础，并且是掌握新材料的前提。

在研究、习得、改进滑雪技术时，使用训练课程和比赛的视频并对其进行单步演示和分析会产生显著的效果。建议从侧面、正面和背面等不同角度对滑雪者在轨道上的运动进行录像，这样能更好地发现错误。

教练员在滑雪课程中的角色和作用：

教练员在滑雪过程中对学生进行的教育培训是一个创造性的过程。其有效性在很大程度上取决于学生是否能够把教练员的教学思想付诸实践。正确选取运动练习可以给课程增添情感色彩，并有助于提高运动员的机能。

教练员的教学功能体现在以下方面：

——做出规划

——传授知识和技能

——组织教学活动

——监督教学进程

——修正教学过程

教学规划中包括制定目标和实现该目标的手段，即教学方法和教学手段的使用。教练员应该对练习过程进行管理并对比分析不同的训练负荷。

对学习小组的管理是否有效取决于教练员能否正确下达命令、指示、说明，能否组织好学生参与到课堂中。命令下达的时间是在建立团队时、调整队伍时、开始滑雪之前以及更改运动方向时。例如，"入列！"，"看齐！"，"立正！"，"向左看齐！"，"滑雪板放到肩上！"，"站到滑雪板上！"除"看齐！"，"立正！"，"解散！"这几个以外，其他命令都要拖长音。

在训练过程中，还会用到指示和说明。

如果学生无法同时明确地执行某项操作，则应下达指示。例如，"在我身后右侧（左侧）排成一列，行动！"，"在排头身后排成一列，行动！"，"沿圆圈（滑雪道）完成任务，行动！"，"完成练习！"。

说明则用于进单步阐明任务。例如，"完成任务后绕两圈"，"下降过程的最后向左转"。

下达命令、指令和说明时应声音洪亮、清晰、简洁。不可随意下达命令、指示和说明。

教学训练过程的质量和效率取决于老师与学生之间的互动。教练员能否集中学生在课堂上的注意力、能否使学生在整堂课期间都处于高度集中状态，决定了学生积极认知课堂内容时的学习效率高低。明确设置每堂课的任务、教学训练课程结束后及时加以总结、教师保持友善和积极的态度且能够持续吸引学生对课堂的兴趣，这些都有助于保证学习的质量。老师应该不断地了解学生，分析自身行为和学生行为。

在学习过程中，教师应该能够利用惯用的术语管理团队，能够在上课地点正确安置团队，能够选择对练习加以解释和演示的地方，这些能力至关重要。滑雪课程通常是在远离住宅区的地方开展的，老师和学生之间失去了直接的接触且无法看到彼此，且温度低、光线暗，这就要求老师要明确地计划课程，学生必须遵守纪律，时刻保持警惕并准备好帮助别人。

针对青年滑雪者的滑雪技术教学方法：

在教授青年滑雪者滑雪动作要领时，要解决以下任务：

1. 找到掌握滑雪动作要领的正确方式。

2. 在掌握特定的知识和技能时要设置更加合理的学习顺序。

在学习滑雪技巧时，滑雪者会掌握特定的知识和技能。在教学过程中，讲述和演示不应孤立进行。将这两种方法结合到一起才能更准确地理解所学动作。不同滑雪方法的训练方法和时间也都不同。例如，原地转弯和各种登坡方法由于简单而不必单独进行练习，而是在演示和相应的说明后立即作为一个整体来学习。而二步交替运动由于较复杂，需要分步骤练习，这样学生便可以专注完成动作的主要部分（腿部动作），并逐渐加入动作的其他组成部分，最后正确完成整个动作。

在研究单独的滑雪方法之前，必须先确定其练习顺序。

学习滑雪方法及研究高山滑雪技术时应按照体系进行，并综合考虑到在每组完成特定动作的难度。体系化的课堂教学方法有助于学生从多方面进行身体准备，并使课堂更加有趣。

采用不同方法学习滑雪时的建议顺序：

1 原地转弯

一组迈步转弯

一组摆动转弯

一组跳跃转弯

2 传统式滑步

二步交替滑步

不迈步同时滑步

单步同时滑步

二步同时滑步

四步交替滑步

3 自由式滑步

半自由式滑步

不伸手自由式滑步

二步同时自由式滑步

单步同时自由式滑步

交替自由式滑步

4 登坡

5 滑降

6 制动

7 运动转弯

滑降方法学习顺序：

中正姿势滑降

高姿滑降

低姿滑降

登坡方法学习顺序：

交替式（迈步、滑步）

"半枞树式"（斜着）

"枞树式"（直着）

"梯子式"（斜着、直着、曲折前进）

滑降制动方法学习顺序：

犁式制动

支点制动

滑落制动

滑降转弯方法学习顺序：

迈步转弯

犁式转弯

支点转弯

"剪刀式"转弯

双板平行转弯

## 1.9 传统式滑雪教学法

交替两步传统步法 这是滑雪的基础方式，在所有的滑雪动作中占据基础地位。

在学习滑雪技巧时必须首先掌握以下重要的技能——即雪上滑步与滑行。

在学习交替两步动作技巧时建议遵循以下顺序：

对步法的大致了解：名称，步法的用途说明及其在实践中的应用；

从整体上用不同速度进行步法展示并由相关人员进行测试；

对逐渐复杂的部分进行技术研究；

在不同速度和不同条件下对步法做出改进。

在学习所有的滑雪方式时必须遵守这些规则。

为了正确完成交替两步中最重要的动作（推开，单板滑行，在两板间转移体重）滑雪者必须首先掌握正确的站姿（着陆姿势）。身体与地平线所成角度应该在 40~50°之间，双腿应在膝关节处弯曲 125°，肩膀要放低。背部应略微突出。若出现腰部弯曲过度的现象，应立即改正。

在学习过程中可能会出现以下错误：

在滑步中——过早地在雪地上放置飞轮式滑雪板而导致的双腿滑行。出现这个错误的原因就在于平衡感的缺乏；

腿部推开动作的不完整；

腿部向前摆动力量不足；

在滑行的第二阶段支撑腿过快伸直；

在滑行的第二阶段身体缺乏倾斜（开始用手推开）；

身体剧烈摇摆；

滑雪杖的错误装置（滑雪杖装置过松且远离靴子前端，把滑雪杖装成钝角）；

手肘部位过度弯曲；

手部推开动作未完成；

推开动作结束后把滑雪杖向上扔。

滑雪步法技巧的学习应当从最基础的开始——即结合了推开和滑动两个动作的滑步。在研究交替两步滑步法之前应当先向滑雪者解释并展示滑步技术的基本要素：

支撑腿（滑雪者用来滑行的腿）首先逐渐伸直，然后在推开之前以及在推开的第一阶段——弯曲并在推开动作结束时再次伸直；

腿部推开动作从滑雪板停止，鞋后跟脱离货物区开始，以腿部伸直动作结束；

完成腿部推开动作后滑雪板后端应脱离雪地 10~15 厘米；

摆动腿在推开动作开始时位于推力旁或其前方几厘米；

支撑腿的小腿部分在滑行动作开始时是垂直的，脚稍微向前移动，小腿在滑行过程中再次处于垂直位置；

滑雪杖以 70°的角度放置在滑行阶段中间位置的支撑点上然后用劲推开。

掌握了滑行和推开动作的技巧，就可以开始对其他步法的技术进行完善了。学习应当从完成身体在自由雪上滑行过程中正确姿势的模拟训练开始。从开始的位置站在滑雪板上，不拿滑雪杖，整个身体的重量挪到右腿，这以后才是"着陆"的姿势：右腿膝盖位于脚尖下方；骨盆稍微放低；左腿向后；左手向前伸且与肩膀保持齐平；右手向后伸，指尖位于髋关节后面；手掌向内；左肩向前上方推，右肩向后下方推；头部保持垂直。暂停几秒钟后要把左腿靠向右腿并回到最初姿势。

为了学习如何在双腿之间转移身体重量，建议完成以下练习：

采用了上述在右板上自由滑行的姿势后，要放低左腿，并使其在膝关节处稍稍弯曲，移到右边并将身体重量逐渐转移给它。在这之后立即向后挪开右腿并重复练习。

掌握了单腿支撑滑行技巧后，建议开始学习正确的双腿推开姿势。教练会先讲解然后展示，如何正确地用双腿完成推开姿势，如何用腿完成摆动动作。

完善技术要从完成一些最简单的模拟训练开始：

1. 不带滑雪板，双手下垂，双腿半弯曲用短步在小陡坡上上坡行走。
2. 与上述相同，但带着滑雪杖伴随以及不伴随手部运动。
3. 以单腿半弯曲站立的姿势原地完成另一条腿和双手的前后挥动。
4. 与上述相同，但在摆动4~5次后向前完成小幅度箭步。
5. 不带滑雪杖，用交替两步的步法用双腿完成迅速有力的推开动作。
6. 与上述相同，但用两个滑雪杖完成推开动作。
7. 使用滑步，注意下蹲和单腿推开动作。双手放在背后。
8. 用最少的滑步滑过30~50米。
9. 用最多的滑步滑过同样的长度。
10. 在5~7米的距离中，在平坦区域用左板单腿支撑姿势滑过最大距离。
11. 与上述相同，但在右板上滑行。
12. 与上述相同，但在缓坡上下坡。
13. 以左腿为支撑站立，用右腿和双手模拟前后摆动动作。在每一个循环中，在右腿向前摆动时 向前完成跳跃。每10~12个循环动作结束后交换支撑腿。
14. 初始姿势-СЛ，双手背后。用双腿完成下蹲，然后用左脚向前行走，用右脚推动。回到初始姿势。
15. 初始姿势-СЛ，双手背后。用滑雪的步法原地进行模拟跳跃，注意推开前的下蹲动作。

16. 在运动中进行交替两步法的步法模拟（不带滑雪杖，在不同陡坡的上坡面时带滑雪杖）。利用骨盆运动完成箭步，注意后面脚后跟与支撑点的分离，以实现腿部和手部的完整推开动作以及支撑腿的逐渐承重。

表1-9-1　交替两步法的教学任务顺序，教学范例及组织教学指导

（В. В. Ермаков，1989）

| 教学任务 | 教学范例 | 组织教学指导 |
| --- | --- | --- |
| 教会滑雪者工作姿势（站姿），控制滑雪板以及腿部摆动滑行 | 1. 原地站立（4~5次）<br>2. 带转弯迈步移动<br>3. 小幅度倾斜滑步移动 | 1. 根据个人特点确定滑雪姿势<br>2. 在运动中实现保持平衡以及学会控制滑板<br>3. 实现"工作姿势"的保持以及摆动腿部和滑板时的滑行 |
| 教会腿部推开动作（利用滑板） | 1. 伴随以及不伴随手部运动的"半步"行走法<br>2. 原地完成下蹲姿势<br>3. 由下蹲动作模拟腿部推开动作<br>4. 用滑冰步法水平运动<br>5. 用滑步做倾斜运动 | 1. 注意膝关节和踝关节的伸直<br>2. 确定下顿的最佳角度<br>3. 注意推动腿在髋关节，膝关节和踝关节伸直的完整性<br>4. 实现腿部正确的推开动作 |
| 教会利用摆动腿和推动腿进行长距离单腿支撑滑行 | 1. 以推动腿为支撑站立，完成自由腿前后摆动<br>2. 用滑步做水平运动<br>3. 用滑步做1~3°角运动 | 1. 实现小腿与支撑板的垂直状态<br>2. 实现摆动腿从滑板上的加速前伸及其对身体的承重<br>3. 利用有力的推开动作和积极的腿部摆动实现长距离滑行 |
| 教会手部推开动作（利用滑雪杖） | 1. 首先不用滑雪杖做手臂前后摆动运动，然后用滑雪杖，并握紧其中间部位，在原地用滑步做手臂摆动运动<br>2. 通过滑雪杖前伸及将其放置雪地来模拟单腿支撑滑行<br>3. 通过两个滑雪杖交替推开来进行双板交替滑行<br>4. 从整体上完成步法 | 1. 注意向前运动时手臂更要伸直<br>2 注意滑雪杖的摆放角度<br>3. 在倾斜的角度下完成练习。在用滑雪杖开始和结束推开动作时要实现最大发力<br>4. 与腿部运动相互配合 |

续表

| 教学任务 | 教学范例 | 组织教学指导 |
| --- | --- | --- |
| 教会手部和腿部在步法循环运动中的一致性 | 1. 从整体上进行步法模拟，每半个循环停顿一次<br>2. 用交替两步法在教学区进行移动 | 1. 实现向前运动及完成推开动作时手部和腿部动作的一致性<br>2. 同样的动作配合不同的速度 |
| 对不同条件下的步法进行完善 | 1. 在教学区用不同速度进行移动<br>2. 在教学训练滑雪道上重复同样的动作 | 1. 实现手臂，腿部和身体在不同运动条件下的一致性<br>2. 实现不同运动条件下运动的连续性 |

传统步法同时还会应用在以下需要提高速度的场合，比如，在固定的斜坡上难以使用单板滑雪，（沿着滚动的滑雪道，雪层，冰层），以及在一些缓坡上。

在同时进行的不迈步滑行中，为了有力且迅速地用双手和背部进行推开动作，需要稍微踮起脚来。

为掌握同时进行的不迈步滑行技巧，推荐以下模拟练习：

1. 初始姿势——基础站姿，双腿实际保持笔直且间距10厘米，双臂在肘关节略微弯曲并保持在头部正前方。原地模拟（不带滑雪杖）双臂推开动作同时将身体向水平位置用力倾斜。双臂和身体同时回到初始姿势。完成练习时要实现身体重量在双腿上地均匀分布。

2. 重复同样的动作，但在手臂向前伸时稍微踮起脚，以使身体感受到"受到负担"。

3. 配合两个滑雪杖重复练习1。

4. 配合两个滑雪杖重复练习2。

5. 在学习同时单步滑行时首先推荐不带滑雪杖练习。

6. 从膝关节处稍稍弯曲的双腿支撑姿势慢慢伸直并逐渐将身体重量转移到脚尖。然后把身体重量转移到一条腿上并以其作为出发点，用另一条腿向前做出箭步，保持该姿势3~4秒。用两个滑雪杖模拟推开姿势同时把推动腿靠向支撑腿。

7. 初始姿势——以右腿为支撑保持单腿支撑姿势，左腿向后伸，身体稍微前倾，双臂向前伸。模拟 身体水平姿势时双臂同时推开动作，以及把左腿向右腿支撑点靠拢，双臂从后面沿着身体伸直。回到初始姿势。

8. 初始姿势——站立时双腿膝关节稍微弯曲，双腿间隔10~15厘米，身体前倾至水平位置，双臂从后面沿着身体伸直。在移动中进行滑行步法模拟（不带滑雪杖）。向前伸直双臂，把身体的总重量转移到一条腿上，同样也是用这条腿完成推开动作，而另一条腿向前迈步。固定住单腿支撑姿势后，完成身体倾斜状态下的双臂推开动作模拟，并把摆动腿靠向支撑腿。

9. 加上模拟跳跃滑行重复练习3。

10. 加上两个滑雪杖重复练习3。

为掌握同时进行的两步滑行技巧，推荐以下模拟练习：

初始姿势—双杖推开动作的结束姿势，身体倾斜至水平位置。双臂伸直向前伸并把身体伸直。然后身体倾斜，双臂向后摆动（即推开动作）并回到初始姿势。

同样的动作，但加上两个滑雪杖。

初始姿势—与练习1相同。原地完成步法模拟。伸直身体，把全身的重量转移到一条腿上，另一条腿向后伸，双臂向前伸并做摆动动作。用另一条腿做单腿支撑姿势。身体弯曲并用双臂完成推开动作，把摆动腿靠向支撑腿，完成双腿支撑姿势。

配合两个滑雪杖重复同样的动作。

配合双步滑行模拟跳跃重复同样的动作。

表1-9-2　同时滑行的教学任务顺序，教学范例及组织教学指导

(В. В. Ермаков, 1989)

| 滑行名称 | 教学任务 | 教学范例 | 组织教学指导 |
| --- | --- | --- | --- |
| 同时不迈步滑行 | 1. 教会滑雪杖的同时前伸及其在雪地中的正确放置<br>2. 教会用滑雪杖做出推开动作<br>3. 技巧完善 | 1. 从初始姿势即从双杖同时推开的结束姿势，慢慢伸直身体，把一根滑雪杖向前伸并放至支撑点上<br>2. 配合模拟同时推开动作原地重复同样的姿势<br>3. 在运动中完成同时推开动作（原地）<br>4. 从整体上完成下坡滑行，水平滑行，等等 | 1. 在滑雪杖同时前伸，双臂略微弯曲，指尖与肩齐宽的同时，实现身体的平稳伸直<br>2. 实现动作在运动中的连续性：身体倾斜，手臂伸直<br>3. 注意由身体倾斜和随后手臂的伸直而带来的有力的推开动作。练习在2~3°的角度下完成动作，按照以下口令完成2~3次练习，"1"——滑雪杖前伸，"2"——同时推开<br>4. 实现不同运动速度下身体和手臂动作的一致性 |

续表

| 滑行名称 | 教学任务 | 教学范例 | 组织教学指导 |
|---|---|---|---|
| 同时单步滑行 | 1. 教会把滑雪杖前伸和放至支撑点，步法，和同时双杖推开动作将相结合<br>2. 技巧完善 | 1. 模拟滑行并在计数后停顿<br>2. 从初始姿势—即滑雪杖前伸至滑板前端—完成一步 并同时做出双杖推开动作<br>3. 从整体上在不同速度条件下完成滑行 | 1. 实现运动中动作的相互联系：滑雪杖前伸，步法，同时推开动作和腿部的靠拢。按照以下口令完成练习，—"预备"—滑雪杖前伸，"1"用腿部做推开动作，"2"双杖推开并靠拢腿部<br>2. 注意 腿部有力的推开动作即随后的双杖推开动作。从原地以2~3°的角度完成练习。按照以下口令："1"腿部推开，"2"双杖推开<br>3. 实现在推开动作，滑雪杖前伸及随后的腿部和双杖的有力推开动作之后身体的平稳伸直 |
| 同时两步滑行 | 1. 教会与滑雪杖同时前伸两步相结合<br>2. 技巧完善 | 1. 对所有滑行动作进行模拟并在计数后停顿<br>2. 在教练的计数下完成不同速度的滑行<br>3. 在滑雪教学训练场的不同条件下完成滑行 | 1. 实现运动中动作的相互联系：口令"1"第一步，把滑雪杖前伸，"2"把滑雪杖放至滑板前端 第二步；"3"用双杖做推开动作<br>2. 实现每一步的长距离滑行及双杖的同时有力推开动作<br>3. 注意不同速度下每一个循环中所有动作的平稳性和经济性 |

表1-9-3 同时不迈步滑行教学中的常见错误

(В. В. Ермаков, 1989)

| 错误 | 原因 | 后果 | 解决方法 |
|---|---|---|---|
| 把滑雪杖放至支撑点时呈钝角 | 把滑雪杖呈环状向后上方抛 | "刺入"滑雪杖，速度降低 | 用把手把滑雪杖向前伸，用手抓牢 |
| 把滑雪杖前伸时手臂过于弯曲 | 对手部运动的错误认知 | 手臂肌肉疲劳，滑雪杖往支撑点的错误放置 | 建立对运动的正确认知 |

续表

| 错误 | 原因 | 后果 | 解决方法 |
|---|---|---|---|
| 在推开动作开始时双杖间的肩部动作"不合格" | 滑雪杖放置过宽,缺乏"手-肩-体"的严格概念 | 推开动作的角度过大。滑雪杖"意外停止"。速度降低 | 把滑雪杖放至支撑点时靠近把手。建立严格的"手-体-腿"体系 |
| 推开动作的第一部分双臂肘关节过于弯曲 | 滑雪杖前伸和放至支撑点时手臂过度弯曲 | 推开角度过大。水平分速减小 | 把滑雪杖向前伸放至支撑点时手臂稍微弯曲。使滑雪杖的把手远离自己 |
| 推开动作后手臂向后上方过度前倾 | 推开动作结束后过重强调指尖动作 | 滑板压力增大,失去速度 | 在动作开始时增大推力 |
| 身体的剧烈弯曲和过度伸直 | 过度追求加重推开动作的结束 | 支撑反应增加,速度降低 | 避免身体的剧烈前倾和过度伸直 |
| 双臂推开时下蹲 | 对推开动作技巧的错误理解 | 滑板压力在插入时增大 | 建立对运动的正确认知 |

交替四步滑行在现代几乎不被滑雪运动员们所使用。

交替四步滑行的学习建议放在掌握交替两步滑行之后。首先从整体上对滑行进行展示,然后分部分学习。应当在计数的条件下完成滑行。建议在用滑雪杖和不用滑雪杖的模拟练习课上进行迈步滑行时实现双臂和双腿动作的一致性。

学习交替四步滑行时常见错误有:

双臂和双腿动作的不协调;

短步运动(破坏运动节奏和运动流程);

双臂带滑雪杖从旁边向前伸;

滑雪者在滑步中在双臂和身体上所犯的错误,与在学习交替两步滑行时所犯的错误类似。

## 1.10　自由式滑雪教学法

在学习了传统式滑雪后开始学习自由式滑雪。在学习过程中可以使用用手推地的技巧和部分在传统式滑雪中习得的手脚协调工作的技能。

自由式滑雪和传统式滑雪最主要的区别在于——教练的主要任务为教授。为此，需要进行引导练习：

——在平缓坡下滑过程中交替从滑行的滑雪板内刃侧向外推开，将身体重量移向另一侧滑雪板；

——或在转移身体重量后支撑的腿托起蹬离地面的腿；

——或在下滑过程中逐渐移开蹬离地面的滑雪板前段和滑行的滑雪板前端；

——有意识地从侧面推开滑雪板以"人字形"攀爬法通过平缓的上坡；

——在下坡过程中以自由式滑雪法（左右）有意识地推开滑雪板；

——或通过换脚步完成转弯；

——从山上滑行一小段距离后在平整的场地上完成换脚步转弯；

——在压实的平整场地上先顺时针转圈滑行并以换脚步的方法完成转弯，再逆时针转圈滑行以相同方法完成转弯。

——或在8字形训练道上完成上一条操作。

为了使滑行助推蹬地有效，在滑行时有必要对蹬地进行准备（弯曲支撑脚，也就是说降低重心做预备姿势）并用力进行蹬地动作（增强对足心，包括脚后跟部分的压力）。身体的重量应该逐渐交替移向两块滑雪板。建议所有的练习在不用手帮助离地的条件下进行。逐渐掌握不使用雪杖靠脚带离滑雪板蹬地之后，可以开始练习用手蹬地移动。

关于学习自由式滑雪的任务、练习安排的顺序以及教学指示列于表格1-10-1、1-10-2中。

表 1-10-1　训练半自由式滑雪的任务安排顺序、方法以及教学指示

（弗·弗·叶尔马科夫，1989）

| 教学任务 | 方式 | 教学指示 |
| --- | --- | --- |
| 1. 教授以脚蹬地、髋关节、膝关节和踝关节的外展及屈曲动作 | 1. 练习摆动脚向前、向侧方摆动并使其返回原点；<br>2. 逐渐将身体的重量从支撑腿转移至摆动腿，模仿用手推离地面（身体倾斜度为30°~35°）；<br>3. 斜倾着下滑时有意识地使用靠山坡一侧的滑雪板蹬地；<br>4. 先在2°~3°的斜坡上下滑用腿蹬地，紧接着在平地上用腿蹬地 | 1. 分别站在右侧或左侧的滑雪板上模仿滑行时，不使用雪杖；<br>2. 不要将身体重量全部移至蹬地脚；<br>3. 练习过程需充分外展和屈曲腿部的髋关节、膝关节和踝关节 |
| 2. 教授手脚配合使用的协调性 | 1. 重复训练2；<br>2. 在平地上训练不用做手推离地面的下坡运动；<br>3. 时而用手推离地面 | 1. 开始用手推离地面时应结合摆动腿的外展；<br>2. 用手推离地面之前应有意识地倾斜身体 |
| 3. 完善滑行技巧 | 1. 分别在下坡、平地和上坡上进行不同强度的半自由式滑行练习 | 1. 在换蹬地脚时应保持滑行的速度 |

表 1-10-2　训练同步自由式滑雪的任务安排顺序、方法及教学指示

（弗·弗·叶尔马科夫，1989）

| 行进 | 训练任务 | 方法 | 教学指示 |
| --- | --- | --- | --- |
| 两步滑行 | 1. 达到手脚配合使用的协调性；<br>2. 完善滑行技巧 | 1. 模拟计数时滑行；<br>2. 偶尔在坡度为2°~3°的下坡上滑行；<br>3. 偶尔在平地上或微斜的上坡上滑行；<br>4. 在不同长度、不同倾斜度的上坡上以不同速度滑行 | 1. 听到迈开腿，双手伸向前；听到应双手和一只脚同时推地，将身体重量移到另一只脚上；<br>2. 提前将与蹬地脚相对应的雪杖用作支撑；<br>3. 蹬地的角度随着上坡的陡度而变化 |

续表

| 行进 | 训练任务 | 方法 | 教学指示 |
|---|---|---|---|
| 单步滑行 | 1. 达到手脚配合使用的协调性；<br>2. 完善滑行技巧 | 1. 模拟计数时滑行；<br>2. 偶尔在下坡上滑行；<br>3. 偶尔在平地上或微斜的上坡上滑行；<br>4. 在不同长度、不同倾斜度的上坡上以不同速度滑行 | 1. 听到计数"1"时左腿蹬地，右腿挥动向前同时将身体重量移至右腿，手持雪杖推地，听到"2"时则右侧滑雪板自由滑行；<br>2. 模拟不用雪杖滑行；<br>3. 将双手伸向前方，准备好用腿蹬地；<br>4. 在一个固定地段进行计时训练 |

类似的任务也用于训练交替自由式滑雪。根据滑行技巧必须在计时条件下完成模拟训练。听到计数"1"时左（右）脚蹬地，同时身体重量逐渐移至右（左）脚，此时右（左）脚蹬地，伸出左（右）手。听到计数"2"时从另一只脚开始重复上述动作。

以交替自由式滑雪滑行时为提高手脚推地的有效性应控制力量，蹬地方向和蹬地动作的完整性。

训练自由式滑雪时进行模拟练习，在无雪期也能提高手脚配合使用的协调性。

掌握半自由式滑雪技巧建议进行以下模拟训练：

1. 初始位置——滑雪者站立姿势。将身体重量移至左腿右腿模仿蹬地（向侧方外展）。回到初始位置。换支撑脚重复练习。

2. 初始位置——滑雪者站立姿势。左腿承受身体重量，双手伸向前方，手掌置于头部高度。重复练习1动作，将右腿向侧方伸展时，双手向后挥动。回到初始位置，换支撑脚完成练习。

3. 初始位置——滑雪者站立姿势。将身体重量移至左脚，双手伸向前方。左脚蹬地同时右脚向前快速迈出滑向侧方，双手挥动向后。右脚作为蹬地脚回到初始位置。替换蹬地脚和迈步方向重复练习。

4. 移动时时而模仿踏步行进。

5. 移动时时而使用雪杖行进。

6. 移动时时而模仿跳跃行进。

7. 移动时时而使用雪杖跳跃行进。

掌握不使用雪杖助推的自由式滑雪技巧建议进行以下模拟训练：

1. 初始位置——滑雪者低蹲姿势。将身体重量移至左腿，右腿伸向侧方再伸向后方。回到初始位置。替换支撑脚重复练习。

2. 初始位置——基本站立姿势。左腿向前迈出再滑向侧方保持姿势2~3秒。回到初始位置。换另一只脚迈步重复练习。

3. 初始位置——基本站立姿势。左手手掌置于眼睛高度，右手向后伸展。左腿向前伸展再向侧方伸展，同时右手摆向前方，左手摆向后方。回到初始位置。换另一只脚迈步重复练习。

4. 移动时时而模仿踏步行进。

5. 移动时时而使用雪杖行进。

6. 移动时时而模仿跳跃行进。

7. 移动时时而使用雪杖跳跃行进。

掌握两步同时滑雪技巧建议进行以下模拟训练：

1. 初始位置——滑雪者站立姿势。将身体重量移至左脚，右脚先伸向后方，再伸向侧方。回到初始位置。替换脚的位置重复练习。

2. 将脚向后方、向侧方伸展时挥动双手。

3. 初始位置——滑雪者站立姿势。原地模仿踏步行进。向前再向侧方迈第一步，同时将手向前伸到眼睛位置。向前再向另一侧方迈第二步，同时用手助推，交替摆动。

4. 移动时时而模仿跳跃行进。

掌握单步同时滑雪技巧建议进行以下模拟训练：

1. 初始位置——滑雪者站立姿势，双手向前，手掌置于头部高度。将身体重量移至右腿，弯腰同时用手助推，将左腿伸向后方再滑向侧方。将左腿移至支撑身体的右腿同时将双手摆向前方。回到初始位置。轮流交替支撑脚重复练习。

2. 初始位置——滑雪者站立姿势。原地进行踏步练习，双手移向前方，将身体重量移至左腿。将右脚移向左脚（支撑脚），右脚迈向前方在滑向侧方（右方）。身体重量移至右腿，双手伸向前方，伸直左腿膝关节，身体恢复垂直状态。回到初始位置——滑雪者站立姿态。右脚蹬地开始这一套动作。

3. 原地使用雪杖完成模拟训练。

4. 移动时使用雪杖进行踏步模拟练习。

5. 移动时不使用雪杖进行跳跃模拟练习。

6. 移动时使用雪杖进行跳跃模拟练习。

掌握交替两步滑行技巧建议进行以下模拟训练：

1. 初始位置——滑雪者站立姿态。部分模拟交替两步滑行。用手完成交替工作。

2. 初始位置——滑雪者站立姿势，双手背在背后。身体向前倾斜，将重量移至左脚，右脚先向前伸展再滑向侧方伸直。轮流交替支撑脚并重复练习。

3. 原地进行踏步模拟训练。轮流交替向左再向右踏步，右手（左手）相应交替摆动。

4. 移动时进行踏步模拟练习。

5. 移动时使用雪杖进行模拟练习。

6. 移动时使用雪杖进行跳跃模拟练习。

由于二者间的自然联系，学习下滑的过程也在学习以不同方法上坡。上坡方法不复杂且学习过程没有教学困难。只需展示并解释上坡技巧滑雪者基本上能立即掌握各种各样的上坡方法。教练应发现并帮助滑雪者纠正出现的错误。

教学中可能出现的典型错误：

——7-躯体前倾程度不够；

——8-雪杖支撑程度不够；

——9-选择的上坡方法不适用于斜坡的陡度和长度；

——10-滑雪板侧立姿势不正确；

——11-以"人字形"方法上坡时双腿伸直；

——12-以"人字形"方法上坡滑雪板前段分开程度不够。

学习以不同方法下坡建议按以下顺序进行：首先掌握下滑式的基本站姿，然后是蹲姿，最后站姿。以这些姿势在倾斜度不同的斜坡上完成"直立""倾斜"下滑。这些姿势主要有三个区别特征：

——13-身体安放的高度；

——14-滑雪板之间的宽度；

——15-支撑点以上身体重心的位置。

下滑过程中身体弯曲程度和倾斜程度可能会发生变化。根据斜坡的陡度和长度、下滑方向、雪层状况、滑雪板滑行状况使用一定的、最适用于当时情况的滑雪姿势。

学习下坡方法时可能出现的典型错误：

——16-双腿和身体过分紧张；

——17-身体过度前倾，双腿僵直；

——18-身体重心前倾或向后偏移；

——19-雪杖前置或者过于向两侧偏移；

——20-滑雪杖杖尾掉进雪地。

掌握制动方法是下坡技巧的进一步发展，而其本身也可以作为引导练习来掌握某些转弯方法。

首先学习用滑雪板制动（"犁状制动""挡板制动"和"侧滑制动"）。

从学会在平地上的典型（站立）姿势开始学习制动。在缓斜坡上进行训练并按任务和口令完成制动练习。条件进一步复杂化，同时完善制动技巧。应该注意对滑雪板制动技术的掌握。

学习制动方法时可能出现的典型错误：

——21-肌肉过分紧张，双腿僵直；

——22-身体过度前倾；

——23-"犁状制动"时两块滑雪板受力不均匀；

——24-"挡板制动"时滑行的那只脚弯曲不够，身体重心未向其施加压力；

——25-用雪杖制动时过度将身体重心转移至雪杖上。

学习滑行中转弯的方法和雪地行进是最困难的。下坡滑行中的转弯用于改变滑行方向、绕过阻碍物、减速或者停止滑行。转弯方式的选择取决于滑雪者的技术掌握程度、斜坡陡度、运动速度、雪层状态和用具。

按照完成方式转弯分为以下几种类型：

——26-踏步转弯；

——27-滑行转弯（"限位器转弯""犁状转弯""剪刀型转弯"）

——28-高山回转（"离式转弯""半离式转弯""平行式转弯"）

转弯技巧包含以下几个要素：与下坡方向成相应角度放置滑雪板，朝转弯方向前伸膝关节，身体的倾斜及转动，身体（滑雪板负载）重心的转移，肌腱直惯性的使用。在完成转弯过程中有以下部分：

——29-转弯引入——转弯开始；

——30-完成转弯；

——31-转弯引出，也就是说朝意愿方向继续运动或者停止。

滑行中换步转弯是最简单的。其适用于任何雪况下在缓坡或者下坡所接的平地上的慢速滑行。预备训练：半蹲下坡滑行时交替抬起滑雪板前段，自由式滑雪移动，在平地上滑行时换步转弯。在滑行中学习换步转弯时最常遇到以下错误：

——32-将滑雪板移置新方向时犹豫不决地脱离雪层；

——33-过快将身体重心移至滑雪板上；

——34-过度下蹲并向后蹬地；

——35-向转弯方向、向前倾斜度不够，导致身体失去平衡；

——36-外侧滑雪板助推太弱，内侧滑雪板贴近延迟。

"限位器转弯"必须在缓坡上进行练习，从一个斜下滑过程转入另一个。掌握此种转弯方式建议进行以下预备训练：支撑下滑，从下滑过程转换到支撑再反过来。

"犁状转弯"适用于中等程度倾斜的开阔斜坡及下列情况：雪层松软，可见度不高，地形不熟悉和下坡必须减慢速度。掌握此种转弯方式需进行以下预备训练：下坡时进行"犁状制动"，将身体重量移至一块滑雪板，将其侧向立起。

"剪刀型转弯"用于在开阔斜坡上练习移动方向和刹车运动。掌握此种转弯方式建议进行以下预备训练：原地转弯，滑行中转弯并将身体重量分到滑雪板上。

学习此种转弯方式时最常犯以下错误：

——37-内侧滑雪板前移不够同时侧立放置；

——38-内侧滑雪板负荷过重；

——39-提前侧立放置内侧滑雪板。

最常用于比赛中。教练讲解并展示转弯技巧。掌握此种转弯方式需完成以下预备训练：原地转弯；原地将身体重量从一只脚移向另一只脚；在不同的斜坡上滑行时转弯。

学习此种转弯方式时最常犯以下错误：

——40-内侧滑雪板前移较迟，导致转弯变成"限位器转弯"；

——41-在"剪刀型"姿势中内侧滑雪板前移太远；

——42-身体前倾不够；

——43-转弯快结束时内侧滑雪板未前移；

——44-滑雪板过度侧立放置。

平行滑板转弯用于在碾平的不厚的雪层上、在不同陡度的斜坡上快速滑行。教练讲解并展示转弯技巧。

按以下顺序学会转弯技巧：

——45-学会原地转弯和在山坡上转弯；

——46-带侧面滑行的倾斜方向下坡滑行；

学习此种转弯时最常出现以下错误：

——47-腿部膝关节弯曲程度不够；

——48-开始转弯时滑雪板减重程度不够；

——49-滑雪板未侧立放置；

——50-转弯时内侧滑雪板载荷；

——51-身体移向后方，膝盖向转弯内侧方向的偏移程度不够。

学习转弯技巧时需逐渐选择更长、坡度更陡（加大难度）的斜坡，交替练习向左、向右转弯；先练习小半径转弯，再练习大半径转弯；训练转弯越过障碍物的技术。

# 第二章

# 滑雪比赛的组织和裁判工作

## 2.1 滑雪比赛的组织

比赛是滑雪运动训练过程中不可或缺的一部分，也是接受滑雪运动标准的一种形式。参加比赛可以提高对运动员的技能和技术训练水平，增强其心理素质：决心、耐力、毅力。

在常规训练中，运动员并不总是能充分展示其身体能力。在参加比赛时，身体机能训练的水平大大提升。比赛达到了训练过程中的一个阶段和时期。根据运动结果的变化，可以判断在最近一个阶段或时期的训练方式方法是否有效，并可以对训练进行适当调整，同时比赛也能选拔出最佳滑雪运动员。参加比赛具有重要的教育意义，培养参赛者的组织性、协作性、集体主义和爱国主义。

## 2.2 比赛类别

滑雪比赛按照规模、目的和任务、性质可分为以下几类：
1. 国际滑雪联合会（FIS）主办的国际比赛：
——冬季奥林匹克运动会；
——FIS 世界杯；
——FIS 青少年世界锦标赛；
——FIS 锦标赛；
——FIS 洲际杯；

——FIS 国际比赛（FIS 比赛）。

2. 全国性比赛：

——白俄罗斯共和国、明斯克及其他地区的全国运动会；

——白俄罗斯共和国锦标赛；

——白俄罗斯杯；

——白俄罗斯青少年锦标赛；

——青少年运动会；

——体育院校和团队的比赛。

3. 按目的和任务分为：专业赛，选拔赛，表演赛和大众赛。

4. 根据冠军性质分为：个人赛，个人团体赛和团体赛。

在组织和举办滑雪比赛之前，需要进行大量准备工作，需要专业知识和丰富经验。

赛程时间表由负责举办比赛的组织与滑雪联合会共同制定。白俄罗斯共和国的时间表根据国际比赛，锦标赛、世界杯以及冬奥会的计划，每四年举办一次。

赛程时间表使用固定格式（表 2-2-1）。

表 2-2-1　赛程时间表

| 编号 | 赛事 | 举办时间 | 举办地点 | 参赛方 | 参赛人数 | 裁判数量 | 赛程 | 资金条件 |
|------|------|----------|----------|--------|----------|----------|------|----------|
|      |      |          |          |        |          |          |      |          |

及时收到国际赛程时间表有利于体育部和国民联合会有充分时间安排赛事，培训参赛人员。

时间表敲定后要分发到各地区的体育和运动部门。

制定时间表时，需考虑以下几点要求：

——充分考虑参赛者年龄、性别以及专业能力，逐步加强运动负荷；

——逐步增加比赛里程；

——在积雪形成两周之后才能开始比赛；

——根据运动员的年龄和专业水平安排最佳比赛次数；

——基础赛（选拔赛）安排在一月份进行；

——每年采用稳定的赛程时间表。

国际比赛由 FIS 组织和举办。共和国的滑雪比赛由白俄罗斯共和国体育和旅游部以及白俄罗斯滑雪协会主办，在各州中心由体育和运动管理部门以及滑雪协会主办，在明斯克则由体育和运动市级部门和城市滑雪协会主办。

## 2.3　组织委员会

组织委员会（组委会）由组织方授权的成员（自然人或法人）和全国滑雪协会（或其地区分会）组成。比赛组委会应包括负责人（比赛的首席裁判），主持比赛的举办以及遵守技术要求。组织方授予负责人权力、义务和责任。首席裁判负责任命总裁判委员会成员和裁判组。比赛官方人员必须是高素质的专家，每位专家都有固定的责任。专家应该在服装、臂章或徽章上便于识别。

组委会必须将筹备工作的进展情况及时告知技术代表。

全国比赛的所有参赛者都必须办理人身意外事故保险。每个体育组织都有责任为其运动员购买保险。在资格审查委员会审查期间，组织代表必须提交运动员办理保险的证明文件。

组委会必须发布比赛规则。

比赛规则由举办比赛的组织（组委会）根据赛程时间表制定，是规范比赛行为的主要文件。比赛规则必须不晚于比赛开始前三个月内发送给参赛组织。

只有举办比赛的组织在必要情况下可对比赛规则进行修改或补充（修改比赛时间、地点，取消比赛等事项），必应及时通知参赛（相关）组织。

比赛规定应包括以下几章：

——比赛的目的和任务；

——地点和日期；

——参赛组织和参赛者（人数和年龄）；

——参赛者费用开支和报销条件；

——比赛日程；

——个人和团体冠军判定系统；

——个人和团体冠军的奖项；

——提交参赛申请的日期。

比赛规定的具体章节数目可视比赛等级而定。例如，院校之间的比赛如果不需要可省略诸如"参赛者费用开支和报销条件"之类的部分。

在较高级别的比赛规则中应该包括上述所有要项，尤其是要详细规定"参赛者""比赛日程""个人和团体冠军判定系统""个人和团体冠军的奖项"等部分。

被确定下来的比赛日程应该由组织方公布，并且必须包含以下信息：

——比赛日期、地点，相关体育设施的信息，以及到达这些地点的最佳方式；

——技术信息和参赛条件；

——主要官方人员的姓名（总裁判委员会成员）；

——各队负责人第一次会议的时间和地点；

——正式训练开始时间和出发时间；

——官方公告板的位置；

——颁奖典礼的时间和地点；

——提交申请的截止日期，以及传真和邮箱地址。

若有关于改期、取消表赛或是其他日程上的变动，组织方应在全国滑雪协会和FIS规定的期限内，通过电话、传真或电子邮件通知所有指定的技术代表和所有参赛组织。

必须在申请提交截止日期之前保证组委会可以收到申请。

组织方必须在不迟于抽签之前的24小时获得参赛者的最终完整名单。体育组织在发送参赛申请时务必确认在训练或比赛期间运动员的意外保险有效，一切责任由体育组织承担。不允许同一参赛者同时参加多个比赛。

## 2.4 团队代表会议

团队代表会议是在每次比赛之前进行的，不对所有人公开的会议。会议的日期，时间和地点应该在比赛日程中发布。会议主席是比赛的首席裁判。会议决议采取多数票规则通过。一个团队有一票。

在所有会议上，议程均包括以下几点：

——比赛官方人员的代表（裁判组）；

——评判组的代表（必要条件下任命新成员）；

——天气预报；

——检查参赛申请，并将参赛者分组；

——抽签；

——滑雪场相关信息（入口、滑雪板标记、起点、接力传递区、终点、出口等）；

——路线说明（可行性、介绍、中途测速点和补给点、安全问题等）；

——检查和测试滑雪板的时间和地点；

——培训的时间和路线；

——技术代表的资料；

——组织方的信息。

裁判组会议结束后，应起草团队代表会议的会议记录，包含讨论的所有问题，通过的决策和建议。

在第一次会议期间，应向团队代表发放参加其他会议的邀请函。

抽签、每场比赛和每个项目的参赛顺序应由裁判组组织抽签决定。只有提交了书面申请，并且组织方按时收到其申请的运动员才有资格抽签。如果提交了参赛申请的运动员没有团队代表或是教练担任其代表，则只有在会议前确定其参赛资格的情况下，该运动员可以参与抽签。

如果比赛推迟一天以上，则必须重新进行抽签。

比赛抽签必须在比赛当天进行。更换队员的申请可以在抽签前不晚于1小时提交给比赛的首席裁判。在个人赛中可在比赛开始前一小时（如果运动员生病），更换名单。在接力赛中，比赛开始前30分钟内允许重新申请。团队沿用之前的签号。在短距离接力赛中，如果替换队员，则团队需要被安排在最后出发。

比赛的抽签可以采用线下抽签或电脑抽签。最开始的一轮也可以不采用抽签决定。在国际赛事中参赛顺序由FIS评分（计算机测定）确定。

在共和国、州以及地区级的比赛中，采取线下抽签的方式。根据训练水平对参赛者进行分组，或进行排名，或根据各组平均代表原则进行分组。第四组是最强的。每组中的参赛者填写自己的卡片，然后随机排列。抽取同每组人数相同数量的筹码（球），上面写有数字。然后将第一组的球放入密闭容器中打乱。比赛秘书抽出第一张带有参赛者姓名的卡片，读出姓名。裁判从密闭的容器中取出一个带有数字的筹码,读出数字。该号码则是秘书抽出的参赛者的参赛顺序。同理确定第一组中所有参赛者的顺序。在第二,第三和第四组也采用相同的抽签方式。各组的开始顺序是预先确定的,比如:1-2-3-4 或 1-2-4-3 或 4-1-2-3 等。以相同的顺序进行抽签。抽签后进行记录。在编辑备忘录时卡片要按标号摆放,上面要写好顺序。

在国际或是全国比赛开始时使用电脑抽签。抽签过程应由评委会成员监督,以保证其公正。

在比赛当天(下午 12 点至 14 点),团队代表向秘书处提交申请,指明参赛者的姓名和参加比赛的小组编号。所有第一批参赛者的数据都输入计算机中。抽签前团队代表检查每组参赛者的姓名。确认无误后进行抽签。团队代表将获得开始编号和开始备忘录。

目前,在国际比赛中,抽签是根据 FIS 积分的排名进行的。这种抽签是在裁判组和团队代表会议上,即所谓的"队长会议"上进行的。FIS 点数最少的参与者最后开始。因此,只有前三组进行抽签。在第四("红色")组中,抽签是单独完成的。通过随机选择,计算机首先选择参赛编号,然后选择参赛人姓名。"红色"(最强)组在最佳天气条件下开始。"红色"组的开始顺序由评委会决定。

## 2.5 医疗保障

体育组织对参加比赛的运动员的健康状况负责。严禁使用兴奋剂,并且可以随时检测。违反者将受到白俄罗斯体育和旅游部白俄罗斯滑雪协会主席团以及 FIS 的处罚。

比赛期间的医疗保障由体育中心和体育基地的医护人员提供。为此,组织方需要在不晚于比赛开始前三天向医疗机构提交相应申请,请求其为该比赛提供医疗支持。

对于参赛者较多的、连续数日的大型综合性赛事,由副主席裁判领导一个医疗队负责提供医疗服务。

## 2.6 团队代表和教练的权利及义务

团队代表和教练必须得到组织者方的委任。委任后拥有以下权利和义务：
——评委会成员；
——可任命为裁判或是该比赛的服务人员；
——获得比赛的通行证或臂章。

如果团队代表（教练）违反比赛规则或技术委员会或裁判组的决定、出现不当言行，裁判组可以根据技术代表的建议对其采取制裁：书面警告，取消对其一定期限的委任。

## 2.7 比赛形式和程序

对于各种形式的国际和国内滑雪比赛，应根据比赛形式选择比赛距离和赛道长度（表2-7-1）。

表 2-7-1 不同比赛形式的距离和赛道长度

| 比赛形式 | 距离 km | 赛道长度 km |
| --- | --- | --- |
| 起点不同的比赛 | 5；7.5；10；15；30；50 | 2.5；3.3；3.75；5.75；10；12.5；15；16.7 |
| 相同起点的比赛 | 10；15；30；50 | 2.5；3.3；3.75；5.75；10 |
| 群众比赛 | 无限制 | 无限制 |
| 追逐赛—连续/不连续 | 5；7.5；10；15 | 2.5；3.3；3.75；5.75；10 |
| 接力赛 | 2.5；5；7.5；10 | 2.5；3.3；3.75；5 |
| 个人短距离速滑（男子） | 1~1.8 | 0.5~1.8 |
| 个人短距离速滑（女子） | 0.8~1.4 | 0.4~1.4 |
| 团体短距离接力速滑（男子） | 1~1.8 | 0.5~1.8 |
| 团体短距离接力速滑（女子） | 0.8~1.4 | 0.4~1.4 |

表 2-7-1 中显示的数据用于数圈跑道的比赛，在选择很多圈短道的情况下，可以重新考虑总距离，起始形式和赛道宽度。

个人短距离速滑比赛可以设置多圈的跑道，但是团队短距离速滑必须在一圈内完成比赛。

在冬奥会和世界杯的个人比赛中，同等水平的下一比赛中要变换滑雪分割。如果在现行冬奥会或世界杯中采取了传统风格滑行（比如说 15 千米），则在下一场冬奥会和世界杯比赛中，运动员将以自由风格在这段距离中进行滑行。在这些比赛中，滑雪风格的变换距离男子为 15 千米和 50 千米，女子为 10 千米和 30 千米，个人和团体短距离速滑也是如此。

男女追逐赛在同一天进行。男子女子争夺金银铜牌。在双追逐赛中前半部分采用传统风格，后半部分采用自由风格。在接力赛中第一、二棒采用传统风格，第三、四棒采用自由风格。

冬奥会和世界杯比赛日程表会考虑诸如电视直播等重要因素。

世锦赛的比赛计划每年由 FIS 确定。通常，该比赛包含的距离与冬奥会和世界杯的距离相同。滑雪距离和滑雪方式每年确定。为了进一步发展和普及滑雪，世锦赛计划中可包括试比赛。

冬奥会和世界杯的越野滑雪比赛是按照国际奥委会批准的计划举行的（表 2-7-2）。

表 2-7-2　冬奥会和世界杯的比赛计划

| 比赛形式 | 性别 | 距离 |
|---|---|---|
| 1 | 2 | 3 |
| 起点不同的比赛 | 男 | 15km 传统/自由 |
| | 女 | 10km 传统/自由 |
| 相同起点的比赛 | 男 | 50km 传统/自由 |
| | 女 | 30km 传统/自由 |
| 追逐赛—双追逐 | 男 | 15km 传统+15 km 自由 |
| | 女 | 7.5 km 传统+7.5 km 自由 |

续表

| 比赛形式 | 性别 | 距离 |
|---|---|---|
| 接力赛 | 男 | 4×10 km 传统/自由 |
|  | 女 | 4×5km 传统/自由 |
| 个人短距离速滑 | 男 | 1.0~1.8 km 传统/自由 |
|  | 女 | 0.8~1.4 km 传统/自由 |
| 团体短距离接力速滑（由同一国家的两位运动员组成） | 男 | 1.0~1.8 km 传统/自由 |
|  | 女 | 0.8~1.4 km 传统/自由 |

世界青少年（21~23 岁）滑雪锦标赛根据国际滑雪联合会批准的计划（表 2-7-3）举行。

表 2-7-3 世界滑雪锦标赛计划

| 比赛形式 | 女子 | 男子 |
|---|---|---|
| 起点不同的比赛 | 5 km 自由 | 10 km 传统/自由 |
| 追逐赛—无间断双追逐 | 5 km 传统+5km 自由 | 10 km 传统+10km 自由 |
| 接力赛 | 4×3.3 km 传统/自由 | 4×5 km 传统/自由 |
| 个人短距离速滑 | 0.8~1.4 km 传统/自由 | 1.0~1.8 km 传统/自由 |

个人比赛和短距离比赛的滑雪风格每隔一年变化一次。在其他比赛中可包含以下距离：

——男子：1.5km，7.5km，10km，15km，30km，50km；

——青年：1.4km，5km，7.5km，10km，15km，30km；

——女子：1.2km，5km，7.5km，10km，15km，30km；

——青年：1.2km，5km，7.5km，10km，15km。

## 2.8 越野滑雪比赛及选手

越野滑雪赛季从 6 月 1 日开始，持续到下一年的 6 月 30 日。成年运动员［男女不少于 21 周岁（1.1~12.31）］。比赛参与权生效于赛季初，比如 2015 年的赛季初从 2014 年 6 月 1 日开始。

国际及省际比赛的选手按年龄分组（表 2-8-1）。

表 2-8-1 按性别和年龄对选手分组

| 组别 | 年龄/岁 | 参考距离/km<br>（少年女子/少年男子） |
| --- | --- | --- |
| 女子和少年男子中年龄组 | 9~10 | 至 3 |
| 女子和少年男子高年龄组 | 11~12 | 至 5 |
| 女子和青少年男子低年龄组 | 13~14 | 至 5/7.5 |
| 女子和青少年男子中年龄组 | 15~16 | 至 10/15 |
| 女子和青少年男子高年龄组 | 17~18 | 至 15/30 |
| 青年低年龄组 | 19~20 | 至 30/50 |
| 青年组 | 21~23 | 不限 |
| 成年组 | 24~40 | 不限 |

现在青年世界锦标赛选手的年龄从 21~23 岁。青少年男子和女子在省际比赛中可进入青年低年龄组，而青年低年龄组的选手可进入成年组。世界锦标赛成年组没有年龄限制。青少年男子和女子可以参加青年世界锦标赛。

大众比赛高年龄选手按年龄分组（表 2-8-2）。

表 2-8-2 大众比赛选手按年龄分组-男子和女子高年龄选手

| 组别 | 1 | 2 | 3 | 4 | 5 | 6 | 7 | 8 | 9 | 10 | 11 | 12 |
| --- | --- | --- | --- | --- | --- | --- | --- | --- | --- | --- | --- | --- |
| 年龄<br>（岁）| 30~<br>34 | 35~<br>39 | 40~<br>44 | 45~<br>49 | 50~<br>54 | 55~<br>59 | 60~<br>64 | 65~<br>69 | 70~<br>74 | 75~<br>79 | 80~<br>84 | 85~<br>90 |

**比赛正式申请**

**参赛申请须按要求提交（表2-8-3）**

冬奥会和世锦赛，青少年世锦赛和世界杯公里赛队伍派代表向组委会按要求形式提交申请（表2-8-4），申请中须包含选手姓氏，相应的国际滑雪联合会会码及其所拥有的积分。

**表2-8-3　越野滑雪赛参赛申请模板**

| 越野滑雪赛参赛申请 ||||||| 
|---|---|---|---|---|---|---|
| （比赛名称） |||||||
| （组织名称） |||||||
| （男子，女子） |||||||
| 序号 | 姓名 | 生日 | 运动资质 | 保单号 | 项目 | 医生开具的准入许可 |
|  |  |  |  |  |  |  |
|  |  |  |  |  |  |  |

组织代表＿＿＿＿＿＿＿＿＿＿＿＿＿＿＿＿＿＿＿＿＿＿＿＿＿＿

组织者＿＿＿＿＿＿＿＿＿＿＿＿＿＿＿＿＿＿＿＿＿＿＿＿＿＿＿

组织盖章处
医生盖章处

表 2-8-4　国际比赛参赛申请模板

| 序号 | 国际滑雪联合会会码 | 姓名 | 距离/km | | | 国际滑雪联合会积分 | 红组 |
|---|---|---|---|---|---|---|---|
| | | | | | | | |
| 1 | 1007531 | 伊万诺夫·伊万 | | + | + | 8.01 | + |
| 2 | 1003426 | 西德罗娃·伊琳娜 | + | + | | 52.76 | |

代表 _____ 签名 _____ 姓氏 _____

申请提交日期 _____

比赛秘书 _____ 签名 _____

正式申请应最晚于队伍代表会议开始前 2 小时提交给比赛秘书并由他检查。

接力赛正式参赛申请应于抽签开始前两小时提交。比赛开始前一小时由组织者提交最终队伍名单，名单中应包含四名参赛运动员的姓氏及参赛顺序。此后参赛名单和顺序将不接受改动。该期间仅可因为不可抗力情况换运动员。接力赛参赛申请须按要求提交（表 2-8-5）裁判应决定各组比赛顺序并将该信息于名单提交截止时间前 2 小时发送给队伍代表。

表 2-8-5　男子 4×10km 接力赛队伍参赛申请模板

| 4×10km 接力赛队伍参赛申请书队伍参赛顺序号码组织 | | | | |
|---|---|---|---|---|
| 赛段号 | 姓名 | 终点时间 | 成绩，分钟 | 地点 |
| 4 | | | | |
| 3 | | | | |
| 2 | | | | |
| 1 | | | | |
| 队伍成绩 _____ | | | | |

国际比赛选手分为2组或3组：A，B和C。A组为最强运动员组。B组人数最多为20名。由裁判员根据比赛组织国运动员代表标书分配形成该组。C组由剩下的运动员组成。各组按以下顺序起跑：B，C，A。裁判可以在某些情况下根据天气条件改变组的起跑顺序。

按 I 系统为参赛选手分组

冬奥会、世锦赛和世界杯段赛中最强越野滑雪选手根据国际雪联积分数多少组成第四组（红组），人数为30名运动员。任何一名排名低于前30的运动员都无法替换红组选手。剩下的选手按照 III 体系抽签。组的起跑顺序在抽签开始前可由裁判更改。

按 II 系统为参赛选手分组

所以不计算国际滑雪联合会积分数排名的比赛，其 I、II、III、IV 组由以下方式组成：

选手数小于或等于20，仅在 I、II 组抽签。

选手数为21~40时，仅在 I、II、III 组抽签。

选手数大于40人，四组都进行抽签。

选手按照以下顺序抽签：I、II、III 和 IV.

如果队伍人数比参赛组数多，则超出的选手应由各队代表各选一名加入各组。如果队伍人数少于比赛组数（表2-8-6），该规则则相应改变。

表 2-8-6　根据队伍人数分配比赛选手示例

| 队伍 | 选手数量 | 组别 | | | |
|---|---|---|---|---|---|
| | | I | II | III | IV |
| A | 8 | 2 | 2 | 2 | 2 |
| B | 6 | 1 | 2 | 1 | 2 |
| C | 3 | 1 | - | 1 | 1 |

按 III 系统为参赛选手分组按国际滑雪联合会积分排名分组红组为例外。他们总是单独计算，抽签仅在内部进行。

比赛时裁判及其他角色比赛进行时为保证赛道秩序和对赛道的调控，必须遵守以下规则：

起跑前5分钟及之后的时间里，选手还未完成赛段，禁止所有正式或委托人、教练、运动员穿滑雪板进入赛道。

评委可允许检查滑雪板润滑，并允许运动员在赛前在赛道或其他独立区域进行热身。选手按照起跑号码顺序或特别号码进入赛道进行试滑并进行教练活动。工作人员可通过特别号码进入赛道进行测试和滑板润滑。

滑板标记为方便调控，两个滑板都直接在起跑前标记。参赛选手戴好起跑号码后，必须亲自及时到标记裁判处对滑板进行标记。短跑赛的滑板不必标记。

## 2.9 比赛裁判

### 2.9.1 裁判组裁判长

比赛裁判长；
比赛秘书长；
计时和信息处理组长；
赛场及赛道组长；
医疗服务组长
起点裁判：
起点裁判员；
助理起点裁判员；
滑板标记裁判员；
终点裁判员：
终点裁判长；
到达记录裁判员；
计时员
助理计时员
到达顺序记录裁判员；
成绩计算裁判员；
标记检查裁判员
秘书组：
副秘书长

评委秘书；

信息

无线电通报器；

赛道服务：

副赛道长（每段各一位）；

检查员（每一公里不少于一位，由裁判长根据赛道情况分配）；

风格裁判（由裁判长根据比赛规模和性质决定数量）。

比赛裁判长；

领导裁判组；

指导赛事准备和进行工作；

负责所有比赛技术方面事务；

监督所有负责比赛组织的裁判具备保证比赛合法合规进行的相应资质；

领导工作，监督所有裁判，除了国际雪联或国际组织越野滑雪联盟选定或指定的技术代表及评委；

主持队伍代表会议，担任评委，代表裁判组处理技术代表的问题。

比赛秘书长；

向比赛主裁判负责；

负责所有与比赛技术方面有关的工作；

准备所有起跑的表格、计时、计算成绩、抽签以及赛道控制；

检查申请表填写是否符合规范；

组织队伍代表大会；

准备并发送开赛备忘录；

宣传队伍代表会和评委会议备忘录；

赛道组长：

向比赛主裁判负责；

必须能够平直地铺设标志，正确设置转弯和下坡；

负责准备滑板润滑测试场地，为热身准备标志，负责赛道标志和护栏，测量温度，急救护理点以及安装区间时间测量仪器；

检察员：

在卡片上记录通过的比赛选手号码；

医疗服务组长：

与比赛裁判长一起工作；

负责组织所有医疗服务。

评委及其责任：

技术代表，领导评委；

比赛裁判长；

比赛总经理（或者赛道组长）：

两名队伍代表，参加由队伍代表会议指定的比赛。

评委必须提出并采用以下决策：

延期举行比赛，中止或取消比赛；

如因不可抗力因素造成参赛选手迟到出场；

技术代表角色。技术代表是国际组织越野滑雪联盟（或者区域联盟）的代表，是比赛按照越野滑雪联盟规定举行的保证者。技术代表必须具备有效的证件。技术代表负责组织评委工作。

技术代表在比赛时的责任：

在第一名选手起跑前两小时到达比赛现场，若天气不好，则前四个小时；

在运动场就位，直至运动场及赛道准备就绪，可用于比赛为止；

监督比赛进行，若出现问题，要出场解决。

赛后技术代表的责任：

从比赛指导者、赛道组长、检察长和其他人员处收集最终报告。

从秘书处获取非正式比赛成绩备忘录并与秘书一起检查。

赛后十天内技术代表必须向比赛组织方和组织方国际组织发送笔头有关备赛、组织和举行比赛，以及准备质量的详细报告。

### 2.9.2 举行单人起跑比赛

单人起跑一般相隔30秒，短道起跑（开场）每隔15秒，技术代表可以规定更短或更长的间隔时间。起跑间隔时间可根据天气情况改变而改变，由技术代表请求更改或根据其他原因进行更改。

为举行单人起跑，滑雪运动场必须安排起跑区、终点区及中转区。起跑和备赛区各宽6米，终点区宽应不少于12米，通道各3米。

每名参赛选手在起跑前10秒会听到起点裁判员指令"注意！"。起跑前5秒他会开始倒数秒数，直至起跑：5-4-3-2-1，然后就是讯号"出发！"

起跑裁判发令同时，电子讯号也会响起。起跑时钟放置点必须让所有选手看见。参赛选手必须在起跑线前不动，直至裁判发令。

使用手动计时器时，先于规定时间起跑的选手应返回起跑线，重新起跑。这样他的起跑时间才能与起跑备忘录的起跑时间一致。

选手可以在起跑讯号发出后起跑。若其在讯号发出前起跑，则视为抢跑。这种情况下，选手必须返回，穿过起跑线延长区，回到起跑电子门界后。如果他起跑得晚，那按照起跑备忘录计入其起跑时间。迟到起跑的选手不应影响其他选手起跑。若评委认定，运动员因不可抗力因素迟到，不管以何种方式计时，手动也好，电子也好，将计入其实际起跑时间。

在比赛赛段上会记录区间时间。区间时间数取决于赛段长度（5千米为一个，10千米为2~4个）。重点时间以通过终点线为准。为计算比赛运动员成绩，按照起点和终点时间差来计。整个赛段用时最少的选手成绩最高。比赛备忘录根据终点成绩记录。

### 2.9.3　举行共同起跑比赛

举行共同起跑或小组起跑国际比赛的决定只能由技术代表做出。其余比赛则由比赛裁判长做出。

参赛选手起跑状况由抽签决定，或者由国际雪联积分有效体系决定。共同起跑线为半径100米的圆形（圆心距离中央辙迹100米）滑雪运动员应互相距离1.5米。为保证公平起跑，如果当地地形或者积雪覆盖层要求的话，可能做出变形。

共同起跑，接力赛起跑和追逐赛起跑的跑道应不低于6米。共同起跑的比赛成绩由赛段区间段记录。优胜者为第一名通过终点的选手，第二名为第二名通过终点的选手，依此类推。比赛备忘录根据终点成绩记录。

### 2.9.4　举行追逐赛（滑雪混合两项赛）

追逐赛无间断起跑与共同起跑类似。追逐赛有间断起跑按以下方式处理：第一次追逐赛冠军首先起跑，第二名则第二个起跑，依此类推。起跑间隔与选手比赛第一天的时间差各减去0.1秒的值相同。为了避免后起跑的运动员超越先起跑的运动员，评委可以采取后起跑运动员共同或小组起跑的方式。特殊情况下，评委可允许保持追逐赛起跑运动员数量。比赛第一天的时间上的0.1秒不计入第二次比赛起跑时间中。起点裁判必须保证所有选手都准备好起跑了。为了保证起跑刚刚好，必须使用大表盘时钟。起跑点应满足并列可站两名及以上的运动员。赛道前100米宽度最小应为6米。越野滑雪冠军为第一为通过终点线的运动员。第二名为第二位冲过终点线的人，依此类推。按照运动员终点的表现成绩计入比赛备忘录。

### 2.9.5 举行单人短道比赛

单人短道资格赛采用分开起跑的方式。进行比赛时每位选手起跑间隔为15秒，若选手人数很多，则间隔根据组委会决定可缩减到10秒。选手在资格赛的起跑方式由其各人的国际雪联积分（或者国际组织滑雪联盟积分排名）确定。国际雪联积分最少的运动员最早起跑，国际雪联积分较之更多的选手随后起跑。根据资格赛成绩选出的30名最优选手将参加决赛，决赛采取共同起跑的赛跑形式。

决赛部分在资格赛赛道上举行。成绩最好的30名选手分为5组（赛跑），每组各6人（四分之一决赛）。

排名第31至最后一名的选手不再进行比赛。资格赛中选手的成绩计入决赛备忘录。

短跑决赛中起跑顺序如下：

四分之一决赛根据资格赛成绩排序。

半决赛根据四分之一决赛排名和两次最好成绩排序。

决赛根据半决赛排名和两次最好成绩排序。

第一半决赛（半1）选手名单形成顺序

冠军及第一四分之一决赛（四1）第2名进入半决赛（半1）。冠军和第二四分之一决赛（四2）第2名也进入半决赛（半1）。第三四分之一决赛（四3）进入第二半决赛（半2），第2名则进入第一半决赛（半1）。

第二半决赛（半2）选手名单形成顺序

冠军及第四四分之一决赛（四4）第2名进入半决赛（半2）。冠军和第五四分之一决赛（四5）第2名也进入半决赛（半2）。在四分之一决赛中第3名和第4名运动员中挑选两名用时最短的选手，第1名选手进入半1，第2名则进入半2。

根据半1和半2选手的成绩形成决赛选手名单。

决赛选手名单形成顺序

半1的第1名和第3名；

半2的第1名和第2名；

半1和半2中第3名和第4名中挑选成绩最好的两名运动员。

决赛部分的1~30名排序方法

根据决赛完成顺序决定决赛选手第1~6名；

根据半决赛（半1和半2）完成顺序决定决赛选手第7~12名；

四分之一决赛中的第3名选手们（除了进入半决赛的选手）获得13~15名，选手根据资格赛成绩排名。

四分之一决赛中的第4名选手们获得16~20名，选手根据资格赛成绩排名。

四分之一决赛中的第5名选手们获得21~25名，选手根据资格赛成绩排名。

四分之一决赛中的第6名选手们获得26~30名，选手根据资格赛成绩排名。

若赛跑选手人数为16、20、24，则按照表2-9-1为选手排序。

表2-9-1 四分之一决赛-人数为4、5、6（最多24名）的四场赛跑

| 选手比赛排名<br>数量 | 四1 | 四2 | 四3 | 四4 |
| --- | --- | --- | --- | --- |
|  | 1 | 4 | 2 | 3 |
| 至16 | 8 | 5 | 7 | 6 |
|  | 9 | 12 | 10 | 11 |
|  | 16 | 13 | 15 | 14 |
| 至20 | 17 | 20 | 18 | 19 |
| 至24 | 24 | 21 | 23 | 22 |

决赛部分将为每场赛跑的六位选手采用电子或机械起跑门。若比赛为自由风格，则六人起跑门宽度应为18米，若为传统风格的比赛，则为12米。起跑区应规定相应起跑和预起跑线，两条线互相平行，相距2米。开始运动员在预起跑线上就位，然后听命令"准备起跑"走到起跑线，各就各位。到起跑线后运动员就不再动了。确定所有运动员都就位并不动后，起跑裁判鸣枪，示意"起跑"。同时起跑门解锁。起跑时选手脚向前运动，门自动打开。若运动员向

前的动作在起跑裁判鸣枪前进行，或者起跑门在起跑时发生故障，不精确，则都视为起跑犯规。运动员起跑可犯规一次。若运动员第二次犯规，则取消其这些比赛的比赛资格，此次决赛、半决赛、四分之一决赛成绩排名降至最后。

每场比赛运动员必须跑完全程，成绩才有效。若没有跑完全程，则运动员将被排名到所有决赛赛跑选手之后，除非因为不可抗力因素他可以被排名到本场赛跑的最后一名。

若为蓄意碰撞导致的，受害运动员可以在下一场从第二线，即后方离起跑线六米处起跑。蓄意者则取消比赛资格。

起跑区域前 30~50 米设置六条直线跑道。若为自由式比赛，跑道宽度为 3 米，若传统比赛，跑道宽度为 1.5 米。往后赛道宽度应为 6~10 米。终点区域长度为 80~100 米，而赛道数量不应多于 4 条。

进入终点区域时，每名运动员都各应进入一条跑道，沿着该跑道抵达终点，不得偏离跑道。在同一条跑道赛跑或者更改跑道在终点区域是禁止的。

举行单人短道比赛的新规则将于 2015 年 3 月份在世界杯段赛上进行试实行。世界杯段赛最近八次滑雪赛季比赛和大陆大奖赛的结果分析表明，平均 64% 的男子短道得奖人曾参加过第一半决赛。这最有可能与第一半决赛的选手比第二半决赛的选手多休息了 5 分钟有关。为了为最强运动员建立更有利的条件，建议允许其自己选择四分之一决赛。在预赛之后，四分之一决赛选号权先给予第 11 名，然后是第 10 名，直至第 1 名。然后赛跑地点才由其他 12~30 名选手选择。这种赛跑选号规则可以让滑雪选手有策略性地操作，但同时制造一种特定的压力——滑雪选手会怀疑自己选择的正确性。

### 2.9.6 举行团队短道滑雪比赛（短道滑雪接力赛）

短道滑雪接力赛从举行半决赛开始。每队各两名运动员，这两名运动员分别交替跑完三程，共六程。每队分别有一定数目的国际雪联积分（队伍两名选手中每名国际雪联积分的平均数目）。之后组委会形成参加第一和第二半决赛的队伍人员名单，队伍的分配应使每场半决赛的选手平均国际雪联积分大致相等。平均国际雪联积分数目最少的队伍在每场半决赛中首先起跑。第二起跑的是国际雪联积分平均数目较多的队伍，依此按照平均数目增多来类推。国际雪联积分平均数目相等的几支队伍，首先起跑的是队员的国际雪联积分数目最少的队伍。

队员构成在起跑前两小时可以做出更改。但是这种情况下队伍将最后起跑，而其之前的起跑顺序将空置。

根据比赛大纲，需要准备 2~6 条平行的起跑滑雪跑道，长度为 80~100 米，第一支队伍最先起跑的人员在起跑线标号为 1 的起跑道起跑。第二支队伍的起跑人员在起跑线后面与之相距 1~3 米处，并在第二条跑道起跑，依此类推。起跑时运动员在越过规定线之前不可更改起跑跑道。

接力棒交接所在区域应平整，长 30 米，宽 15 米。

交接区域旁应设置滑雪板预备区域。滑雪板预备区域只能同时有两个人。终点区域至少需要有三条跑道。举行完半决赛后根据其比赛成绩选出 10 支最强队伍进入决赛：每场半决赛各前三支队伍，而另外四支队伍根据半决赛中四组最好的运动成绩在排名第四及之后的队伍中选出。

决赛部分总是有 10 支队伍起跑。从第一到第十的成绩根据各支队伍到达终点的顺序决定。

第十一名及之后的名次则根据半决赛的用时决定。

### 2.9.7　举行接力赛

接力赛的举办规则跟举办其他越野滑雪比赛一样，但有一些补充。

**特别裁判**　裁判组选出共同起跑和交棒裁判长，该裁判长与助手一起负责接力赛起跑，然后监督交棒合规性。他的其中一位助手召集选手到交棒区，另一位叫回选手，如果交棒错误。评委选出其中一名自己的成员作为接力赛裁判，监督共同起跑和交棒正确性。

**抽签**　一般起跑号码根据抽签结果决定。冬奥会、世锦赛以及青少年世界锦标赛中，起跑位置的确定根据上一场同规格比赛中的名次决定。世界杯段赛的起跑顺序根据最近世界杯段赛的排名决定。没有参加过世界杯段赛的队伍在参加过世界杯段赛的队伍后抽签。这种起跑号码确定的方式也可以应用在其他的比赛当中。

**接力队伍**　接力队伍由三或四名运动员组成。队伍的每名运动员只可以跑一程。国际赛事上接力队伍由四名选手组成。冬奥会、世锦赛、世界杯段赛、青少年世锦赛中，前两程运动员按照传统方式在传统赛道上赛跑，剩下两程则在自由赛道上采取自由方式赛跑。稍低规格的比赛可以在一条赛道上举行接力赛。

**传统风格** 接力赛共同起跑需要长 100 米的平行滑雪板辙迹。每名选手不应离开该区域内自己的辙迹。下一段 50~100 米内辙迹数量减少，然后降低为 2~3 条辙迹。

**起跑组织** 起跑线为半径 100 米的圆形（圆心距离中央辙迹 100 米）起跑运动员应互相距离 1.5~2 米。最好是前 300 米的赛道没有狭窄的地方，急弯和陡坡。第一程选手从起跑线起跑。起跑号码为 1 号的选手从中间辙迹起跑，起跑号码为 2 号的选手在其右边起跑，起跑号码为 3 号的选手从其左边起跑，起跑号码为 4 号的选手从起跑号码为 1 号的选手右边起跑，起跑号码为 5 号的选手从起跑号码为 1 号的选手左边起跑。

每支队伍允许申请超过一支的正式队伍。每个国家（组织）的第一支队伍应位于第二支队伍前面、起跑线上，第三支队伍则位于第二支之后，依此类推。非正式队伍则就位于最不便的起跑位置。如果一条线上起跑位置不够所有选手起跑，允许分为两列及以上，列距至少为 4 米，并让所有人同时起跑。

起跑方式为共同起跑。起跑裁判在起跑处站住，不影响起跑时选手的发挥，起跑信号应让所有起跑人员听得清楚。起跑前一分钟所有选手就位到起跑线上，他们进行 30 分钟倒数，然后起跑裁判发出警示命令"预备"，随后发出起跑信号"跑！"或者鸣枪示意。若发生抢跑，站在起跑线前 100 米处的起跑裁判助手对选手道路进行阻断，将他们送回起跑线重新起跑。

起跑号码的书写在每赛段使用一定的颜色：第一段为红色，第二段为绿色，第三段为黄色（棕色），第四段为天蓝色。

**交棒** 交棒区域是长为 30 米的长方形，宽度够宽，明显地用线带圈出围住，位于起跑区域和终点区域旁的平整地面上。若交棒区域在终点线后方，则交棒区与应距离终点线至少 5 米，这样运动员就不会影响测时。

交棒通过完成赛段的选手用手触碰起跑选手身体的任何部位完成。如果交棒时违反规则，则两名选手回到交棒区域重新用手正确触碰，之后下一名选手才能起跑。接棒选手只能在比赛裁判叫到之后才能进入交棒区域。禁止以任何方式轻推起跑选手。

**测时和成绩** 测时和成绩计算与其他赛事一样。选手赛段的时间区间在运动员进入交棒区域那一刻记录下来。该时间为下一选手的起跑时间。接力赛总的团队时间根据从共同起跑到队伍最后一名运动员越过终点线的时间之差确定。最后一程运动员抵达终点的顺序决定了该队伍在接力赛中的排名。如果运动员抵达顺序是由终点摄影计时器记录的，那么运动员前面的脚尖越过终点线时，即为抵达终点。如果在越过终点线时摔倒，若选手不受他人帮助全部身体部位越过终点线，他也被认定为抵达终点。终点线宽度最多为10厘米。

**取消比赛资格**　接力赛中采用的规则跟其他越野滑雪比赛一样。如果一名运动员跑超过两程或者交棒错误，则评委可以取消队伍的比赛资格。

### 2.9.8　举行大众滑雪比赛（马拉松）

大众滑雪比赛是对所有选手开放的比赛，没有比赛距离或者组织和举办形式的限制。

**比赛申请和比赛选手**　申请应通过邮件或者传真方式发送。选手起跑的位置根据其比赛可能性决定不同的位置。可以挑选精英起跑组，精英起跑组成员根据之前的成绩或者区域滑雪组织的指定来确定。

大众比赛的举办目的在于检查运动员功能和心理的准备程度以及挑选精英滑雪运动员。滑得较为缓慢的选手应该使用赛道右边部分或者右边的辙迹，水平较高的则使用左边。马拉松比赛的优胜者为第一名冲过终点线的选手，第二名则为第二名冲过的选手，依此类推。

根据选手的比赛成绩，按照年龄组进行终点备忘录记录。

马拉松比赛赛道应排除所有阻碍，做得尽可能宽到可以并排走两条辙迹。举行自由式比赛的赛道应该足够宽，可允许超越。

对赛道和其设置、滑雪场设备、起跑和终点位置等的要求与对举行更短距离比赛的要求类似。比赛可以采用传统式或者自由式风格。

举行这类型的比赛时必须注意保障安全性。赛道危险部分应有标志说明，若有必要，须在相应位置设置专门的保护栏。

每隔8~10公里应设置补给站。医疗服务在举行比赛时必须组织良好。急救站应位于赛道上并具备相应标识。

**起跑裁判职责**　起跑裁判应确保运动员按照自己的起跑号码及时起跑。助手站在起跑线数米远处，在发生抢跑时履行各自的职责，将违规人员送回起跑线。

**终点**　若使用手动测时工具，时间则在选手脚越过终点线时定格。使用电子测时器时时间在接触断开时定格。光测量和挡光测量点应位于离雪面25厘米高处。

终点负责选手抵达顺序的裁判员在备忘录中记录比赛选手越过终点线的顺序，然后将其交给记录终点时间的测时裁判长。

**成绩计算** 成绩是通过终点时间和起跑时间的时间差计算的。如果两名及以上选手的终点时间一样，那么他们在成绩备忘录中的位置一样，而起跑号码较小的选手在终点备忘录中记在前面。

**成绩公布** 非正式成绩备忘录会在比赛结束后在公告栏上进行公示，注明公布时间。评委应该在成绩公布后1小时15分钟之内讨论任何一项违规情况或者异议。提出异议的方式是在最后一名选手完成比赛后30分钟内进行。成绩备忘录将在评委审核通过后成为正式成绩。

比赛秘书长在评委通过正式成绩备忘录后签署它，以此来说明其正规性。

# 第三章

# 理论和技术

## 3.1 体育成绩控制和预测的一般理论基础

现阶段培训过程管理问题具有特殊的意义，因为体育成绩的大幅度向好以及滑雪的竞争日益激烈。

所谓控制就是根据目标和管理方案，完成针对支持和优化被控制对象运作能力所进行的活动的总和。

任何层面的控制过程都指的是有序地完成一系列制定目标和达到计划结果方式的活动，在这种意义下，这一过程可以分为三个步骤：

1. 制定该运动员所需要达到的目标。为了明确制定目标，预测体育成绩，必须获取足够多关于该运动员生理和心理状态及潜力的信息。预测运动员在一定时间的培训活动后能够达到的目标（1 年、4 年或者更长的期限）。

2. 制订及论证为达到所制定的目标应进行的计划、培训方案。这要求综合考虑大量有关运动员生理和心理状态的信息，有关其潜能、教练资质等的信息。

3. 培训过程的机动管理（修正），即制定并实施保障完成所制订的计划和达到所制定的目标的措施。要想做出修正，必须具备足够的有关计划落实的过程、出现的困难、造成困难的原因以及克服困难的措施的信息。

控制即是获取、加工信息的过程。在做出决策之前就必须具备有关运动员过去和现在的生理、心理状态、该运动员和教练具备的潜力等数据（也就是，具备信息）。为了做出正确的决策，必须具备以下一定领域的知识：培训的现代方法；恢复方法；合理饮食。控制者是具备优质信息并能够正确分析它们，能够做出正确决策的人。

在解决与完善处理信息的方法有关的问题时，控制学——控制论扮演着举足轻重的角色。

控制论是一门将被控制对象看作一个系统来研究，并分出各个控制子系统（教练）和被控制者（运动员）的科学。

控制子系统落实信息处理的过程，对系统状态做出评估，提出新的信息并提出解决方法。

被控制子系统在该信息的作用下重组，而且，如果信息足够客观、正确，则会逐渐完善，反之，则会观察到活动的停滞和恶化，也就是运动成绩降低。

控制子系统和被控制子系统的总和即为控制系统。

控制论的研究对象是复杂的动态体系。在越野滑雪中研究对象是越野滑雪运动员提升运动水平的过程，该运动员为一个控制系统，其组织和运转是为了达到所制定的目标，即滑雪时达到尽可能高的速度。

控制论的研究课题是该动态体系中流动的信息过程。具体来说，研究滑雪运动员训练程度在以下方面的状态：物理、生理、技术、策略和心理。

研究的基本方法是模拟建模法和系统分析法。

运动控制论的目的在于论证保证提高培训过程效率的原则、方法、手段以及作为结果——提高运动成绩。

**控制目的、对象和形式**

系统控制是通过自然的、体系本身所具备的方法和机制来实现的。动态系统是一种自控制系统，本身包含了两个子系统：控制子系统和被控制子系统，二者整体上构成了控制体系。这种依赖关系的例子之一就是人体。

控制复杂动态体系过程的重要方面是反馈原则，根据反馈原则，控制要想成功，就必须让控制对象能够获取有关信息，以了解对被控制对象采取某种行为后所达到的效果。

为了合理控制运动培训过程需要保证方法，使用方法的同时首先要制定具体的目标和相应的达到目标的操作，这些操作要在控制任务落实的过程中贯穿整个系统。这些元素不仅结构上相互关联，而且功能上也紧密相关。这种情况下很难漏掉任何重要的一环，因为每个进程的输入都会对应一个输出，比如，决定运动成绩的质量（专业抗性），对质量的评估方法，提高质量的方法和手段，时间上的排序，所制定目标的标准等。这种情况下控制过程变得井然有序，赛事活动的结构以及其相对应的训练结构与运动员功能上的潜力判断方法、相应模式的特点、为完善比赛活动训练各个方面的方法和技巧系统，即制定项目展望。

训练过程控制的目的在于优化运动员行为，有针对性地进行训练和培训，保障达到高质量的运动成绩。

运动训练的控制对象是运动员的行为和状态——工作状态、现阶段状态、阶段性的状态、进行训练和比赛负荷之后的状态、运动训练系统作用的整体状态。

训练过程的控制是一个对运动训练体系潜力（规律、原则、状态、方法和手段等）以及训练之外的训练体系因素（专业器材、设备、教练、药膏和石蜡、恢复设备、气候因素等）的综合利用。

训练过程控制通过教练和运动员的积极参与来实现，分为三组操作：

1. 收集有关运动员状态的信息，包括物理数据、技术策略上的训练水平数据、各种功能体系对负荷的反应数据、比赛活动的参数等。

2. 根据比对实际和获取的参数分析这些信息，分析计划制订方法，调整为获取预期效果对训练或者赛事活动的定性工作。

3. 采取和落实决策部署需要通过制订和落实目标和任务、计划和方案、方法和手段，保障达到所计划的成绩。

运动训练过程控制的基础在于运动员不断改变的能力，其功能状态的摆动，以上的信息要从运动员到教练的过渡是通过四种形式的反馈完成的：

1）从运动员到教练而流动的信息（自我感觉、工作态度、心情等）；

2）运动员行为的信息（训练工作的规模、工作的完成、留意到的错误和不足等）；

3）紧急训练效果的数据（高负荷带来的功能体系上的改进特点和大小）；

4）训练效果停滞和累积的信息（运动员训练程度和准备水平的状态改变）（В. С. 扎波罗扎诺夫，1995）。

根据控制运动员在训练过程中各种状态的必要性分出几种控制类型：

阶段性，针对训练过程大规模、结构性教育（多年训练的各阶段、大周期、期间）进行的优化训练控制；

现阶段保障运动员在微、中周期训练和个别赛事上的行为优化工作的控制；

执行个别训练任务时的操作性控制，将优化机体反应、工作和休息模式作为自己的目标。

运动员状态控制、训练和比赛活动过程的有效性取决于许多因素，这些因素可以分为以下三个主要类别：1）前提。2）过程。3）落实（详见图3-1-1）。

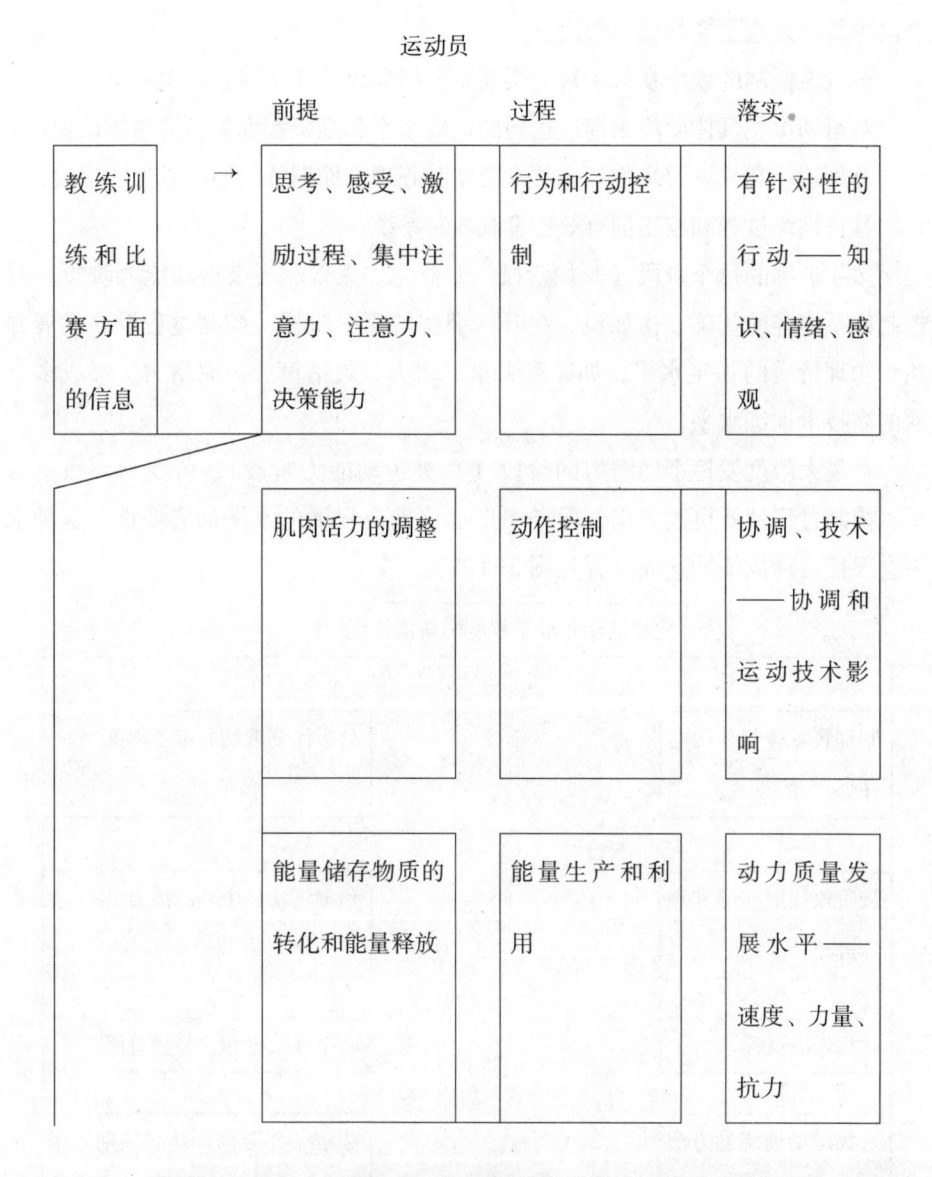

|  |  | 运动员 |  |
| --- | --- | --- | --- |
|  | 前提 | 过程 | 落实 |
| 教练训练和比赛方面的信息 → | 思考、感受、激励过程、集中注意力、注意力、决策能力 | 行为和行动控制 | 有针对性的行动——知识、情绪、感观 |
|  | 肌肉活力的调整 | 动作控制 | 协调、技术——协调和运动技术影响 |
|  | 能量储存物质的转化和能量释放 | 能量生产和利用 | 动力质量发展水平——速度、力量、抗力 |

图 3-1-1　运动员训练过程控制体系重要元素之间的相互关系

在所有元素复杂的相互关系中看待这些元素对控制系统的正常运转至关

123

重要。

阶段性控制是在结构性的大型教育中训练过程的建立（准备阶段、年度循环等），这是保障目标的实现和宏观结构——数年的培训、宏观周期、周期或者阶段中具体元素主要问题的解决。

阶段性控制的效率在最宏观的层面来说根据以下几个因素确定：

对运动员在具体阶段末期应达到的训练水平和准备程度具备清晰的认识；

合理选择和采取解决物理、技术策略和心理方面训练问题的方法和手段；

具备训练过程和校正的有效性客观控制系统。

多年训练的每个阶段（开始阶段、专业化、完善和高级运动能力阶段）是控制体系内容的基础。比如说，在开始训练的第一阶段，控制过程旨在发展并达到物理特质的一定水平，如速度力量、耐力、灵活度、协调潜力，形成多方面的高技术训练水平。

在最大限度发挥个体潜力的阶段（高级运动能力阶段），若要训练最高水平，控制过程就要更改方向，服务于形成该准备程度的水平的必要性，这种水平会保证目标成绩的达成（详见图3-1-2）。

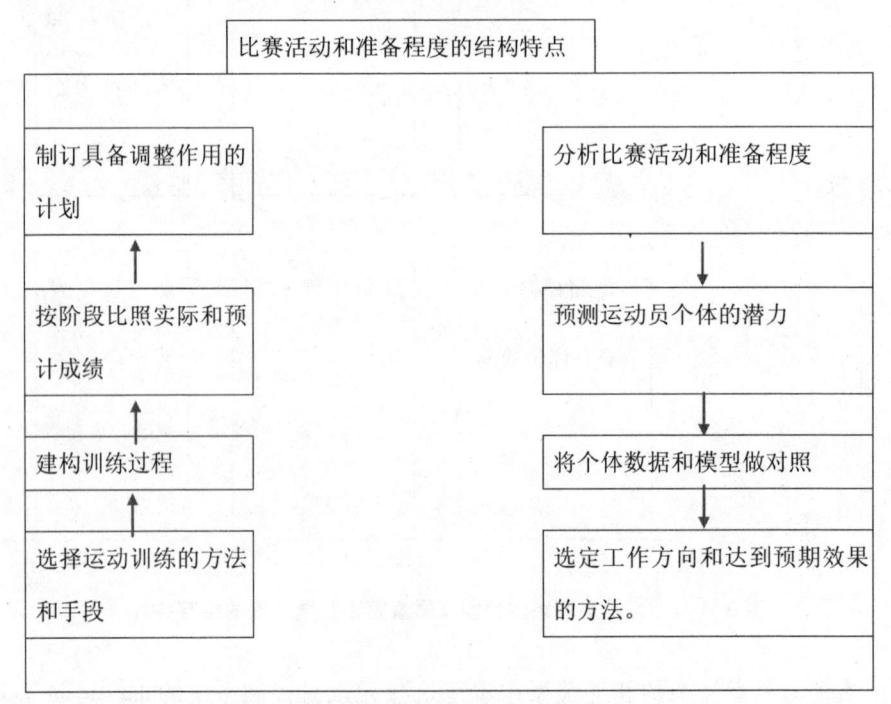

图 3-1-2 训练运动员达到高水平的阶段控制循环

阶段控制循环最重要的操作是比赛和准备程度的模型建构，可用作本训练阶段的风向标。

下一个操作是评估运动员的功能潜力，运动员的训练程度水平，对比模型和实际数据，作为选择工作方向和达到预期效果方法的基础。

之后是研究本阶段训练的总技巧，进行具体任务的落实和选择有效的解决方法和措施。

本周期最后的操作是实际成绩和预计成绩的阶段性比照以及进行制订调整计划的措施。周期结束之后所得到的结果与赛事和准备程度模型的计划特征做比较，开始控制阶段的下一个新周期。对运动员比赛和准备程度进行具体的（最好是数据）定性是分析培训过程内容、控制系统、模型性质的基础。

现阶段控制与微观周期以及个别比赛或者系列比赛中优化培训过程结构有关。现阶段控制指的是制定并落实训练活动以下因素的配合工作——比赛起跑、休息日、针对恢复和促进工作能力的方法，为保证运动员身体完全适应、发挥潜力提供有效条件。

基本条件体系中应分出：

保障科目培训过程和各种大小的负荷间最优的比例，这种比例一方面可以在一定程度上促进适应过程，另一方面为这些过程完整顺利进行创造条件；

中周期负荷和恢复性小周期的合理安排是有效适应的基础；

不同优先项目工作和训练比赛负荷工作的小周期和中周期的最优比例；

通过教学和补充措施（物理、药理、心理、气候、材料技术等）的综合应用对工作能力、恢复和适应过程的针对性控制。

现阶段控制可以通过两种方式实现。

第一种方式与使用训练科目系列、典型训练天数模型、中周期和短周期的标准"模块"有关，与使用训练方案、恢复和激励方法的组合有关。

这些"模块"、模型、组合的基础应该是有科学根据的依据，这些依据反映了完成工作时消耗和恢复的发展规律。

培训过程的这些结构元素是实验验证、在运动员训练实践中核准过的（C. M. 伟泽霍夫斯基，1985）。

了解这些元素的构建机制、元素的组合以及其对运动员机体起作用的特点，有助于教练高效地控制其状态，而不必去查看专门控制的数据。

第二种方式的基础在于对运动员工作能力、消耗和恢复过程的变化、对训练影响因素的适应、基本功能系统的潜能以及系统对极限和标准负荷的反应进行实时的控制。

这种方式虽然要求额外的知识、专门的设备、专家（物理学家、生化学家等）的参与，却能正确评估运动员的当前状态，并根据这些方面规划训练负荷的大小和方向、短周期工作和休息的时间、选择最有效的训练活动方式（马丁，1991、霍夫曼，1994）。

操作性控制要求达到预定的运动活动特点、物理品质的发展水平、机体功能系统在执行定量训练负荷时的反应，以及赛事活动的分量。

本控制形式与大量操作性控制方法数据的使用以及将所获取的数据和模型特征进行对比并以此制定训练和赛事活动调整方法有关。

需要进行基于操作性控制的有训练负荷持续性、规模、采用各种手段（跑步、滑轮滑雪板运动、各种类型的滑雪运动等）完成厌氧极限训练负荷的强度、科目间休息时间等；同时分析反映运动员机体潜力及其对负荷进行反应的数据。在发展不同耐力形式时工作强度的控制是根据脉搏数据和血液中乳酸的数量来实现的。

对重复练习的组间休息时间的操作性控制是通过表现系统状态的数据来实现的，这个系统是完成训练的主要负荷载体。发展不同类型的力量时，负重的大小通过完成训练时控制最大力量表现来确定（B. H. 普拉托诺夫，1995）。现代技术手段可以允许灵活地登记并将有关功能系统反应、运动学的运动和动态性质及其与预计特质的对应程度等信息告知运动员，这大大提高了对运动训练过程进行灵活控制的有效性。现在运动心率表运用广泛，可以基于脉搏数据、频率（光、声）指导、速度指导等来监控运动员的运动强度。

比赛活动的操作性控制需要让运动员对其行为的效率、完成技术、策略计划和主要竞争对手的特点进行信息的时刻获取。

每种运动都具备自己的操作性控制系统。对一些周期性运动类型（速度滑冰、滑雪、单车等）来说，操作性控制系统很简单，能够让运动员根据从教练、裁判那边收到的客观信息调整自己的行动。对其余类型的运动来说，不同赛事操作性控制的可能性要么受赛事快速性（短跑、游泳），要么受信息转达的困难（体操、花样滑冰）限制。

**控制的分量及其意义**

训练周期和阶段中运动训练过程控制的有效性与滑雪运动训练和赛事活动结构的具体数量表现有关。必须要建立滑雪运动的赛事活动模型并对之定性，然后要建立赛事和训练活动模型并对之定性，这些模型是作为运动提升某一阶段的风向标，之后会对具体运动员的功能潜力进行评估，将其个人数据与模型以及随后确定的为达到计划效果的工作和方法进行比对，此后进行能够促进计划结果达成的训练方法和措施的选择。上述周期最后的操作是对培训过程以及如果有必要时需做出调整的有效性进行的阶段性控制。

运动训练控制与精确描述运动成就水平的主要品质和特点的必要性有关。然而，如果在如技术、物理、策略、心理准备程度这些概念基础上训练结构占主要的话，这些问题就不会得到完全解决。上述概念任何一方面都不会表现出来，也不会被"单纯"地测量和考虑到。符合上述某一方面的运动员机体中的任何一种品质是在与其他品质以一种非常复杂的组合形式表现出来，很大程度上取决于这些品质，为其水平奠定基础，展现其水平。所以要单独评估运动员准备程度各个方面之间的差异水平是非常困难的，当然，选择合适的提高方法也相应地很难。

之后科学地制定赛事活动训练结构就要考虑到以下几个成分：

1. 作为运动员准备程度整体性质的运动成绩；

2. 主要的赛事活动分量（具备通过上坡、下坡、平底、技术方法、对本次比赛的准备程度、心理准备等的技术要素）；

3. 表现执行主要赛事构成活动的整体品质（速度、力量、耐力、协调能力等）；

4. 表现整体品质发展水平的主要功能参数和性质（上述的品质中应添加心血管效率、呼吸系统、机体在缺氧环境的工作能力）。

高级运动能力阶段运动提升过程的控制具备几种与运动训练一般规则不同的特点。一般来说，高级运动能力的获得取决于：有计划地扩大训练工作、训练集约化和专业化的总量；广泛使用严格训练模式，促进专项耐力的增长；增加比赛实践；逐渐使用附加的促进高负荷训练后工作能力和恢复能力的方法。

许多高水平运动员在运动提升阶段进行大量高强度、合理的计划训练，然而没有得到应有的运动效果。这是由于以下几个原因：

第一，是由于机体适应资源的大量消耗，这很大程度上与基因有关。

第二，是由于对上一阶段教学活动的高度适应（B.H.普拉托诺夫，1997）。

分析实际的活动可以得知，高水平运动员进行的训练在表层数据上与主要训练相似，甚至即使是高强度完成这些练习没有实现对机体生长体系以及形成合理运动能力的训练。如果说低水平运动员的机体能够对相对不高的刺激因素做出迅速的反应，并且其组合的练习和方法也不是大问题的话，那么对高水平运动员来说这就是继续提升自身道路上的难以逾越的障碍了。

拥有4~6年的基础训练之后，许多来自不同国家的出色运动员在最优的年龄段向最高运动成就冲刺时，不按照看似成型了的运动训练理论和方法来做，而是在一年内将训练负荷提升了1.5~2倍。这种突跃式提高训练负荷的行为经常会形成非常急剧的适应能力，让在世界优秀运动员排名40~50名的运动员跃升到名列前茅，其成绩也高于世界纪录的成绩。这种现象还有待科学数据的证实。

一个有趣而且实际上已经被验证的在间接备赛阶段控制训练过程的路径是制订3周的短周期、大强度计划。

在这些中周期之后制定2~3周时长的放松恢复性训练计划。采用这些比赛前期训练的类似方案经常能够促进成绩的突跃式增长，这在近期已经被滑雪运动员、单车运动员、游泳运动员、田径运动员们的训练实践证实。

第三，是广泛运用到训练实践当中，尤其是与对运动员缺氧承受力有着高要求的运动有关，如中等高山（海拔高度1500~2500米）训练以及高等高山（海拔3000~3500米）训练。科学和实践数据证明，利用中等高山训练和高等高山训练作为促进运动员机体适应过程的补充措施是非常有效的。

第四，是将一种训练科目甚至是发展不同运动品质的各个不同方向的训练科目交错混合使用。比如，已经证实，在针对耐力发展的长时间训练之后应用发展速度的练习是行之有效的。滑雪运动员有可能展示出比专门热身后还要更好的运动品质。除此之外，在训练日和短周期训练交接时采用各种不同训练方向的方法和措施，即速度、力量、总体耐力、技术训练或者专门的力量训练等，可以更全面挖掘运动员的机体潜能，也就是说，比应用训练方向相近的练习要更能提高其准备程度。

第五，是应用能够促进运动品质、突破身体运动生理极限的措施：为发展力量品质可以采用健身器材、经皮电神经刺激系统；为发展速度品质可以采用轻量级助力机。

如果要有效控制训练过程，就要明确控制的具体参数：目标预测、明确运动员状态的模型特点、建立控制方案、基于反馈信息及时调整方案。

预测运动成绩（运动速度或者特定比赛场地的速度）能够让我们明确运动训练的具体目标，并且应当在各个阶段进行多年的训练。进行预测时必须考虑运动员的起始状态、运动成绩的动态增长、训练条件等，也就是说，所有的运动训练主观和客观因素都要考虑到。

基于预测，能够确定越野滑雪运动员水平在诸如功能、物理、技术准备程度方面的模型状态。比如，为了让滑雪运动员的速度达到5米/秒，就必须让脚的推力等于垂直分力140千克，水平分力为26千克，推动时间等于0.10秒。

所有的这些能够将控制过程具体化，记录较低的准备程度数据以及制订将提高的模型水平的方案。

对功能、物理和技术准备程度的周期性控制能够让我们在训练科目的方案上及时做出调整。

## 3.2 运动活动建模以及运动预测

**建模、规划和控制等概念**

训练过程有效的控制与运用各种模型有关。

模型是一种某种对象、过程或者现象的形式（标准、尺度）。

制定和运用模型与建模，即为了明确和确认运动训练及参赛过程的形式和优化而建立、学习和使用模型的过程有关。

在解决运动理论和实践问题时模型所发挥的功能具有不同的性质。

首先，模型一般被用作对象的替代品。对模型进行研究可以获取有关对象本身的新信息。

其次，模型用于普及知识，了解运动领域不同过程的合理联系。以模型形式获取并实践的经验知识能够促进建立相应的理论联系。

再次，模型对将实验科学研究付诸运动实践有深远影响。在解决运动挑选任务时正是大量形态功能学模型在起着这种作用。

应用到运动上的模型主要分为两组。

第一组：

（1）描述赛事活动结构的模型；

（2）描述运动员准备程度不同方面的模型；

（3）能够表现机体形态功能学特点和保证达到预设运动能力水平的单独功能系统潜力的形态功能学模型。

第二组：

（1）反映运动能力动态变化和持续时间的模型；

（2）训练过程大型结构教育模型（数年训练阶段、短周期、期限）；

（3）训练阶段模型、中周期和短周期；

（4）训练科目及模块模型；

（5）训练练习及其组合模型。

用于训练和赛事活动实践的模型可以分为三个层面：普遍、分组和个体。

普遍模型表现的是在对大量特定性别、年龄和水平的运动员进行研究的过程中表现出来的对象或者过程的特点。这种模型包括现代两项滑雪运动员、跳台滑雪运动员、自由式滑雪运动员等的滑雪运动员赛事活动模型，数年训练或者越野滑雪以年为单位的长周期结构模型。

分组模型的建立基于将具体运动员或者团队作为具有专业特点（冰球中的技术策略模型）的整体来研究。研究表明，在不同运动中获得出色成绩的运动员可以被分为几个相对独立的组，每组的运动员具有相似的比赛和训练活动结构。

比如说，游泳运动员、划船运动员、滑雪运动员主要能够被分为三组：

（1）在速度、力量能力上能够获得高分的运动员；

（2）专业、耐力上能够获得高分的运动员；

（3）训练素质均衡发展的运动员（B. H. 普拉托诺夫，1982）。

个人模型是为个别运动员制定的，反映了对其长期研究的数据以及其完成赛事活动的个体预测。

赛事活动模型是反映具体某阶段训练过程内容和结构的因素。在形成赛事活动模型过程中，可以分出本类型运动最本质的特点，这些特点相对独立。

训练素质模型能够开发潜力，达到计划的指标，确定进行训练的主要方向，建立其身体各个不同素质的最优发展水平。

训练素质模型能够细分为负荷总体过程定位的训练，以及针对提高运动员身体素质某方面到特定水平的模型。利用这些模型可以根据为达到选定运动类型高指标而进行的功能训练素质数据、技术策略活动及不同特性的意义，明确运动训练的总体方向。

训练素质某一方面的模型能够将具体运动员的个人数据与模型特征做比照，评估其训练程度上的优势和弱势并以此针对训练过程制订修改计划并做出调整，选择相应的方法和措施。这种模型包括了为奥林匹克预备学校初选而进行总体物理训练程度的评估范畴（М. П. 普里卢茨基，2005）。

形态功能学模型包括反映机体形态学特征和其重要功能系统潜力的数据。

构建形态功能学模型是要根据确定运动员能够获得最出色成绩的最重要数据。

为构建越野滑雪高水平运动员形态功能学模型，身体特征的研究非常重要。大量的研究表明，为提高训练效果，必须具备下列的身高体重数据：对男性来说，身高大约为177厘米，体重69公斤，身高体重指数为22；相应地女性的为身高166厘米，体重60公斤，身高体重指数为22。越野滑雪运动员在比赛中展现出的水平在很多方面取决于其训练素质水平，一些影响结果的因素同时包含了滑雪运动员的身体素质。近几年来越野滑雪中出现了一些身材较高，体操身形的运动员。

多年训练的计划在很多方面与精准确定最优年龄段有关，最优年龄段一般能够展现出最好的运动水平。多年训练中还分出3个年龄区间：最初的成功、最优的潜能和高水平的保持。

大多数情况下出色的运动员能够在最优的潜能年龄区间中取得最好的成绩，然而也经常有例外。比如说，15%~20%的有天赋的运动员稍早地进入最优潜能区间（比理论的区间早1~2年）。

运动员训练体系中存在一种特定的制定运动训练的结构（详见表3-2-1）。

**表 3-2-1 制定运动训练的结构**

| 水平结构 | 结构组成成分 | 成分分离的主要原因 | 成分的主要类型 | 时间的大致长度 |
|---|---|---|---|---|
| 微型结构 | 训练任务 | 训练练习对机体影响及对运动员的初始状态、休息和其他条件的依赖性 | 无氧、有氧、技术策略和其他方向 | 从几十分钟到几小时 |
| 微型结构 | 部分训练任务 | 运动员在训练任务过程中的能力发展变化 | 1) 准备过程<br>2) 主要过程<br>3) 结束过程 | 1) 1~40分钟。<br>2) 从10分钟~几小时<br>3) 10~20分钟 |
| 微型结构 | 训练任务 | 使用传统限时的形式执行任务，在十几分钟到数小时时间内完成任务的有限能力 | 特选方向、综合方向 | 从10分钟~几小时 |
| 微型结构 | 短周期 | 对控制过程和恢复过程的控制必要性，保证不同方向间的任务最优的相互作用，传统的生活和活动规律 | 1) 从负荷量的改变（预热、负荷、极限）<br>2) 备赛（引入、磨炼、赛前和赛中）<br>3) 根据方向（总体准备、专门准备、训练、恢复） | 2~7天（14天） |
| 中等结构 | 中周期 | 对单一大小和负荷方向的适应性改变达到了累积（量变）效果，放缓以及停滞 | 1) 引入<br>2) 基础<br>3) 测试性预备<br>4) 赛前<br>5) 赛中<br>6) 恢复性预备<br>7) 恢复性支持 | 3~4周（3~6周短周期） |

续表

| 水平结构 | 结构组成成分 | 成分分离的主要原因 | 成分的主要类型 | 时间的大致长度 |
|---|---|---|---|---|
| 宏观结构 | 长周期期限 | 保证一定运动形式发展的阶段（形成、稳定、消耗） | 1) 预备<br>2) 比赛中 | 1) 3~4 或者 5~7 个月<br>2) 1.5~2 或者 4~5 个月<br>3) 2~3 或者 4~6 周 |
| | 长周期 | 根据比赛日程控制运动形式发展的必要性 | 1) 年度<br>2) 半年 | 1) 1 年<br>2) 6 个月 |
| | 训练长期（数年）过程的阶段和时期 | 运动能力形成的规律性，年龄发展的规律性，生命不同时期总体条件的改变及其对达到高水平运动成绩潜能的影响 | 1. 基本训练时期（预备运动训练阶段，专业起始阶段）<br>2. 最大化实现运动潜能时期（深入训练阶段，高水平阶段）<br>3. 运动昌盛时期（保持水平阶段、保持总体训练水平阶段） | 1. 4~6 年<br>2. 8~12 年<br>3. 数十年 |

运动训练科学基础的完善带来了运动员在役时间的大幅度增长——8~16年，或者更长。许多运动员能够在40岁或者更年长的年龄前仍旧可能参加一些奥林匹克运动会。

必须致力于制订计划让运动员在最优年龄达到最高水平。训练孩子的教练需要考虑这一点，这很重要。在制订计划训练正处于青春期孩子的过程中需要特别小心，因为在这个时期孩子器官和系统发育尚不均衡，内分泌器官还在不断更新。

多年的运动训练分为五个阶段：

1. 初期训练（10~12 岁）；
2. 预先基础训练（13~15 岁）；
3. 专门训练（青少年男子为 16~20 岁，青少年女子为 16~19 岁）；
4. 个人潜力的最大开发（向最高水平训练，男子 21~25 岁，女子 20~25 岁）；

5. 保持最高水平（26~40 岁）。

多年训练的每个阶段都有非常明确的目标、任务和内容。

**初期训练阶段** 本阶段的任务是：增强孩子体质，不同方面的体育训练，所选运动技术的学习和不同辅助和专门练习的技术学习。本阶段的训练任务一般来说每周进行不应超过 2~3 次，时长不应超过 60 分钟，而且这些训练具备游戏性质。年度训练负荷在本阶段上从 100 到 150 小时之间不等。初期训练阶段时长取决于体育运动开始的时间。如果孩子开始从事体育运动的年龄是 6~7 岁，则该阶段的时长应是 3 年，第一年是 80 小时，第二年是 100 小时，第三年是 120~150 小时。如果开始从事体育运动的时间较晚，在 9~10 岁，那么这个阶段要持续的时长是 1.5~2 年。

**预先基础训练** 本阶段的任务是不同的体育训练，建立运动技能，形成对运动提升稳定的兴趣。

不遵守基础训练的主要原则，反而在本阶段追求效果的话，可能会导致他们迅速长高，未来对其运动能力的形成造成消极影响。

我们应该十分注意提高滑雪的运动技术，尤其是针对专门训练的练习。这种方法会让孩子形成迅速掌握滑雪步态技术的能力。

**高水平维持阶段** 本阶段的训练具有极大的个体特征。教练丰富的经验能够帮助其全方位了解运动员所具备的能力，训练程度的优缺点，明确最佳的训练方法和措施，选择计划的训练负荷等。这能够让提高训练过程的效率和质量，维持训练程度的高水平成为可能。本阶段的特点是能够维持之前机体在前期或者更小训练容量下维持机体的功能潜力已经达到的水平。需要特别注意完善技术能力、提高心理素质、消除部分心理训练上的不足。

本阶段必须改变训练方法和措施、运用新的训练设备、使用非专业手段、促进身体机能。要促进这些方面，可以通过改变训练负荷的容量和强度、在训练过程中增加极限短周期和中周期来实现。

## 3.3 运动训练的基本方法

滑雪运动员运动训练是一个专门的培训过程，其目的是达到所选运动项目上的最高水平。

### 第三章 理论和技术

在运动训练过程中要解决以下一般和专门任务。

一般任务：

1. 保健

强化；

身体发展；

提高免疫力；

2. 教育

形成重要的生活能力和技能；

预防坏习惯；

培养道德品质；

3. 教育任务——形成以下知识

运动在社会生活中的作用；

健康的生活方式；

进行体育训练；

行为安全规范。

各训练的专门任务：

1. 理论任务；

2. 技术任务；

3. 策略任务；

4. 物理任务；

5. 心理任务；

6. 综合任务。

训练运动员应该要考虑一些专门的原则：

1. 针对高水平；

2. 深化专业性；

3. 训练过程持续性；

4. 扩大至最大负荷的渐进性和方向性的整体性；

5. 一般训练和专门训练的整体性；

6. 负荷的波浪性和多样性；

7. 训练过程的周期性；

8. 比赛活动和训练程度的结构整体性。

要达到最高的水平是一个长期的过程。如果教学训练负荷计划优先、训练系统化，越野滑雪从新手到运动大师的道路也可能要7年之久。

在训练过程中运动员应该具备越野滑雪训练和实践技能的理论知识，掌握不同方式进行滑雪的技巧，获得进行越野滑雪比赛的策略知识以及能够将其运用到实践的能力。

运动训练方式可以分为专门方法和非专门方法。

专门方法包括：一般训练练习、专业训练练习和比赛练习。

一般训练练习包括所选运动项目和其他运动项目的训练科目，这些能够发展运动员的身体素质和功能潜力，形成运动能力和技能，保证积极的休息方式。

专业训练练习包括在形式、结构、特点上接近赛事活动和行为的要素，这些活动和行为可以展现机体的功能系统活动和品质。

比赛练习是在真实的比赛条件下，或者专门模拟比赛情境条件下完成的。

非专门方法包括言语、眼神和补充影响。补充影响中包括能力恢复方法、训练设备和专门设备、自然环境和卫生因素。

滑雪运动员多年训练过程中广泛使用多种训练类型。使用的训练练习对滑雪运动员机体有不同的影响。具有针对性地采用一定的练习可以解决一定训练阶段的某些任务。教学和训练过程对练习的选择决定了多年训练所有阶段的效果。在选择练习的时候需要考虑从完成简单练习到完成复杂练习的渐进式过渡，同时考虑到将技能运用到用不同方式掌握滑雪技术过程的水平。

在训练滑雪运动员时使用的物理练习，主要可以分为以下几组：

所选运动项目的练习：

**一般发展练习**　该练习类型可以分为两组：甲、一般发展训练练习；乙、其他运动项目练习。

一般发展训练练习包括各种无器材和有器材（最常使用的球、哑铃、辅助设备，如负重、铅球等）训练练习，与训练伙伴或者其他设备进行的对抗性练习（橡胶减震器、弹簧等类似物）。

其他运动项目练习（体操、划船、体育游戏、游泳等）一般在无雪季节使用，用于发展滑雪运动员必备的身体素质。练习需要选择那些能够将身体素质最大限度从所运用项目正面转移运用到越野滑雪主要项目上的。比如说，为了发展耐力需要用到跨地域越野赛跑；为了发展力量耐力需要用到长道划船；为了发展协调能力则要运用户外活动运动游戏（篮球、手球、足球）等。

**专门练习** 也分为两个小类：甲、专门训练练习；乙、专门引入练习。

专门训练练习包括模拟滑雪步态跨地域跑，滑轮滑雪板、滑轮鞋运动，使用到健身器材的练习（橡胶减震器、训练架等）。专门训练练习可以组合成为专门的循环力量练习组合，促进专门的力量和速度品质发展。完成这些练习可以促进掌握滑雪步态技巧，发展不同肌群的耐力。专门训练练习可以用来发展身体素质和意志力。

专门引入练习主要运用在学习滑雪运动技巧元素上。

专门练习包括专门针对参加特定动作和用不同方法进行滑雪动作的单一肌群的练习，同时也包含原地和动态模拟练习大范围的组合。模拟练习可以用来发展技巧单一的某个方面，也可以用于发展几个方面。必须强调的一点是同样的一些练习（比如，模拟练习和滑轮滑雪板运动）根据预定的任务和使用的技巧的不同可以被用作训练练习，也可以被用作引入练习。在训练的初始阶段模拟练习的训练容量不大，是一种教学和完善技术要素的工具。秋天的时候这些训练练习的容量和强度逐渐增大，完成这些训练能够促进发展专业的身体素质。

专门练习从训练初期就开始运用了。很多情况下应该改变练习的完成条件，可以使用不同的方式（改变运动速度，采用软土、水、深雪、楼梯、山地、跟其他练习组合起来，采用专门的器械、滑雪杆、负重等）。完成专门练习能够促进发展力量和专门耐力。使用在滑雪运动员训练上的练习按照对不同身体素质的主要影响来分类。

**发展耐力的练习** 对滑雪运动员来说，耐力是最重要的身体素质之一，在整年的训练过程中逐渐获得并可以分为一般耐力和专门（速度）耐力。

一般耐力的发展是通过长时间完成初级或者中级强度的训练达到的。在完成中级强度的训练和脉搏110~130次/分钟的情况下，所有机体过程运转向好，心血管功能和呼吸系统增强，这就会形成一般耐力。训练课程时长应该持续2~5小时。

为了发展耐力要使用：

中长跑；

步行和跑步交替的越野活动；

划船；

游泳；

自行车。

促进发展耐力的练习可以通过训练所有过程适度的强度来实现。

**发展力量的练习** 在肌肉工作时氧气的需求增大，内部器官功能被激活，神经系统被唤醒，肌肉就获得了耐力和柔韧性。在完成负重练习时肌肉的横截面和其力量相应地增大。为了所有肌肉力量的均衡发展，练习建议从各种初始姿势开始进行，并按照能够作用到所有肌群的标准来选择练习。

发展力量的物理练习是通过屈肌和伸肌交替完成的。脚、手、躯体的负重应该交替，这样才能让一部分肌群工作的同时，另一部分肌群休息（放松）。力量训练能够促进速度、耐力、柔韧度、灵活性的发展。

为了发展肌肉力量可以使用负重练习（伙伴的体重、杠铃、壶铃、哑铃、橡胶阻尼器、沙袋等）。每组负重从15到30公斤完成练习到极限能够发展力量耐力。

在发展力量耐力的时候训练科目应该循环进行。组合为8~10组练习，完成这些练习能够促进发展主要的肌群。

为了发展力量可以使用特定重量的负重练习：

（1）双杠臂屈伸；

（2）单杠引体向上或者体操环引体；

（3）从悬垂到单杠悬垂练习；

（4）无脚助力爬绳索；

（5）单腿或双腿蹲起；

（6）体操墙脚上下抬悬垂。

同样可以使用表面负重练习（杠铃、壶铃、哑铃、实心球、石头或其他辅助器材），与伙伴或者弹性物体对抗练习、健身器材练习。

根据滑雪运动员的资质、训练的程度、性别、年龄来选择负重的大小、重复的次数、休息的时间以及练习的组合。

**发展速度的练习** 速度的发展取决于中枢神经系统的功能状态以及神经肌肉器官，即其完成最高速动作的意志力大小。

发展速度能够促进完成高速和高频率的练习。即短跑、上坡跑、负重跳、软土、深蹲、高跳等抗阻力训练。距离跑的强度应该从接近最大到中等最大之间。完成低重量负重和尽可能高速度动作的速度发展练习能够促进发展速度力量耐力。

为了发展速度也可以使用运动游戏。

发展协调能力的练习：

运动游戏；

柔软体操要素；

跳跃和跳跃练习，附加辅助动作、转身和转体等；

发展协调动作的专门练习。

在发展协调能力时必须时常更新练习组合，因为必要的效果只有在对运动员来说是新的条件下才能实现。完成已经掌握的练习无法促进其协调能力的发展。

**发展灵活度的练习** 人的灵活度取决于肌肉韧带的弹性以及关节表现形状有关。灵活度很难发展，而且速度很慢，因为发展灵活性的练习必须包括在每节训练教学课程当中。为了发展灵活性要布置包含个人训练和晨练的家庭作业。在完成发展灵活度练习的时候要求进行热身。动作的完成必须避免因过度的紧张而造成痛感。运动员对紧张和放松的交替的掌握能够对发展灵活度有正面影响。

最好的效果要想达到，就必须完成6~8组练习，完成练习时逐渐增加振幅，轻柔，有弹性地摆动。这些练习的完成不需要负重，要很小心，一些练习需要伙伴的帮忙。对滑雪运动员来说提高髋关节和腰部灵活性的练习非常重要。

为了发展灵活度要使用：

振幅逐渐增大的展臂和弹力练习；

也可以让搭档帮忙。

**发展平衡的练习** 平衡器官——前庭器官的完善是通过完成支撑点面积变小的练习以及改变身体与支撑点位置关系来实现的。

为了发展平衡感必须采取以下方法：

展臂和旋转动作（手部、脚部和躯干），以及在小面积支撑点进行蹲起训练；

在高支撑点上完成同样的练习；

在非稳定（摆动）支撑面完成动作；

在同样类型的支撑面步行、跑步以及跳跃。

发展前庭器官的专门练习：

头向前、后、右、左倾，头部转圈，转头（1秒2个动作）；

头部快速做不同姿势的运动（1秒2~3个动作）；

原地或走动转体 180 度或 360 度；

躯体倾斜和旋转动作，前空翻、后空翻、侧空翻；

上述动作之后再紧接着多次上跳，同时旋转 90°~180°。

同时使用不同的健身器材（在不稳定、旋转、摇摆、滚动的支撑面上）。

在进行各种练习的组合时必须考虑完成训练的条件可能改变其应用目的及最终效果。平地（道路）快跑可以发展速度，山地跑可以促进肌肉力量的发展。

## 3.4 身体素质发展的异时性

越野滑雪高运动水准的到达离不开对有潜能的年轻越野滑雪运动员的挑选，离不开组织工作形式的完善，训练针对发展主要身体机能的高效技巧的运用等。

科研工作者、教练都十分清楚，要想未来训练过程的规划正确实施，就必须清楚，越野滑雪运动员在什么年龄上能够展现出最高的运动水准，什么年龄对发展特定身体素质最有效。

体育和运动专家发现了身体素质发展的异时性，并确定了能够使力量、速度、速度力量品质、耐力高速发展的时期（表 3-4-1）（В. Н. 普拉顿诺夫，1986、А. И. 邦达尔，2012）。

表 3-4-1 身体素质发展的最好（敏感）时期

| 身体素质 | 年龄 | | | | | | | | | | | | | | | | | | | |
|---|---|---|---|---|---|---|---|---|---|---|---|---|---|---|---|---|---|---|---|---|
| | 7 | 8 | 9 | 10 | 11 | 12 | 13 | 14 | 15 | 16 | 17 | 18 | 19 | 20 | 21 | 22 | 23 | 24 | 25 | 26 |
| 速度 | + | + | + | + | + | + | + | + | + | | | | | | | | | | | |
| 协调能力 | + | + | + | + | + | + | + | | + | + | | | | | | | | | | |
| 灵活性 | + | + | + | + | + | + | + | + | + | + | + | | | | | | | | | |
| 力量 | | | | | + | + | + | + | + | + | + | + | + | + | + | + | + | + | + | + |
| 耐力 | | | + | + | + | + | + | + | + | + | + | + | + | + | + | + | + | + | + | + |
| 力量耐力 | + | + | | | + | + | + | + | + | + | + | + | + | + | + | + | + | + | + | + |
| 速度力量 | | | | + | + | + | + | + | + | + | + | + | + | + | + | + | + | + | + | + |
| 速度能力 | + | + | + | + | + | + | + | + | | | | | | | | | | | | |

要想达到提高身体素质训练任务的最大效果，就必须让身体素质机体自然迅速发展期得到发展。这样的发展时期叫作敏感期。如果在做训练过程规划的时候没有考虑滑雪运动员的年龄和敏感时期，那么就会造成无法实现其身体素质发展潜能的后果。

快速发展时期的品质发展首先就是速度和运动频率的进步。这个时期从6岁开始一直到16岁结束。速度在12~13岁时发展最为迅速，而运动频率则是从7岁到10岁以及11岁到15岁。运动频率发展速度次之的是从10岁到11岁和从15~16岁的年龄段。速度随着年龄的增长而下降，其所有组成参数均弱化。

速度力量的发展是从10岁开始，其发展主要在28岁停止。发展最迅速的时候是12~13岁，15~16岁，18~19岁以及21~22岁的时候。到14岁之前建议先发展速度，后发展力量。

力量较大的发展区间是从11岁到26岁。之后力量就发展滞缓。力量发展最大的区间是从12岁到17岁，所以在此期间必须增加力量训练次数。从18岁到26岁力量增长就会缓慢降低。

专门力量的发展是不均衡的。从11岁到14岁专门力量的发展较平稳，从15岁到21岁此期间专门力量则发展迅猛。在22岁到26岁期间专门力量的增长速率放缓，之后降到不明显。

协调能力的发展也不均衡。从7岁到11岁时发展较温和，从12岁到13岁，以及从16岁到17岁，发展迅猛，18岁以后放缓。

灵活性的发展最迅速的时期是从7岁到16岁，而从17岁到20岁灵活性的发展就变得温和起来。没有专门的训练的话，这种品质就会开始在16岁之后降低，一旦如此，就会导致不同复杂动作形式的灵活性和协调性遭到破坏。训练能够帮助运动员维持这种品质很多年。

在滑雪运动中滑雪运动员必须非常迅速地利用手和脚推动自己前进。高水平越野滑雪运动员推动自己所花费的时间要比较低水平的滑雪运动员花费的时间少。在滑雪运动时，能够最大限度降低推动时间的年龄段是17~18岁。

发展滑雪运动员主要运动素质——耐力的敏感时期是从9岁开始，一直持续到28~35岁。耐力发展最迅速的时候是9~10岁，13~15岁，17~19岁以及21~26岁的时候。耐力发展尤其迅速的时候是在运动员体温下降最大的时候。根据现有数据（B.C. 提马克娃，2008），心脏呼吸系统发展最迅速的时期以及相应的，耐力发展最迅猛的时候是接近20~22岁时。可能正是因为如此，越野滑雪最好的成绩一般是22岁以上的运动员取得的。

力量耐力发展最迅速的时候是7~8岁和12~26岁。

发展特定的身体素质需要随着运动员技能进入某个身体素质高速发展的时期来发展。所以逐渐增大年轻滑雪运动员的训练负荷和强度能够让他完全发挥基本身体素质——速度、力量、速度力量潜力、训练潜能。在18岁之前夯实了一般物理训练稳定的基础之后，就要继续积极发展耐力了。开始发展专业身体素质和进修越野滑雪专门课程的最优年龄段是13~15岁，而最高的体育成绩滑雪运动员一般在21~26岁之间取得（Т.И.拉门斯卡娅，2001）。

不同年龄和资质的滑雪运动员进行的多年训练可以看作是基于人体机能发展生物规律的整体过程。着重发展基本身体素质的时候，不应该放弃发展其他的身体素质，导致分配给这些身体素质的时间更少。

进行越野滑雪的年龄建议为9岁之后，但开始进行规律滑雪训练任务的年龄是从12岁开始的。同时训练过程应该主要针对运动员整体物理训练。

专门的训练课程主要适用于达到15~16岁的滑雪运动员，在这个年龄之前滑雪运动员应该全面发展自己的身体物理素质。

国际越野滑雪运动员的训练过程长达9~10年，从深入专业化时期开始。

分析越野滑雪运动员打入省级、国际级比赛的结果之后，我们可以做出这样的结论，如果滑雪运动员在20~21岁之前没有达到运动健将的标准，如果是国际运动健将标准，则为23~26岁，那么这个运动员要想取得高的运动成绩是完全有问题的。确实，有过年纪较大的一些滑雪运动员成为世界杯或者奥运会的冠军或者得奖者，比如说德国32岁的托比亚斯·安捷列尔，意大利34岁的乔治奥·吉·成达，意大利35岁的皮耶特罗·皮烈尔·科特列尔，奥地利36岁的米哈伊尔·博特维诺夫。必须指出的是，这些越野滑雪运动员曾经在年轻的时候在越野滑雪获得过冠军。

高水平运动员的训练经验告诉我们，越野滑雪运动员完成的国际运动健将标准越多，他在冬奥会和世锦赛以及大型国际赛事上获得高名次的可能性就越大。

## 3.5 周期负荷容量和训练年度周期不同阶段的多年一般身体训练和专门身体训练方法之间的关系

滑雪运动员的体育训练旨在巩固和保持其身体健康，形成运动员体魄，提高机体功能潜力的总体水平，发展主要的身体素质：耐力、力量、速度、灵活度、应变能力。

训练方法的主要形式是全方面身体发展训练与所选运动项目的专门身体训练相结合。全方面身体训练对滑雪运动员来说非常有必要，这不仅是运动专业的基础，也是运动成功的保障。

年轻滑雪运动员的训练过程应该针对全方位身体发展，而不受性别和资质影响。滑雪运动员的一般身体训练是获得高运动成绩的必要条件，但它的实现离不开深入的专业性。但是专业性不是指为获得运动分数而完成有限数量专门练习的"教授过程"。运动成就是通过滑雪运动员身体素质和道德意志最佳组合的构成和发展水平，其掌握技术策略能力的水平来确定的。

滑雪运动员很大一部分的运动成就离不开很高的功能训练水平，耐力、力量、速度、灵活性和应变能力的发展。

高水平训练负荷应该在接近19~20岁的时候就达到，这样进入成人运动项目的过程就不会太难。

训练负荷大小是运动员所完成或者计划完成的身体负荷的数量化的度量方式。运动员水平还通过年龄来确定。运动员水平越高和年龄越大，其完成的训练负荷就越大。规划具有个体性，要考虑运动员个人的身体训练程度以及上一训练阶段所完成的负荷。

训练负荷强度是训练紧张程度的度量方法。

完成训练负荷的时长是负荷的重要范畴，同时也对运动员身体状态具有本质上的影响。

训练负荷强度是在年周期特定阶段上以及上一训练结束之后实现的。

顶级的男子滑雪运动员年训练周期的训练负荷按小时数来算达到了每年1000小时，而女子滑雪运动员的小时数达到了950小时。最大的训练负荷（到

100小时）是在9月到11月之间完成的，最低的量（达到了40小时）是在4月完成的。一周短周期中要完成12~14次训练课程。80%的课程针对发展运动员的有氧潜力。

滑雪运动员的身体训练分为一般身体训练和专业身体训练。

一般身体训练是全方位发展非针对某一运动项目的运动能力，它针对提高滑雪运动员的主要身体素质（耐力、力量、速度、灵活度、应变能力）。

一般身体训练的任务是：

提高和保持机体的功能整体水平；

发展所有主要的身体素质；

克服物理发展的不足。

一般身体训练计划必须考虑到训练效果从训练练习到主要活动（越野滑雪）转化的规律。如果训练练习直接或间接地促进了比赛练习效率的提高，这种转化可以算是正面的，但如果不正确选择了训练练习，则会阻碍越野滑雪运动成绩的提高，这个时候，转化是负面的。（表3-5-1）中列举了控制一般身体训练程度的建议标准。

表3-5-1 控制一般身体训练程度的建议标准

| 种类 | 10次跳远，（米） 在左脚上 | 10次跳远，（米） 在右脚上 | 立定跳远手背过去，（米） | 臂屈伸 双杠 30秒内次数 | 臂屈伸 双杠 总次数 | 臂屈伸 俯卧撑 30秒内次数 | 臂屈伸 俯卧撑 总次数 | 越野跑，（分钟） 1000米 | 越野跑，（分钟） 3000米 | 越野跑，（分钟） 2000米 |
|---|---|---|---|---|---|---|---|---|---|---|
| 男子 | 30.20±0.10 | 30.15±0.10 | 22.10±0.05 | 18 | 40 | 29 | 44 | 2.56 | 8.56 | |
| 青少年男子 | 29.50±0.10 | 29.45±0.10 | 21.80±0.05 | 15 | 35 | 28 | 36 | 3.00 | 9.12 | |
| 女子 | 24.70±0.10 | 24.50±0.10 | 20.05±0.05 | 12 | 22 | 22 | 25 | 3.25 | | 6.42 |
| 青少年女子 | 23.50±0.10 | 23.40±0.10 | 19.25±0.05 | 10 | 16 | 10 | 20 | 3.35 | | 7.02 |

身体练习是主要的提高滑雪运动员身体训练程度的方法。为了提高滑雪运

动员的身体和功能训练程度，可以使用不同类型和不同方向的身体训练，这些身体训练可以分为普遍发展练习、专门训练练习和主要练习。对高级运动员来说，用于发展耐力的速度、速度力量型练习非常有意义。在进行多年的越野滑雪训练时，一般身体训练和专门身体训练的比例会有所改变。

随着运动水平的提高，专门身体训练的比例会逐渐增大，一般身体训练会逐渐减少。在一些单独的阶段上可能有不同的基础和专门训练的比例，这取决于每个阶段的训练特点和运动员的运动资质。

专门身体训练针对发展运动员的专业素质和运动技能。

专门身体训练的任务有：

发展本运动项目必要的身体能力；

提高决定该运动项目成就的身体器官和系统的功能潜力；

培养在比赛活动特殊条件下表现所具备的功能潜力的能力；

按照具体训练科目的要求形成形态功能学特点。

现代训练方法指出，需要将不同的身体训练与深化运动专业性结合起来，否则就不可能提高运动成绩。训练体系中规划好一般身体训练和专门身体训练方法的合理关系具有重要意义。年轻的滑雪运动员在一个训练年中要完成80%~90%的一般身体训练和10%~20%的专门身体训练。随着运动员资质的提高，一般身体训练的量降低到10%~20%，而专门身体训练的量则提高到80%~90%（Г. В. 别列金、И. М. 布金，1973）。运动员成绩未来的增长就看不同训练量和强度负荷之间的合理比例了。近年来，高水平滑雪运动员的周期性负荷容量和强度提高得很明显。在确定它们之间的关系时首先要考虑基础训练和运动技术训练程度的水平。这个水平越高，就越有必要多花时间在专门身体训练上。

（表3-5-2）中列出了对不同资质滑雪运动员在训练年周期中基础和专业身体训练方法的建议比例数据（Г. 别列金、И. М. 布金，1973）。

表3-5-2 不同资质滑雪运动员在训练年周期中基础和专业身体训练方法的建议比例数据

| 运动资质 | 基础身体训练（%） | 专门身体训练（%） |
| --- | --- | --- |
| 新手 | 70 | 30 |
| 三级 | 60 | 40 |
| 二级 | 50 | 50 |

续表

| 运动资质 | 基础身体训练（%） | 专门身体训练（%） |
|---|---|---|
| 一级 | 40 | 60 |
| 运动健将 | 30 | 70 |
| 国际运动健将 | 20 | 80 |

规划训练负荷时需要考虑滑雪运动员的运动资质，即资质越低，基础身体训练的容量就应该越大。

运动成绩的提高和整个赛季的比赛表现保持稳定的前提是科学规划不同年龄和资质的越野滑雪运动员的周期性训练负荷。

在一个月内完成有氧训练的训练负荷之后将会大大提高其有氧训练程度并在2.5~3月后达到最大值。下一个月的有氧耐力数值则不会有较大增长，尽管训练容量已经提高。

无氧耐力则在4个月内完成无氧训练的负荷之后达到最高值，但为此需要进行大容量的有氧练习训练负荷。

训练滑雪运动员从新手成长到高水平运动员必须要看成一个完整的整体。逐步改变一般身体训练和专门身体训练在周期性负荷中的关系可以让我们培养出的运动员具备在未来提高运动员成绩很好的潜力。

在多年的研究经验基础上，我们给出了不同年龄、性别的滑雪运动员在年度训练周期（千米数）4个强度区间（表3-5-3—3-5-11）上完成训练负荷上的训练建议。

为了达到高水平越野滑雪运动成绩就必然要完成大的周期性负荷训练容量。高水平男子和女子越野滑雪运动员应该规划好容量和强度有所提高的训练负荷。年轻的滑雪男子和女子运动员应该规划好逐渐增大训练容量的周期性负荷，同时逐渐提高训练强度。周期性训练容量要逐渐提高，不剧烈波动，这一点从9岁开始到26岁结束。为了合理制定训练过程就必须计算基础身体训练和专门身体训练周期性方法在年度训练周期中的比例，同时使用基础身体训练和专门身体训练方法的建议百分数比例（表3-5-3）。

表 3-5-3　不同年龄滑雪运动员在训练年周期（千米数）各个阶段中一般和专业物理训练方法的建议比例数据（百分数）

| 年龄/岁 | 春夏阶段 基础身体训练 | 春夏阶段 专门身体训练 | 夏秋阶段 基础身体训练 | 夏秋阶段 专门身体训练 | 秋冬阶段 基础身体训练 | 秋冬阶段 专门身体训练 | 比赛期 基础身体训练 | 比赛期 专门身体训练 | 年度周期 基础身体训练 | 年度周期 专门身体训练 |
|---|---|---|---|---|---|---|---|---|---|---|
| 9 | 95 | 5 | 85 | 15 | 70 | 30 | 40 | 60 | 72.5 | 27.5 |
| 10 | 95 | 5 | 80 | 20 | 65 | 35 | 40 | 60 | 70 | 30 |
| 11 | 90 | 10 | 78 | 22 | 63 | 37 | 40 | 60 | 67.75 | 32.25 |
| 12 | 85 | 15 | 75 | 25 | 60 | 40 | 40 | 60 | 65 | 35 |
| 13 | 80 | 20 | 70 | 30 | 55 | 45 | 35 | 65 | 60 | 40 |
| 14 | 75 | 25 | 65 | 35 | 50 | 50 | 30 | 70 | 55 | 45 |
| 15 | 70 | 30 | 60 | 40 | 45 | 55 | 25 | 75 | 50 | 50 |
| 16 | 65 | 35 | 55 | 45 | 40 | 60 | 20 | 80 | 45 | 55 |
| 17 | 60 | 40 | 50 | 50 | 35 | 65 | 15 | 85 | 40 | 60 |
| 18 | 55 | 45 | 45 | 55 | 30 | 70 | 15 | 85 | 36 | 64 |
| 19 | 55 | 45 | 45 | 55 | 45 | 55 | 10 | 90 | 35 | 65 |
| 20 | 50 | 50 | 40 | 60 | 25 | 75 | 10 | 90 | 31 | 69 |
| 21 | 45 | 55 | 35 | 65 | 20 | 80 | 10 | 90 | 27.5 | 72.5 |
| 22 | 45 | 55 | 35 | 65 | 15 | 85 | 10 | 90 | 26.25 | 73.75 |
| 23 | 45 | 55 | 30 | 70 | 15 | 85 | 8 | 92 | 24.5 | 75.5 |
| 24 | 45 | 55 | 30 | 70 | 15 | 85 | 8 | 92 | 24.5 | 75.5 |
| 25 | 42 | 58 | 26 | 74 | 12 | 88 | 8 | 92 | 22 | 78 |
| 26 | 40 | 60 | 25 | 75 | 11 | 89 | 6 | 94 | 20.5 | 79.5 |

　　基于表（3-5-3）中的数据可以计算年度训练周期四个训练强度区间中基础身体训练和专门身体训练周期方法（千米数）的关系：对男子滑雪运动员来说是表（3-5-4—3-5-7），对女子滑雪运动员来说是表（3-5-8—3-5-11）。

　　这些材料能够帮助跟不同年龄和水平的运动员打交道的教练员更加有效地进行训练课程，使其能够逐渐增大训练负荷的容量和强度，并相应地提高滑雪运动员的专门身体训练水平。我们所给出的数据不是强行进行训练，而是有计划地达到不同年龄和不同运动水平滑雪运动员较高的身体训练水平。

表 3-5-4 9~14岁滑雪运动员年度训练周期(千米数)中的周期方法建议比例(百数分)

| 强度区间 | 月份 | | | | | | | | | | | | | | | | | | | | | | 总容量 | |
|---|---|---|---|---|---|---|---|---|---|---|---|---|---|---|---|---|---|---|---|---|---|---|---|---|
| | 4 | | 5 | | 6 | | 7 | | 8 | | 9 | | 10 | | 11 | | 12 | | 1 | | 2 | | 3 | | | |
| | 基础身体训练 | 专门身体训练 | 基础身体训练 | 专门身体训练 | 基础身体训练 | 专门身体训练 | 基础身体训练 | 专门身体训练 | 基础身体训练 | 专门身体训练 | 基础身体训练 | 专门身体训练 | 基础身体训练 | 专门身体训练 | 基础身体训练 | 专门身体训练 | 基础身体训练 | 专门身体训练 | 基础身体训练 | 专门身体训练 | 基础身体训练 | 专门身体训练 | 基础身体训练 | 专门身体训练 | 基础身体训练 | 专门身体训练 |
| 9岁 | | | | | | | | | | | | | | | | | | | | | | | | | | |
| 4 | | | | | | | | | | | 1 | 1 | 1 | | | | | | | | | | 1 | 1 | 3 | 7 |
| 3 | | | | | | | | | | | 1 | 1 | | | | | 2 | 1 | 2 | 1 | 2 | 1 | 1 | 1 | 3 | 7 |
| 2 | 19 | 2 | 26 | 1 | 33 | 2 | 38 | 7 | 44 | 8 | 37 | 7 | 33 | 14 | 41 | 18 | 32 | 14 | 16 | 23 | 16 | 16 | 16 | 23 | 346 | 135 |
| 1 | 26 | 2 | 28 | 2 | 47 | 3 | 48 | 8 | 48 | 8 | 42 | 7 | 27 | 12 | 43 | 18 | 27 | 11 | 13 | 19 | 11 | 16 | 10 | 14 | 370 | 120 |
| 一共 | 45 | 4 | 54 | 3 | 80 | 5 | 86 | 15 | 94 | 16 | 81 | 14 | 62 | 26 | 84 | 36 | 59 | 29 | 29 | 46 | 22 | 36 | 26 | 39 | 722 | 269 |
| 10岁 | | | | | | | | | | | | | | | | | | | | | | | | | | |
| 4 | | | | | | | | | | | 1.5 | 1.5 | 1.5 | | | | | | | | | | 1.5 | 1.5 | 4.5 | 10.5 |
| 3 | | | | | | | | | | | 1.5 | 1.5 | | | | | 3 | 1 | 3 | 1.5 | 3 | 1.5 | 1.5 | 1.5 | 4.5 | 10.5 |
| 2 | 20 | 2 | 29 | 2 | 37 | 2 | 40 | 10 | 46 | 11 | 39 | 10 | 34 | 18 | 42 | 23 | 33 | 18 | 17 | 26 | 16 | 24 | 17 | 26 | 370 | 163 |
| 1 | 29 | 2 | 31 | 2 | 52 | 3 | 50 | 12 | 50 | 12 | 43 | 11 | 28 | 15 | 44 | 24 | 27 | 15 | 14 | 14 | 12 | 18 | 11 | 16 | 391 | 144 |
| 一共 | 49 | 4 | 60 | 4 | 89 | 5 | 90 | 22 | 99 | 23 | 85 | 21 | 65 | 33 | 86 | 47 | 60 | 39 | 31 | 37 | 28 | 48 | 28 | 45 | 770 | 328 |

第三章 理论和技术

续表

| 强度区间 | 月份 | | | | | | | | | | | | | | | | | | | | | | | | 总容量 | |
|---|---|---|---|---|---|---|---|---|---|---|---|---|---|---|---|---|---|---|---|---|---|---|---|---|---|---|
| | 4 | | 5 | | 6 | | 7 | | 8 | | 9 | | 10 | | 11 | | 12 | | 1 | | 2 | | 3 | | | |
| | 基础身体训练 | 专门身体训练 | 基础身体训练 | 专门身体训练 | 基础身体训练 | 专门身体训练 | 基础身体训练 | 专门身体训练 | 基础身体训练 | 专门身体训练 | 基础身体训练 | 专门身体训练 | 基础身体训练 | 专门身体训练 | 基础身体训练 | 专门身体训练 | 基础身体训练 | 专门身体训练 | 基础身体训练 | 专门身体训练 | 基础身体训练 | 专门身体训练 | 基础身体训练 | 专门身体训练 | 基础身体训练 | 专门身体训练 |

11岁

| 强度区间 | 4基 | 4专 | 5基 | 5专 | 6基 | 6专 | 7基 | 7专 | 8基 | 8专 | 9基 | 9专 | 10基 | 10专 | 11基 | 11专 | 12基 | 12专 | 1基 | 1专 | 2基 | 2专 | 3基 | 3专 | 总基 | 总专 |
|---|---|---|---|---|---|---|---|---|---|---|---|---|---|---|---|---|---|---|---|---|---|---|---|---|---|---|
| 4 | | | | | | | | | 1 | 1 | 1 | 1 | | 1 | | | | 4 | | 5 | | 6 | | 2 | 2 | 19 |
| 3 | | | | | | | 1 | 1 | 5 | 1 | 6 | 2 | 1 | | | | | | | | | | | | 13 | 27 |
| 2 | 50 | 6 | 54 | 6 | 90 | 10 | 86 | 24 | 84 | 24 | 73 | 21 | 49 | 29 | 77 | 45 | 48 | 28 | 24 | 35 | 23 | 29 | 18 | 47 | 676 | 292 |
| 1 | 36 | 4 | 50 | 6 | 63 | 7 | 70 | 20 | 81 | 23 | 69 | 19 | 59 | 35 | 74 | 44 | 58 | 34 | 31 | 47 | 29 | 43 | 31 | 31 | 651 | 329 |
| 一共 | 86 | 10 | 104 | 12 | 153 | 17 | 157 | 45 | 171 | 49 | 149 | 43 | 109 | 65 | 151 | 89 | 106 | 70 | 55 | 96 | 52 | 92 | 49 | 79 | 1342 | 667 |

12岁

| 强度区间 | 4基 | 4专 | 5基 | 5专 | 6基 | 6专 | 7基 | 7专 | 8基 | 8专 | 9基 | 9专 | 10基 | 10专 | 11基 | 11专 | 12基 | 12专 | 1基 | 1专 | 2基 | 2专 | 3基 | 3专 | 总基 | 总专 |
|---|---|---|---|---|---|---|---|---|---|---|---|---|---|---|---|---|---|---|---|---|---|---|---|---|---|---|
| 4 | | | | | | | | | 2 | 1 | 2 | 1 | | 1 | | | | 5 | | 6 | | 7 | | 3 | 4 | 23 |
| 3 | | | | | | | 2 | 2 | 6 | 3 | 6 | 3 | 1 | | | | | | | | | | | 3 | 15 | 33 |
| 2 | 52 | 11 | 56 | 10 | 93 | 17 | 91 | 30 | 89 | 29 | 77 | 25 | 51 | 34 | 80 | 54 | 50 | 33 | 25 | 38 | 32 | 36 | 20 | 30 | 708 | 347 |
| 1 | 38 | 7 | 52 | 9 | 64 | 13 | 74 | 25 | 86 | 28 | 72 | 24 | 62 | 41 | 77 | 52 | 61 | 40 | 34 | 51 | 32 | 47 | 34 | 51 | 686 | 388 |
| 一共 | 90 | 18 | 108 | 19 | 157 | 30 | 167 | 56 | 182 | 60 | 157 | 53 | 115 | 76 | 157 | 106 | 111 | 83 | 59 | 104 | 56 | 99 | 54 | 87 | 1413 | 791 |

149

续表

| 强度区间 | 月份 4 基础身体训练 | 4 专门身体训练 | 5 基础身体训练 | 5 专门身体训练 | 6 基础身体训练 | 6 专门身体训练 | 7 基础身体训练 | 7 专门身体训练 | 8 基础身体训练 | 8 专门身体训练 | 9 基础身体训练 | 9 专门身体训练 | 10 基础身体训练 | 10 专门身体训练 | 11 基础身体训练 | 11 专门身体训练 | 12 基础身体训练 | 12 专门身体训练 | 1 基础身体训练 | 1 专门身体训练 | 2 基础身体训练 | 2 专门身体训练 | 3 基础身体训练 | 3 专门身体训练 | 总容量 基础身体训练 | 总容量 专门身体训练 |
|---|---|---|---|---|---|---|---|---|---|---|---|---|---|---|---|---|---|---|---|---|---|---|---|---|---|---|
| 13岁 4 | | | | 19 | | 1 | 4 | 2 | 8 | 6 | 13 | 6 | | | 6 | | 19 | | 28 | | 28 | | 6 | | 99 |
| 3 | 77 | | 79 | 11 | 2 | 33 | 20 | 8 | 25 | 10 | 27 | 11 | 2 | 1 | 107 | 12 | 35 | 29 | 38 | 23 | 35 | 25 | 25 | 76 | 176 |
| 2 | 43 | | 66 | 30 | 133 | 20 | 120 | 52 | 118 | 51 | 96 | 41 | 74 | 60 | 93 | 88 | 63 | 32 | 54 | 30 | 44 | 36 | 943 | 557 |
| 1 | 120 | | 145 | 17 | 82 | 54 | 83 | 35 | 96 | 41 | 78 | 34 | 77 | 63 | 200 | 76 | 125 | 61 | 60 | 53 | 56 | 61 | 779 | 531 |
| 一共 | | | 37 | 217 | 227 | 97 | 247 | 106 | 214 | 92 | 153 | 124 | | 182 | 156 | 180 | 61 | 163 | 142 | 1823 | 1363 |
| 14岁 4 | | | | | | 1 | 5 | 3 | 10 | 6 | 14 | 8 | 2 | 3 | | | 8 | 22 | 34 | 34 | 8 | | 29 | 123 |
| 3 | 86 | | 88 | 16 | 4 | 49 | 22 | 12 | 27 | 14 | 29 | 16 | 80 | 79 | 115 | 16 | 41 | 29 | 35 | 24 | 30 | 25 | 84 | 209 |
| 2 | 48 | | 74 | 24 | 148 | 30 | 133 | 72 | 131 | 70 | 106 | 57 | 84 | 83 | 100 | 101 | 66 | 33 | 69 | 55 | 58 | 36 | 1031 | 749 |
| 1 | 134 | | 162 | 53 | 91 | 80 | 91 | 49 | 106 | 57 | 86 | 47 | 166 | 165 | 215 | 116 | 68 | 62 | 77 | 72 | 85 | 61 | 847 | 709 |
| 一共 | | 44 | | 243 | 251 | 136 | 274 | 147 | 235 | 128 | 241 | 198 | 215 | 202 | 181 | 1991 | 1790 |

150

**表 3-5-5　15-18 岁滑雪运动员年度训练周期（千米数）中的周期方法建议比例（百数分）**

| 强度区间 | 月份 | 4基础身体训练 | 4专门身体训练 | 5基础身体训练 | 5专门身体训练 | 6基础身体训练 | 6专门身体训练 | 7基础身体训练 | 7专门身体训练 | 8基础身体训练 | 8专门身体训练 | 9基础身体训练 | 9专门身体训练 | 10基础身体训练 | 10专门身体训练 | 11基础身体训练 | 11专门身体训练 | 12基础身体训练 | 12专门身体训练 | 1基础身体训练 | 1专门身体训练 | 2基础身体训练 | 2专门身体训练 | 3基础身体训练 | 3专门身体训练 | 总容量基础身体训练 | 总容量专门身体训练 |
|---|---|---|---|---|---|---|---|---|---|---|---|---|---|---|---|---|---|---|---|---|---|---|---|---|---|---|---|
| | 15岁 | | | | | | | | | | | | | | | | | | | | | | | | | | |
| 4 | | | | | | | | | 8 | | 16 | | 11 | | 22 | | 4 | | 5 | | | 49 | | 49 | | 31 | | 50 | 217 |
| 3 | | | 39 | 9 | 4 | 15 | 7 | 40 | 5 | 49 | 27 | 51 | 32 | 22 | 14 | 8 | 10 | | 40 | | 76 | 20 | 76 | 25 | 67 | 172 | 454 |
| 2 | | 91 | 23 | 95 | 40 | 158 | 67 | 137 | 92 | 132 | 88 | 108 | 72 | 81 | 99 | 117 | 144 | 65 | 79 | 61 | 61 | 20 | 61 | 22 | 68 | 1046 | 910 |
| 1 | | 53 | 62 | 72 | 31 | 95 | 40 | 89 | 59 | 104 | 67 | 81 | 54 | 83 | 101 | 101 | 124 | 61 | 75 | 77 | 74 | 25 | 74 | 25 | 74 | 814 | 799 |
| 一共 | | 144 | | 176 | 75 | 268 | 114 | 274 | 183 | 301 | 198 | 262 | 174 | 176 | 215 | 218 | 268 | 126 | 270 | 268 | 45 | 260 | 47 | 240 | 2082 | 2380 |
| | 16岁 | | | | | | | | | | | | | | | | | | | | | | | | | | |
| 4 | | | | | | | | | 8 | | 17 | | 13 | | 18 | | 4 | | 6 | | | 55 | | 55 | | 35 | | 51 | 249 |
| 3 | | | 51 | 10 | 4 | 16 | 9 | 41 | 34 | 50 | 40 | 52 | 43 | 8 | 12 | | 45 | | 85 | | 90 | 18 | 85 | 22 | 75 | 177 | 523 |
| 2 | | 94 | 30 | 98 | 52 | 162 | 88 | 140 | 115 | 135 | 110 | 110 | 90 | 80 | 120 | 116 | 174 | 64 | 96 | 92 | 22 | 72 | 20 | 80 | 1060 | 1140 |
| 1 | | 55 | 81 | 75 | 40 | 98 | 52 | 91 | 74 | 105 | 85 | 82 | 68 | 82 | 123 | 100 | 150 | 60 | 90 | 96 | 24 | 88 | 22 | 88 | 816 | 984 |
| 一共 | | 149 | | 183 | 97 | 276 | 149 | 280 | 230 | 307 | 248 | 266 | 219 | 174 | 261 | 216 | 384 | 124 | 316 | 333 | 40 | 300 | 42 | 278 | 2104 | 2896 |

续表

| 强度区间 | 4月 基础 | 4月 专门 | 5月 基础 | 5月 专门 | 6月 基础 | 6月 专门 | 7月 基础 | 7月 专门 | 8月 基础 | 8月 专门 | 9月 基础 | 9月 专门 | 10月 基础 | 10月 专门 | 11月 基础 | 11月 专门 | 12月 基础 | 12月 专门 | 1月 基础 | 1月 专门 | 2月 基础 | 2月 专门 | 3月 基础 | 3月 专门 | 总容量 基础 | 总容量 专门 |
|---|---|---|---|---|---|---|---|---|---|---|---|---|---|---|---|---|---|---|---|---|---|---|---|---|---|---|
| **17岁** | | | | | | | | | | | | | | | | | | | | | | | | | | |
| 4 |  |  | 3 | 2 | 3 | 2 | 11 | 11 | 22 | 22 | 27 | 28 | 8 | 13 |  |  |  |  |  |  |  |  |  |  | 74 | 358 |
| 3 | 36 | 30 | 10 | 6 | 33 | 22 | 58 | 138 | 66 | 132 | 68 | 69 | 17 | 32 | 110 | 82 | 60 | 126 | 18 | 126 | 14 | 79 | 16 | 121 | 251 | 840 |
| 2 | 66 | 64 | 95 | 161 | 108 | 137 | 132 | 88 | 107 | 203 | 125 | 110 | 193 | 153 | 86 | 103 | 15 | 12 | 13 | 75 | 88 | 1024 | 1337 |
| 1 | 30 | 44 | 66 | 79 | 53 | 74 | 88 | 308 | 66 | 268 | 67 | 75 | 83 | 471 | 46 | 377 | 33 | 390 | 29 | 352 | 29 | 328 | 645 | 948 |
| 一共 | 135 | 116 | 174 | 276 | 185 | 279 | 281 | 308 | 270 | 167 | 309 | 193 | 471 | 106 | 377 | 33 | 390 | 26 | 352 | 29 | 328 | 1994 | 3483 |
| **18岁** | | | | | | | | | | | | | | | | | | | | | | | | | | |
| 4 | 99 |  | 3 |  | 3 |  | 22 |  | 27 |  | 11 |  | 25 |  |  |  |  |  |  |  |  |  | 6 |  | 87 | 393 |
| 3 | 40 | 32 | 36 | 30 | 69 | 57 | 65 | 79 | 68 | 82 | 24 | 30 | 63 | 27 | 43 | 56 | 40 | 78 | 14 | 48 | 18 | 289 | 911 |
| 2 | 113 | 132 | 162 | 132 | 165 | 135 | 130 | 158 | 105 | 129 | 105 | 129 | 239 | 181 | 99 | 130 | 92 | 15 | 87 | 17 | 97 | 44 | 148 | 1023 | 1557 |
| 1 | 32 | 65 | 79 | 89 | 73 | 106 | 86 | 65 | 79 | 95 | 115 | 77 | 43 | 101 | 435 | 76 | 390 | 14 | 385 | 31 | 359 | 102 | 274 | 652 | 1088 |
| 一共 | 139 | 99 | 280 | 230 | 336 | 276 | 303 | 369 | 265 | 323 | 235 | 287 | 218 | 508 | 99 | 435 | 72 | 390 | 29 | 359 | 2051 | 3949 |

152

### 表 3-5-6 19-23岁滑雪运动员年度训练周期（千米数）中的周期方法建议比例（百数分）

| 强度区间 | 5基础 | 5专门 | 6基础 | 6专门 | 7基础 | 7专门 | 8基础 | 8专门 | 9基础 | 9专门 | 10基础 | 10专门 | 11基础 | 11专门 | 12基础 | 12专门 | 1基础 | 1专门 | 2基础 | 2专门 | 3基础 | 3专门 | 4基础 | 4专门 | 总容量基础 | 总容量专门 |
|---|---|---|---|---|---|---|---|---|---|---|---|---|---|---|---|---|---|---|---|---|---|---|---|---|---|---|
| 19岁 | | | | | | | | | | | | | | | | | | | | | | | | | | |
| 4 | 100 | | 3 | 3 | | | | | | | | | | 45 | | 84 | 104 | | 110 | | | 78 | | 19 | 19 | 550 |
| 3 | 39 | 82 | 53 | 44 | 18 | 14 | 26 | 32 | 35 | 43 | 14 | 18 | | 130 | | 182 | | 195 | | 182 | 9 | 175 | 18 | 32 | 96 | 1268 |
| 2 | 139 | 32 | 172 | 140 | 93 | 76 | 85 | 103 | 85 | 103 | 38 | 46 | 56 | 255 | 132 | | 96 | | 88 | 9 | 88 | 12 | 170 | 354 | 1623 |
| 1 | | 114 | 300 | 140 | 172 | 140 | 135 | 164 | 111 | 136 | 108 | 132 | 37 | 173 | 86 | | 50 | | 59 | 7 | 64 | 30 | 111 | 1039 | 979 |
| 一共 | | 139 | | 245 | | 297 | | 399 | | 350 | | 111 | | 603 | | 484 | | 445 | | 439 | 16 | 405 | | 332 | 2066 | 4420 |
| 20岁 | | | | | | | | | | | | | | | | | | | | | | | | | | |
| 4 | | | 4 | | | | | | | | | | | 49 | | 91 | 112 | | 119 | | | 84 | | 21 | 94 | 606 |
| 3 | 39 | 98 | 53 | 52 | 91 | 80 | 81 | 122 | 81 | 122 | 36 | 55 | | 140 | | 196 | | 210 | 7 | 196 | 10 | 189 | 20 | 35 | 342 | 1408 |
| 2 | 137 | 38 | 168 | 168 | 168 | 168 | 129 | 193 | 106 | 160 | 103 | 156 | 50 | 294 | 153 | | 111 | | 95 | 17 | 95 | 13 | 183 | 996 | 1874 |
| 1 | | 136 | 70 | 70 | 80 | 81 | 78 | 118 | 53 | 80 | 86 | 131 | 33 | 200 | 100 | | 58 | | 63 | 7 | 70 | 120 | 551 | 1129 |
| 一共 | | 137 | 295 | 293 | 356 | 358 | 313 | 471 | 274 | 412 | 239 | 363 | 164 | 683 | 540 | | 491 | | 473 | 17 | 438 | 33 | 359 | 1983 | 5017 |

153

越野滑雪运动Ⅰ：训练理论与方法

续表

| 强度区间 | 5月 基础/专门 | 6月 基础/专门 | 7月 基础/专门 | 8月 基础/专门 | 9月 基础/专门 | 10月 基础/专门 | 11月 基础/专门 | 12月 基础/专门 | 1月 基础/专门 | 2月 基础/专门 | 3月 基础/专门 | 4月 基础/专门 | 总容量 基础/专门 |
|---|---|---|---|---|---|---|---|---|---|---|---|---|---|
| **21岁** | | | | | | | | | | | | | |
| 4 | 29/36 | —/7 | 18/21 | 20/38 | 27/51 | 13/26 | —/45 | —/84 | —/117 | 8/130 | 8/97 | 17/58 | 84/674 |
| 3 | 79/96 | 55/68 | 90/110 | 75/139 | 77/144 | 43/80 | 156/315 | 208/208 | 221/221 | —/208 | —/208 | —/65 | 340/1607 |
| 2 | 108/132 | 135/164 | 135/164 | 100/186 | 100/186 | 79/148 | 188/315 | 149/208 | 122/221 | 76/208 | 76/208 | 152/76 | 1536/1834 |
| 1 | 29/36 | 50/60 | 55/68 | 59/110 | 63/100 | 56/106 | 33/188 | 26/149 | 25/122 | 11/76 | 11/76 | 7/29 | 349/882 |
| 一共 | 108/132 | 246/299 | 298/363 | 254/473 | 238/444 | 191/360 | 88/704 | 42/535 | 25/488 | 11/443 | 11/410 | 24/346 | 1536/4997 |
| **22岁** | | | | | | | | | | | | | |
| 4 | 42/51 | 8/10 | 24/30 | 30/55 | 39/71 | 17/33 | —/67 | —/119 | —/161 | 5/178 | 5/136 | 16/85 | 118/945 |
| 3 | 85/103 | 97/118 | 148/182 | 119/222 | 119/221 | 74/139 | 255/361 | 321/325 | 325/325 | 325/325 | 325/325 | 162/162 | 557/2595 |
| 2 | 127/154 | 153/187 | 153/187 | 115/213 | 169/169 | 84/156 | 361/245 | 145/123 | 117/117 | 46/46 | 46/46 | 145/145 | 816/1875 |
| 1 | 42/51 | 65/80 | 72/89 | 77/143 | 85/85 | 74/74 | 43/137 | 25/21 | 20/6 | 4/39 | 4/39 | 8/77 | 461/1145 |
| 一共 | 127/154 | 323/395 | 397/488 | 341/633 | 294/546 | 249/465 | 107/928 | 46/708 | 26/640 | 9/588 | 9/546 | 24/469 | 1952/6560 |

154

续表

23 岁

| 强度区间 | 5 基础身体训练 | 5 专门身体训练 | 6 基础身体训练 | 6 专门身体训练 | 7 基础身体训练 | 7 专门身体训练 | 8 基础身体训练 | 8 专门身体训练 | 9 基础身体训练 | 9 专门身体训练 | 10 基础身体训练 | 10 专门身体训练 | 11 基础身体训练 | 11 专门身体训练 | 12 基础身体训练 | 12 专门身体训练 | 1 基础身体训练 | 1 专门身体训练 | 2 基础身体训练 | 2 专门身体训练 | 3 基础身体训练 | 3 专门身体训练 | 4 基础身体训练 | 4 专门身体训练 | 总容量 基础身体训练 | 总容量 专门身体训练 |
|---|---|---|---|---|---|---|---|---|---|---|---|---|---|---|---|---|---|---|---|---|---|---|---|---|---|---|
| 4 |  |  | 8 | 10 |  | 24 | 30 | 27 | 63 | 35 | 82 | 16 | 38 |  | 72 |  | 126 |  | 171 |  | 189 |  | 144 |  | 90 | 110 | 1015 |
| 3 | 89 | 109 | 101 | 124 | 154 | 188 | 108 | 252 | 108 | 252 | 68 | 157 | 270 |  | 342 |  | 306 |  | 342 |  | 342 |  | 167 | 539 | 2742 |
| 2 | 45 | 54 | 162 | 198 | 162 | 198 | 103 | 239 | 81 | 189 | 75 | 177 | 67 | 383 | 27 | 153 | 21 | 120 | 4 | 50 | 4 | 50 | 13 | 154 | 808 | 2020 |
| 1 | 134 | 163 | 69 | 84 | 77 | 94 | 70 | 164 | 40 | 95 | 67 | 158 | 46 | 260 | 23 | 130 | 15 | 87 | 3 | 42 | 3 | 42 | 7 | 83 | 465 | 1293 |
| 一共 |  |  | 340 | 416 | 417 | 510 | 308 | 718 | 264 | 618 | 226 | 530 | 113 | 985 | 50 | 751 | 36 | 684 | 7 | 623 | 7 | 578 | 20 | 494 | 1922 | 7070 |

表3-5-7 24-26岁滑雪运动员年度训练周期（千米数）中的周期方法建议比例（百数分）

| 强度区间 | 月份 5 基础身体训练 | 5 专门身体训练 | 6 基础 | 6 专门 | 7 基础 | 7 专门 | 8 基础 | 8 专门 | 9 基础 | 9 专门 | 10 基础 | 10 专门 | 11 基础 | 11 专门 | 12 基础 | 12 专门 | 1 基础 | 1 专门 | 2 基础 | 2 专门 | 3 基础 | 3 专门 | 4 基础 | 4 专门 | 总容量 基础 | 总容量 专门 |
|---|---|---|---|---|---|---|---|---|---|---|---|---|---|---|---|---|---|---|---|---|---|---|---|---|---|---|
| 24岁 | | | | | | | | | | | | | | | | | | | | | | | | | | |
| 4 | | | | 10 | | 12 | | 27 | | 29 | | 39 | | 46 | | 82 | | 138 | | 190 | | 201 | | 149 | | 92 | | 1113 |
| 3 | 95 | 115 | 112 | 171 | 137 | 163 | 114 | 199 | 69 | 267 | 115 | 268 | 172 | 124 | 291 | 405 | 365 | 179 | 327 | 354 | 361 | 63 | 173 | 125 | 578 | 2914 |
| 2 | 52 | 64 | 171 | 210 | 173 | 212 | 109 | 254 | 89 | 207 | 74 | 83 | 124 | 174 | 291 | 405 | 365 | 179 | 327 | 143 | 64 | 63 | 13 | 160 | 870 | 2136 |
| 2 | 52 | 64 | 76 | 92 | 86 | 106 | 78 | 181 | 48 | 112 | 75 | 174 | 49 | 280 | 25 | 146 | 15 | 91 | 5 | 60 | 4 | 51 | 7 | 85 | 520 | 1442 |
| 1 | 147 | 179 | 369 | 451 | 449 | 560 | 330 | 771 | 291 | 678 | 252 | 516 | 120 | 1058 | 56 | 828 | 40 | 751 | 10 | 679 | 9 | 624 | 20 | 510 | 2093 | 7605 |
| 一共 | | | | | | | | | | | | | | | | | | | | | | | | | | |
| 25岁 | | | | | | | | | | | | | | | | | | | | | | | | | | |
| 4 | | | | 8 | | 11 | | 13 | | 26 | | 35 | | 16 | | 44 | | 81 | | 141 | | 193 | | 220 | | 165 | | 60 | 1136 |
| 3 | 97 | 133 | 112 | 180 | 154 | 171 | 111 | 235 | 112 | 314 | 68 | 193 | 77 | 221 | 193 | 465 | 180 | 150 | 428 | 406 | 406 | 48 | 190 | 180 | 574 | 3365 |
| 2 | 48 | 67 | 78 | 107 | 82 | 114 | 73 | 206 | 42 | 118 | 69 | 198 | 44 | 391 | 21 | 158 | 6 | 44 | 4 | 42 | 5 | 46 | 16 | 136 | 484 | 1627 |
| 1 | 145 | 200 | 378 | 521 | 446 | 645 | 315 | 894 | 271 | 768 | 230 | 656 | 107 | 1256 | 45 | 881 | 26 | 815 | 9 | 721 | 9 | 665 | 28 | 566 | 2009 | 8588 |
| 一共 | | | | | | | | | | | | | | | | | | | | | | | | | | |

156

续表

| 强度区间 | 5月 基础身体训练 | 5月 专门身体训练 | 6月 基础身体训练 | 6月 专门身体训练 | 7月 基础身体训练 | 7月 专门身体训练 | 8月 基础身体训练 | 8月 专门身体训练 | 9月 基础身体训练 | 9月 专门身体训练 | 10月 基础身体训练 | 10月 专门身体训练 | 11月 基础身体训练 | 11月 专门身体训练 | 12月 基础身体训练 | 12月 专门身体训练 | 1月 基础身体训练 | 1月 专门身体训练 | 2月 基础身体训练 | 2月 专门身体训练 | 3月 基础身体训练 | 3月 专门身体训练 | 4月 基础身体训练 | 4月 专门身体训练 | 总容量 基础身体训练 | 总容量 专门身体训练 |
|---|---|---|---|---|---|---|---|---|---|---|---|---|---|---|---|---|---|---|---|---|---|---|---|---|---|---|
| | | | | | | | | | | | | | | | | | | | | | | | | | | |

26岁

| 强度区间 | 5基础 | 5专门 | 6基础 | 6专门 | 7基础 | 7专门 | 8基础 | 8专门 | 9基础 | 9专门 | 10基础 | 10专门 | 11基础 | 11专门 | 12基础 | 12专门 | 1基础 | 1专门 | 2基础 | 2专门 | 3基础 | 3专门 | 4基础 | 4专门 | 总基础 | 总专门 |
|---|---|---|---|---|---|---|---|---|---|---|---|---|---|---|---|---|---|---|---|---|---|---|---|---|---|---|
| 4 | | | | 9 | | 13 | | 40 | | 82 | 36 | 107 | 17 | 49 | | 81 | | 154 | | 209 | | 231 | | 176 | | 66 | 116 | 1208 |
| 3 | 97 | 145 | 110 | 165 | 26 | 251 | 110 | 330 | 110 | 330 | 69 | 206 | 330 | 490 | 418 | 418 | 19 | 440 | 4 | 418 | 3 | 418 | 12 | 204 | 566 | 3510 |
| 2 | 48 | 73 | 176 | 264 | 167 | 264 | 105 | 313 | 83 | 247 | 77 | 231 | 61 | 333 | 24 | 196 | 6 | 157 | 3 | 62 | 4 | 52 | 9 | 197 | 837 | 2618 |
| 1 | 145 | 218 | 75 | 112 | 176 | 125 | 72 | 214 | 41 | 124 | 69 | 206 | 41 | 1234 | 21 | 166 | 25 | 49 | 7 | 52 | 7 | 62 | 21 | 145 | 473 | 1661 |
| 一共 | | | 370 | 554 | 453 | 680 | 315 | 939 | 270 | 808 | 232 | 692 | 102 | 333 | 45 | 934 | | 855 | | 763 | | 708 | | 612 | 1992 | 8997 |

表 3-5-8　9~14岁女子滑雪运动员年度训练周期(千米数)中的周期方法建议比例(百数分)

| 强度区间 | 4 基础 | 4 专门 | 5 基础 | 5 专门 | 6 基础 | 6 专门 | 7 基础 | 7 专门 | 8 基础 | 8 专门 | 9 基础 | 9 专门 | 10 基础 | 10 专门 | 11 基础 | 11 专门 | 12 基础 | 12 专门 | 1 基础 | 1 专门 | 2 基础 | 2 专门 | 3 基础 | 3 专门 | 总容量 基础 | 总容量 专门 |
|---|---|---|---|---|---|---|---|---|---|---|---|---|---|---|---|---|---|---|---|---|---|---|---|---|---|---|
| 月份 | | | | | | | | | | | | | 9岁 | | | | | | | | | | | | | |
| 4 | | | | | | | | | 1 | | 1 | | | | | | | | | | | | | | 2 | 6.5 |
| 3 | | | | | | | | | 2 | 0.5 | 2.5 | 1 | 1 | | | | 1.5 | 1.5 | 1.5 | 3.5 | 2.5 | 3.5 | 1 | 1 | 6.5 | 11 |
| 2 | 22 | 1 | 24 | 1 | 40 | 2 | 39 | 7 | 38 | 7 | 34 | 6 | 23 | 10 | 36 | 15 | 22 | 10 | 8 | 15 | 8 | 13 | 8 | 11 | 304 | 98 |
| 1 | 16 | 1 | 22 | 1 | 29 | 1 | 32 | 6 | 37 | 7 | 31 | 6 | 28 | 12 | 35 | 15 | 27 | 12 | 12 | 20 | 12 | 18 | 13 | 20 | 295 | 119 |
| 一共 | 38 | 2 | 46 | 2 | 69 | 3 | 72 | 13 | 78 | 14.5 | 69 | 13 | 52 | 22 | 71 | 30 | 49 | 25 | 23 | 40 | 20 | 37 | 21 | 33 | 607.5 | 234.5 |
| 月份 | | | | | | | | | | | | | 10岁 | | | | | | | | | | | | | |
| 4 | | | | | | | | | 1 | | 1 | | | | | | | | | | | | | | 2 | 8 |
| 3 | | | | | | | | | 2 | 1 | 3 | 1 | 1 | | | | 2 | 2 | 2 | 4 | 3 | 4 | 1 | 1 | 7 | 13 |
| 2 | 27 | 1 | 29 | 1 | 48 | 2 | 47 | 8 | 46 | 8 | 40 | 7 | 27 | 12 | 43 | 14 | 27 | 11 | 12 | 28 | 10 | 15 | 9 | 14 | 365 | 121 |
| 1 | 19 | 1 | 27 | 1 | 33 | 2 | 38 | 7 | 44 | 8 | 37 | 7 | 33 | 14 | 41 | 18 | 32 | 14 | 16 | 23 | 14 | 22 | 16 | 23 | 350 | 140 |
| 一共 | 46 | 2 | 56 | 2 | 81 | 4 | 86 | 15 | 93 | 17 | 81 | 15 | 61 | 26 | 84 | 32 | 59 | 29 | 28 | 57 | 24 | 44 | 25 | 39 | 724 | 282 |

续表

**11岁**

| 强度区间 | 4 基础 | 4 专门 | 5 基础 | 5 专门 | 6 基础 | 6 专门 | 7 基础 | 7 专门 | 8 基础 | 8 专门 | 9 基础 | 9 专门 | 10 基础 | 10 专门 | 11 基础 | 11 专门 | 12 基础 | 12 专门 | 1 基础 | 1 专门 | 2 基础 | 2 专门 | 3 基础 | 3 专门 | 总容量 基础 | 总容量 专门 |
|---|---|---|---|---|---|---|---|---|---|---|---|---|---|---|---|---|---|---|---|---|---|---|---|---|---|---|
| 4 |  |  |  |  |  |  |  |  | 1.5 | 1.5 | 1.5 |  |  |  |  |  |  |  |  | 4 |  | 5 |  | 1.5 | 3 | 14.5 |
| 3 |  |  |  |  |  |  | 1.5 | 1.5 | 4 | 4 | 5 | 2 | 1.5 | 1.5 |  |  |  | 4 |  | 7 |  | 7 |  | 1.5 | 12 | 22.5 |
| 2 | 45 | 5 | 81 | 9 | 89 | 10 | 77 | 22 | 76 | 21 | 66 | 18 | 44 | 26 | 69 | 40 | 43 | 25 | 21 | 33 | 18 | 27 | 16 | 25 | 645 | 261 |
| 1 | 32 | 4 | 57 | 6 | 73 | 8 | 63 | 18 | 73 | 20 | 62 | 17 | 53 | 31 | 67 | 39 | 52 | 30 | 28 | 42 | 26 | 38 | 28 | 42 | 614 | 295 |
| 一共 | 77 | 9 | 138 | 15 | 162 | 18 | 141.5 | 40 | 155 | 42 | 135 | 37 | 99 | 57 | 136 | 79 | 95 | 63 | 49 | 86 | 44 | 77 | 44 | 70 | 1274 | 593 |

**12岁**

| 强度区间 | 4 基础 | 4 专门 | 5 基础 | 5 专门 | 6 基础 | 6 专门 | 7 基础 | 7 专门 | 8 基础 | 8 专门 | 9 基础 | 9 专门 | 10 基础 | 10 专门 | 11 基础 | 11 专门 | 12 基础 | 12 专门 | 1 基础 | 1 专门 | 2 基础 | 2 专门 | 3 基础 | 3 专门 | 总容量 基础 | 总容量 专门 |
|---|---|---|---|---|---|---|---|---|---|---|---|---|---|---|---|---|---|---|---|---|---|---|---|---|---|---|
| 4 |  |  |  |  |  |  |  |  | 2 |  | 2 |  |  |  |  |  |  |  |  | 5 |  | 6 |  | 2 | 4 | 18 |
| 3 |  |  |  |  |  |  | 2 |  | 4 | 2 | 7 | 2 | 2 |  |  |  |  | 5 |  | 9 |  | 9 |  | 2 | 15 | 29 |
| 2 | 48 | 8 | 51 | 9 | 85 | 15 | 83 | 27 | 81 | 27 | 71 | 23 | 47 | 31 | 73 | 49 | 46 | 30 | 24 | 36 | 29 | 30 | 18 | 28 | 647 | 313 |
| 1 | 34 | 6 | 48 | 8 | 60 | 10 | 68 | 22 | 78 | 26 | 66 | 22 | 56 | 38 | 71 | 47 | 55 | 37 | 31 | 47 | 49 | 43 | 31 | 47 | 627 | 353 |
| 一共 | 82 | 14 | 99 | 17 | 145 | 25 | 153 | 49 | 165 | 55 | 146 | 47 | 105 | 69 | 144 | 96 | 101 | 77 | 55 | 97 | 49 | 88 | 49 | 79 | 1293 | 713 |

159

续表

| 强度区间 | 月份 4 基础 | 4 专门 | 5 基础 | 5 专门 | 6 基础 | 6 专门 | 7 基础 | 7 专门 | 8 基础 | 8 专门 | 9 基础 | 9 专门 | 10 基础 | 10 专门 | 11 基础 | 11 专门 | 12 基础 | 12 专门 | 1 基础 | 1 专门 | 2 基础 | 2 专门 | 3 基础 | 3 专门 | 总容量 基础 | 总容量 专门 |
|---|---|---|---|---|---|---|---|---|---|---|---|---|---|---|---|---|---|---|---|---|---|---|---|---|---|---|
| **13岁** | | | | | | | | | | | | | | | | | | | | | | | | | | |
| 4 | 67 |  |  | 17 | 1 |  | 4 | 2 | 8 | 3 | 11 | 5 | 2 |  | 6 |  | 16 |  | 25 |  | 25 |  | 6 |  | 23 | 88 |
| 3 | 38 | 17 | 69 | 14 | 116 | 29 | 18 | 7 | 21 | 9 | 23 | 10 | 64 |  | 11 |  | 30 |  | 33 |  | 30 |  | 22 |  | 65 | 152 |
| 2 | 105 | 9 | 58 | 31 | 71 | 18 | 106 | 45 | 104 | 44 | 84 | 36 | 68 | 53 | 76 | 55 | 44 | 109 | 47 | 158 | 38 | 142 | 40 | 126 | 824 | 486 |
| 1 | 38 | 26 | 127 | 188 | 72 | 47 | 72 | 31 | 84 | 36 | 69 | 29 | 134 | 55 | 67 | 109 | 45 | 53 | 28 | 46 | 21 | 58 | 681 | 464 |  |  |
| 一共 | 105 | 127 | 188 | 200 | 217 | 187 | 134 | 175 | 160 | 135 | 158 | 142 | 92 | 85 | 108 | 80 | 68 | 69 | 126 | 1593 | 1190 |  |  |  |  |  |
| **14岁** | | | | | | | | | | | | | | | | | | | | | | | | | | |
| 4 | 68 |  |  | 17 | 2 |  | 5 | 3 | 8 | 4 | 12 | 6 | 1.5 |  | 8 |  | 18 |  | 27 |  | 27 |  | 8 |  | 25 | 101 |
| 3 | 38 | 13 | 70 | 18 | 117 | 39 | 18 | 9 | 21 | 11 | 23 | 13 | 63 | 1.5 | 12 |  | 33 |  | 36 |  | 33 |  | 24 |  | 65.5 | 173.5 |
| 2 | 106 | 30 | 59 | 41 | 72 | 24 | 105 | 57 | 103 | 56 | 84 | 45 | 66 | 63 | 91 | 52 | 53 | 55 | 44 | 46 | 816 | 589 |  |  |  |  |
| 1 |  |  | 129 | 191 | 64 | 39 | 72 | 39 | 84 | 45 | 68 | 37 | 131 | 66 | 79 | 106 | 54 | 61 | 57 | 70 | 29 | 672 | 563 |  |  |  |
| 一共 | 106 | 129 | 191 | 200 | 216 | 187 | 131 | 172 | 190 | 158 | 179 | 161 | 148 | 1578.5 | 1426.5 |  |  |  |  |  |  |  |  |  |  |  |

160

### 第三章 理论和技术

**表3-5-9 15~18岁女子滑雪运动员年度训练周期（千米数）中的周期方法建议比例（百数分）**

月份

| 强度区间 | 4月基础 | 4月专门 | 5月基础 | 5月专门 | 6月基础 | 6月专门 | 7月基础 | 7月专门 | 8月基础 | 8月专门 | 9月基础 | 9月专门 | 10月基础 | 10月专门 | 11月基础 | 11月专门 | 12月基础 | 12月专门 | 1月基础 | 1月专门 | 2月基础 | 2月专门 | 3月基础 | 3月专门 | 总容量基础 | 总容量专门 |
|---|---|---|---|---|---|---|---|---|---|---|---|---|---|---|---|---|---|---|---|---|---|---|---|---|---|---|
| **15岁** |||||||||||||||||||||||||||
| 4 |  |  |  |  |  |  | 6 | 4 | 13 | 8 | 17 | 11 | 3 | 4 |  | 10 |  | 31 |  | 38 |  | 38 |  | 24 | 39 | 168 |
| 3 |  |  | 7 | 3 | 12 | 5 | 31 | 21 | 38 | 25 | 40 | 26 | 6 | 8 |  | 31 |  | 59 |  | 63 |  | 59 |  | 52 | 134 | 352 |
| 2 | 70 | 31 | 74 | 31 | 123 | 52 | 107 | 71 | 103 | 68 | 84 | 56 | 63 | 77 | 91 | 112 | 50 | 62 | 20 | 60 | 16 | 47 | 18 | 52 | 819 | 719 |
| 1 | 41 | 18 | 56 | 24 | 74 | 31 | 69 | 46 | 80 | 53 | 63 | 42 | 64 | 79 | 79 | 96 | 47 | 58 | 21 | 63 | 19 | 58 | 19 | 58 | 632 | 626 |
| 一共 | 111 | 49 | 137 | 58 | 209 | 88 | 213 | 142 | 234 | 154 | 204 | 135 | 136 | 168 | 170 | 249 | 97 | 210 | 41 | 224 | 35 | 202 | 37 | 186 | 1624 | 1865 |
| **16岁** |||||||||||||||||||||||||||
| 4 |  |  |  |  |  |  | 7 | 5 | 13 | 11 | 18 | 14 | 3 | 5 |  | 12 |  | 36 |  | 44 |  | 44 |  | 28 | 41 | 199 |
| 3 |  |  | 8 | 4 | 13 | 7 | 33 | 27 | 40 | 32 | 42 | 34 | 6 | 10 |  | 36 |  | 68 |  | 72 |  | 68 |  | 60 | 142 | 418 |
| 2 | 75 | 41 | 78 | 42 | 130 | 70 | 112 | 92 | 108 | 88 | 88 | 72 | 64 | 96 | 93 | 139 | 51 | 77 | 18 | 74 | 14 | 58 | 16 | 64 | 847 | 913 |
| 1 | 44 | 24 | 60 | 32 | 78 | 42 | 73 | 59 | 84 | 68 | 66 | 54 | 66 | 98 | 8 | 120 | 48 | 72 | 19 | 77 | 18 | 70 | 18 | 70 | 582 | 786 |
| 一共 | 119 | 65 | 146 | 78 | 221 | 119 | 225 | 183 | 245 | 199 | 214 | 174 | 139 | 209 | 101 | 307 | 99 | 253 | 37 | 267 | 32 | 240 | 34 | 222 | 1612 | 2316 |

161

续表

| 强度区间 | 4月 基础 | 4月 专门 | 5月 基础 | 5月 专门 | 6月 基础 | 6月 专门 | 7月 基础 | 7月 专门 | 8月 基础 | 8月 专门 | 9月 基础 | 9月 专门 | 10月 基础 | 10月 专门 | 11月 基础 | 11月 专门 | 12月 基础 | 12月 专门 | 1月 基础 | 1月 专门 | 2月 基础 | 2月 专门 | 3月 基础 | 3月 专门 | 总容量 基础 | 总容量 专门 |
|---|---|---|---|---|---|---|---|---|---|---|---|---|---|---|---|---|---|---|---|---|---|---|---|---|---|---|
| **17岁** | | | | | | | | | | | | | | | | | | | | | | | | | | |
| 4 |  |  | 2 | 2 | 2 | 2 | 9 | 9 | 18 | 18 | 22 | 23 | 6 | 12 |  | 27 |  | 49 |  | 58 |  | 63 |  | 36 | 59 | 299 |
| 3 |  |  | 8 | 5 | 29 | 20 | 47 | 47 | 54 | 54 | 61 | 61 | 14 | 26 |  | 67 |  | 103 |  | 108 |  | 103 |  | 99 | 213 | 693 |
| 2 | 81 | 54 | 78 | 52 | 132 | 88 | 113 | 112 | 108 | 108 | 87 | 88 | 61 | 114 | 90 | 166 | 49 | 90 | 15 | 84 | 11 | 65 | 13 | 72 | 838 | 1093 |
| 1 | 32 | 22 | 54 | 36 | 65 | 43 | 61 | 60 | 72 | 72 | 54 | 54 | 55 | 102 | 68 | 125 | 38 | 70 | 12 | 69 | 10 | 57 | 11 | 61 | 532 | 771 |
| 一共 | 113 | 76 | 142 | 95 | 228 | 153 | 230 | 228 | 252 | 252 | 224 | 226 | 136 | 254 | 158 | 385 | 87 | 312 | 27 | 319 | 21 | 288 | 24 | 268 | 1642 | 2856 |
| **18岁** | | | | | | | | | | | | | | | | | | | | | | | | | | |
| 4 |  |  | 3 | 2 | 11 | 8 | 18 | 22 | 23 | 27 | 9 | 11 | 9 | 21 |  | 55 |  | 65 |  | 70 |  | 40 |  | 5 | 73 | 326 |
| 3 |  |  | 30 | 25 | 58 | 47 | 54 | 66 | 56 | 69 | 20 | 25 | 23 | 52 |  | 115 |  | 120 |  | 115 |  | 110 |  | 15 | 241 | 759 |
| 2 | 82 | 68 | 135 | 110 | 138 | 112 | 108 | 132 | 88 | 107 | 88 | 107 | 85 | 200 | 46 | 109 | 33 | 77 | 12 | 73 | 14 | 81 | 21 | 124 | 850 | 1300 |
| 1 | 33 | 27 | 66 | 54 | 74 | 61 | 72 | 88 | 54 | 66 | 78 | 97 | 65 | 150 | 36 | 84 | 27 | 63 | 11 | 64 | 12 | 68 | 15 | 85 | 543 | 907 |
| 一共 | 115 | 95 | 234 | 191 | 281 | 228 | 252 | 308 | 221 | 269 | 195 | 240 | 182 | 423 | 82 | 363 | 60 | 325 | 23 | 322 | 26 | 299 | 36 | 229 | 1707 | 3292 |

表 3-5-10 19-23 岁女子滑雪运动员年度训练周期(千米数)中的周期方法建议比例(百数分)

| 强度区间 | 月份 | 5 基础身体训练 | 5 专门身体训练 | 6 基础身体训练 | 6 专门身体训练 | 7 基础身体训练 | 7 专门身体训练 | 8 基础身体训练 | 8 专门身体训练 | 9 基础身体训练 | 9 专门身体训练 | 10 基础身体训练 | 10 专门身体训练 | 11 基础身体训练 | 11 专门身体训练 | 12 基础身体训练 | 12 专门身体训练 | 1 基础身体训练 | 1 专门身体训练 | 2 基础身体训练 | 2 专门身体训练 | 3 基础身体训练 | 3 专门身体训练 | 4 基础身体训练 | 4 专门身体训练 | 总容量 基础身体训练 | 总容量 专门身体训练 |
|---|---|---|---|---|---|---|---|---|---|---|---|---|---|---|---|---|---|---|---|---|---|---|---|---|---|---|---|
| 19岁 |
| 4 | | | | 3 | 2 | 15 | 12 | 22 | 27 | 30 | 33 | 12 | 15 | 38 | | | | | | | | | | | 82 | 461 |
| 3 | | 85 | 70 | 45 | 37 | 79 | 64 | 72 | 87 | 72 | 87 | 32 | 39 | 110 | | | | | 154 | 148 | 27 | | | | 300 | 1071 |
| 2 | | 33 | 27 | 145 | 119 | 145 | 119 | 114 | 139 | 94 | 115 | 91 | 112 | 223 | | 111 | | 81 | 74 | 74 | 74 | 16 | 143 | | | 883 | 1380 |
| 1 | | | | 60 | 50 | 69 | 57 | 69 | 85 | 47 | 57 | 77 | 93 | 146 | | 73 | | 42 | 50 | 8 | 54 | 10 | 94 | | | 488 | 828 |
| 一共 | | 118 | 97 | 253 | 208 | 308 | 252 | 277 | 338 | 243 | 292 | 212 | 259 | 517 | 158 | 408 | 79 | 376 | 371 | 14 | 342 | 26 | 280 | | | 1753 | 3740 |
| 20岁 |
| 4 | | | | 3 | | 15 | 12 | 21 | 33 | 28 | 43 | 12 | 28 | 42 | | | | | | | | | | | 79 | 530 |
| 3 | | 84 | 33 | 45 | 45 | 78 | 69 | 69 | 105 | 69 | 105 | 31 | 47 | 120 | | 168 | | 102 | 168 | 162 | 72 | 30 | 18 | | | 292 | 1208 |
| 2 | | 117 | 84 | 144 | 144 | 144 | 144 | 110 | 166 | 91 | 137 | 88 | 134 | 236 | 100 | 122 | 52 | 89 | 81 | 9 | 81 | 11 | 157 | | | 885 | 1575 |
| 1 | | 33 | 33 | 60 | 60 | 69 | 69 | 67 | 101 | 45 | 69 | 74 | 112 | 160 | 68 | 80 | 34 | 47 | 54 | 6 | 60 | 15 | 103 | 28 | | 492 | 948 |
| 一共 | | 117 | 117 | 252 | 252 | 306 | 306 | 267 | 405 | 233 | 354 | 205 | 321 | 558 | 168 | 448 | 86 | 412 | 405 | 15 | 375 | 28 | 308 | | | 1748 | 4261 |

163

续表

| 强度区间 | 月份 5 基础身体训练 | 5 专门身体训练 | 6 基础身体训练 | 6 专门身体训练 | 7 基础身体训练 | 7 专门身体训练 | 8 基础身体训练 | 8 专门身体训练 | 9 基础身体训练 | 9 专门身体训练 | 10 基础身体训练 | 10 专门身体训练 | 11 基础身体训练 | 11 专门身体训练 | 12 基础身体训练 | 12 专门身体训练 | 1 基础身体训练 | 1 专门身体训练 | 2 基础身体训练 | 2 专门身体训练 | 3 基础身体训练 | 3 专门身体训练 | 4 基础身体训练 | 4 专门身体训练 | 总容量 基础身体训练 | 总容量 专门身体训练 |
|---|---|---|---|---|---|---|---|---|---|---|---|---|---|---|---|---|---|---|---|---|---|---|---|---|---|---|
| 21岁 |  |  |  |  |  |  |  |  |  |  |  |  |  |  |  |  |  |  |  |  |  |  |  |  |  |  |
| 4 | | | | 7 | | 16 | | 20 | | 27 | | 14 | | 45 | | 84 | | 117 | | 130 | | 97 | | | | 675 |
| 3 | 78 | 97 | 68 | | 90 | | 75 | | 77 | | 43 | | 156 | | 208 | | 221 | | 208 | | 208 | | 17 | 58 | 83 | 1608 |
| 2 | 29 | 36 | 135 | 164 | 135 | 164 | 100 | 186 | 100 | 186 | 79 | 148 | 296 | 177 | 140 | 88 | 115 | 26 | 8 | 76 | 8 | 76 | 7 | 65 | 340 | 1800 |
| 1 | 107 | 133 | 50 | 60 | 55 | 68 | 59 | 110 | 34 | 63 | 56 | 106 | 74 | 674 | 35 | 520 | 28 | 479 | 3 | 29 | 3 | 29 | 24 | 71 | 797 | 863 |
| 一共 | | | 246 | 299 | 296 | 366 | 254 | 473 | 238 | 444 | 192 | 359 | 118 | 674 | 57 | 520 | 34 | 479 | 11 | 410 | 11 | 410 | 346 | 368 | 1588 | 4946 |
| 22岁 |  |  |  |  |  |  |  |  |  |  |  |  |  |  |  |  |  |  |  |  |  |  |  |  |  |  |
| 4 | | | | 8 | | 19 | | 22 | | 29 | | 15 | | 49 | | 91 | | 126 | | 140 | | 105 | | | | 728 |
| 3 | 85 | 104 | 60 | 73 | 98 | 119 | 81 | 150 | 83 | 155 | 47 | 86 | 168 | 202 | 224 | 161 | 238 | 131 | 224 | 82 | 224 | 82 | 18 | 63 | 91 | 1731 |
| 2 | 32 | 38 | 145 | 177 | 145 | 177 | 112 | 210 | 108 | 200 | 86 | 159 | 339 | 758 | 28 | 102 | 23 | 30 | 3 | 32 | 3 | 32 | 8 | 70 | 369 | 1986 |
| 1 | 117 | 142 | 55 | 64 | 60 | 73 | 64 | 118 | 37 | 68 | 61 | 114 | 60 | 36 | 17 | 45 | 5 | 28 | 12 | 478 | 12 | 478 | 26 | 76 | 828 | 949 |
| 一共 | | | 266 | 322 | 322 | 392 | 279 | 519 | 257 | 478 | 209 | 386 | 96 | 758 | 45 | 578 | 28 | 525 | 12 | 443 | 12 | 443 | 373 | 381 | 1669 | 5394 |

164

续表

| 强度区间 | 月份 5 基础身体训练 | 5 专门身体训练 | 6 基础 | 6 专门 | 7 基础 | 7 专门 | 8 基础 | 8 专门 | 9 基础 | 9 专门 | 10 基础 | 10 专门 | 11 基础 | 11 专门 | 12 基础 | 12 专门 | 1 基础 | 1 专门 | 2 基础 | 2 专门 | 3 基础 | 3 专门 | 4 基础 | 4 专门 | 总容量 基础 | 总容量 专门 |
|---|---|---|---|---|---|---|---|---|---|---|---|---|---|---|---|---|---|---|---|---|---|---|---|---|---|---|
| 4 | | | 6 | 8 | 22 | 27 | 21 | 50 | 29 | 67 | 13 | 29 | | 60 | | 106 | | 144 | | 155 | | 120 | | 70 | 91 | 836 |
| 3 | 74 | 91 | 86 | 104 | 132 | 161 | 91 | 212 | 92 | 216 | 57 | 134 | 230 | 323 | 295 | 127 | 309 | 102 | 292 | 39 | 294 | 39 | 143 | 10 | 458 | 2390 |
| 2 | 36 | 44 | 139 | 170 | 135 | 166 | 88 | 204 | 69 | 162 | 66 | 153 | 59 | 224 | 22 | 110 | 17 | 31 | 3 | 31 | 2 | 31 | 132 | 6 | 684 | 1708 |
| 1 | 110 | 135 | 56 | 69 | 64 | 79 | 59 | 137 | 34 | 78 | 56 | 134 | 39 | 837 | 19 | 638 | 5 | 586 | 4 | 517 | 4 | 484 | 68 | 16 | 382 | 1036 |
| 一共 | | | 287 | 351 | 353 | 433 | 259 | 603 | 224 | 523 | 192 | 450 | 98 | 837 | 41 | | 22 | | 7 | | 6 | | 413 | | 1615 | 5970 |

23 岁

表 3-5-11 24-26岁女子滑雪运动员年度训练周期(千米数)中的周期方法建议比例(百数分)

| 强度区间 | 月份 | 5 基础身体训练 | 5 专门身体训练 | 6 基础身体训练 | 6 专门身体训练 | 7 基础身体训练 | 7 专门身体训练 | 8 基础身体训练 | 8 专门身体训练 | 9 基础身体训练 | 9 专门身体训练 | 10 基础身体训练 | 10 专门身体训练 | 11 基础身体训练 | 11 专门身体训练 | 12 基础身体训练 | 12 专门身体训练 | 1 基础身体训练 | 1 专门身体训练 | 2 基础身体训练 | 2 专门身体训练 | 3 基础身体训练 | 3 专门身体训练 | 4 基础身体训练 | 4 专门身体训练 | 总容量 基础身体训练 | 总容量 专门身体训练 |
|---|---|---|---|---|---|---|---|---|---|---|---|---|---|---|---|---|---|---|---|---|---|---|---|---|---|---|---|
| | 24岁 | | | | | | | | | | | | | | | | | | | | | | | | | | |
| 4 | | | | 7 | 9 | 24 | | 24 | 56 | 31 | 73 | 14 | 34 | | 64 | | 112 | | 152 | | 168 | | 128 | 6 | 80 | 100 | 906 |
| 3 | | 79 | 96 | 90 | 110 | 136 | 168 | 96 | 224 | 96 | 224 | 60 | 140 | 240 | | 304 | | 304 | | 320 | | 304 | | 304 | 12 | 152 | 478 | 2490 |
| 2 | | 40 | 48 | 144 | 176 | 144 | 176 | 91 | 213 | 72 | 168 | 67 | 157 | 340 | | 136 | 24 | 109 | 19 | 45 | 3 | 45 | 3 | 45 | 7 | 140 | 718 | 1801 |
| 1 | | 119 | 144 | 61 | 75 | 68 | 84 | 62 | 146 | 36 | 84 | 60 | 140 | 232 | 20 | 116 | 6 | 34 | 3 | 37 | 3 | 37 | 6 | 74 | 405 | 1107 |
| 一共 | | 119 | 144 | 302 | 370 | 372 | 458 | 273 | 639 | 235 | 549 | 201 | 471 | 876 | 44 | 668 | 25 | 615 | 6 | 554 | 18 | 446 | 1701 | 6304 |
| | 25岁 | | | | | | | | | | | | | | | | | | | | | | | | | | |
| 4 | | | | 8 | 10 | 23 | | 22 | 63 | 29 | 81 | 13 | 38 | 67 | 119 | 161 | 178 | 136 | 4 | 85 | 95 | 969 |
| 3 | | 79 | 109 | 90 | 125 | 139 | 191 | 89 | 252 | 88 | 252 | 55 | 158 | 255 | 321 | 325 | 325 | 325 | 13 | 162 | 461 | 2691 |
| 2 | | 39 | 54 | 143 | 197 | 143 | 197 | 85 | 243 | 68 | 192 | 62 | 178 | 374 | 150 | 121 | 47 | 47 | 7 | 148 | 688 | 2003 |
| 1 | | 163 | 61 | 84 | 57 | 34 | 55 | 51 | 127 | 9 | 64 | 3 | 40 | 40 | 78 | 388 | 1248 |
| 一共 | | 118 | 163 | 302 | 416 | 373 | 512 | 253 | 721 | 219 | 621 | 185 | 530 | 949 | 37 | 717 | 25 | 671 | 7 | 590 | 7 | 548 | 20 | 473 | 1632 | 6911 |

166

续表

26岁

| 强度区间 | 5 基础身体训练 | 5 专门身体训练 | 6 基础身体训练 | 6 专门身体训练 | 7 基础身体训练 | 7 专门身体训练 | 8 基础身体训练 | 8 专门身体训练 | 9 基础身体训练 | 9 专门身体训练 | 10 基础身体训练 | 10 专门身体训练 | 11 基础身体训练 | 11 专门身体训练 | 12 基础身体训练 | 12 专门身体训练 | 1 基础身体训练 | 1 专门身体训练 | 2 基础身体训练 | 2 专门身体训练 | 3 基础身体训练 | 3 专门身体训练 | 4 基础身体训练 | 4 专门身体训练 | 总容量 基础身体训练 | 总容量 专门身体训练 |
|---|---|---|---|---|---|---|---|---|---|---|---|---|---|---|---|---|---|---|---|---|---|---|---|---|---|---|
| 4 |  |  | 7 | 11 | 22 | 32 | 23 | 67 | 29 | 88 | 14 | 40 |  | 72 |  | 126 |  | 171 |  | 189 |  | 144 |  | 90 | 95 | 1030 |
| 3 |  |  | 90 | 135 | 137 | 205 | 90 | 270 | 90 | 270 | 56 | 169 |  | 270 |  | 342 |  | 306 |  | 342 |  | 342 |  | 171 | 463 | 2822 |
| 2 | 79 | 119 | 144 | 216 | 144 | 216 | 86 | 257 | 68 | 202 | 63 | 189 | 49 | 401 | 20 | 170 | 16 | 130 | 3 | 51 | 3 | 51 | 10 | 161 | 685 | 2163 |
| 1 | 40 | 59 | 61 | 92 | 68 | 103 | 59 | 175 | 36 | 109 | 56 | 169 | 34 | 272 | 18 | 145 | 11 | 86 | 3 | 42 | 3 | 42 | 5 | 85 | 394 | 1379 |
| 一共 | 119 | 178 | 302 | 454 | 371 | 556 | 258 | 769 | 223 | 669 | 189 | 567 | 83 | 1015 | 38 | 783 | 27 | 693 | 6 | 624 | 6 | 579 | 15 | 507 | 1637 | 7394 |

上述表格中可以观察到专门物理训练周期性训练从越野滑雪初期课程一直增加到成人年龄。随着运动员年龄的增长，一般物理训练和专门物理训练的周期方法百分数发生变化，训练负荷强度也增大。

## 3.6 越野滑雪运动员各种训练负荷后的机体恢复指标

实践经验证实，在减少训练课程时，身体素质的各种水平也非同时且非同水平地下降。下降最快的是速度，所以进行最大限度或者次最大限度练习的能力降低。长时间中等强度和温和强度训练的耐力降低时间最长。随着年龄的增长，速度品质会比进行长时间负荷（甚至高强度负荷）的耐力消耗得早得多。力量品质在暂停对它的训练之后降低得比速度要稍微晚一些，但比进行长时间负荷的耐力要早。在完成动态练习时的力量比完成静态练习时下降得早。在进行训练过程中最后获得最大值的品质在停止训练时消退得早。

完成不同体育方向训练负荷时非常重要的是在高强度的情况下正确交替完成训练负荷大容量，预防机体功能系统的疲劳过度和训练过度情况。大训练负荷的完成与功能潜力的消耗、其恢复到训练前水平、其超代偿和稳定有关。训练课程过程中会完成大的物理负荷，这些过程会引发适应反应，保证促进进行长时间适应的刺激容量水平。多次训练负荷在极限短周期中能够达到最合适的水平，以完成对滑雪运动员功能训练程度的提高。在正确构建训练过程（要考虑机体的恢复时间和超恢复期）后可以排除疲劳过度、强烈的过度紧张和训练过度的情况。必须指出的是，高水平滑雪运动员在完成大量训练和比赛负荷之后，其机体能够恢复得比水平较低的运动员快。

只有正确的训练负荷和休息的组合才能够让运动员取得很好的运动成绩。定期完成训练负荷到超代偿状态会阻碍机体的恢复过程并不能达到理想的效果。训练负荷对滑雪运动员机体的影响程度取决于其大小和方向的组合。在短周期训练中应该格外慎重规划连续两节同样方向、大训练负荷的课程。规划这样的训练课程只能是在训练高水平滑雪运动员的时候，而且是需要进行耐力大幅度提高训练的时候。为年轻运动员规划连续的提高技术、独立或者协调能力的课程是没有针对性的，因为在这种情况下会破坏掉方法的大环境，而这个大环境正是相关素质的发展和训练程度提高的基础。

在规划同一天两节训练课程的时候，一定要记住，在进行完第一节提高速度能力的课后，不建议设置第二节课为提高有氧耐力，因为会导致严重的耐力抑制情况。

在进行三节不同方向的训练课程，课程间隔一昼夜时，所有其他的专业能力数据则会大大降低。降低的程度取决于交替进行不同方向训练负荷的顺序。受最多抑制的是最后一节课所要练习到的能力。完成大负荷课程之后，在极度疲劳状态下再进行同方向中小负荷的训练课程可能会加重本来的疲劳程度，而进行中小负荷课程，原则上相比之前大负荷训练来说是另一种方向的训练时，可以达到很好的机体恢复效果。同时增大大负荷课程数量，配合合理的不同方向负荷课程的组合是提高训练课程效果的最有效途径之一。

一般在一天进行两节课程时，一节要设置为主要课程，另一节为辅助课程。在某些情况下一天之中可以进行两节主要课程，或者两节辅助课程。举行两节主要课程主要是在训练高水平滑雪运动员，要为其今后提高功能潜力而不得不高负荷地作用于其机体的时候。训练负荷对滑雪运动员机体的影响程度取决于其容量和强度的组合。在小负荷容量情况下，最合适的训练作用时长是5~6周，而大负荷的情况下，训练作用时长则为3周。在完成这样的负荷之后建议做康复性休息，以激活滑雪运动员机体补偿过程。运动员可以完成3次短周期集中训练负荷，间隔7~10天的康复性休息时间，然后必须进行为期15~20天的康复性休息期。

在进行教学训练课程时，在训练过程中必须加入不同类型的训练，因为这会提高其运动能力。使用单一训练来上训练课程会让运动员机体迅速适应所进行的练习，然后其训练程度会逐渐降低并停止。这样的训练课程只建议在要完成提高运动员能力任务、省力化完成训练，或者目的在于提高其长时间完成单一训练负荷时的心理承受力时实施，这在进行长距离训练时尤为重要。

滑雪运动员机体功能潜力恢复过程可能在进行完最后的训练课程后几小时，或者长达几昼夜（图3-6-1）后停止（В. Н. 普拉顿诺夫，1986）。

训练高水平滑雪运动员在最紧张的训练时期会伴随着疲劳，这种疲劳会从以此短周期到另一个短周期进行累计，这与完成大容量、高强度的训练负荷有关。但是，积极的训练效果只能在完成几次短周期负荷之后进行短周期减负训练的情况下取得，短周期减负训练会帮助恢复机体的功能潜力。忽略这种情况会不可避免地导致运动员的身体和神经疲劳过度。

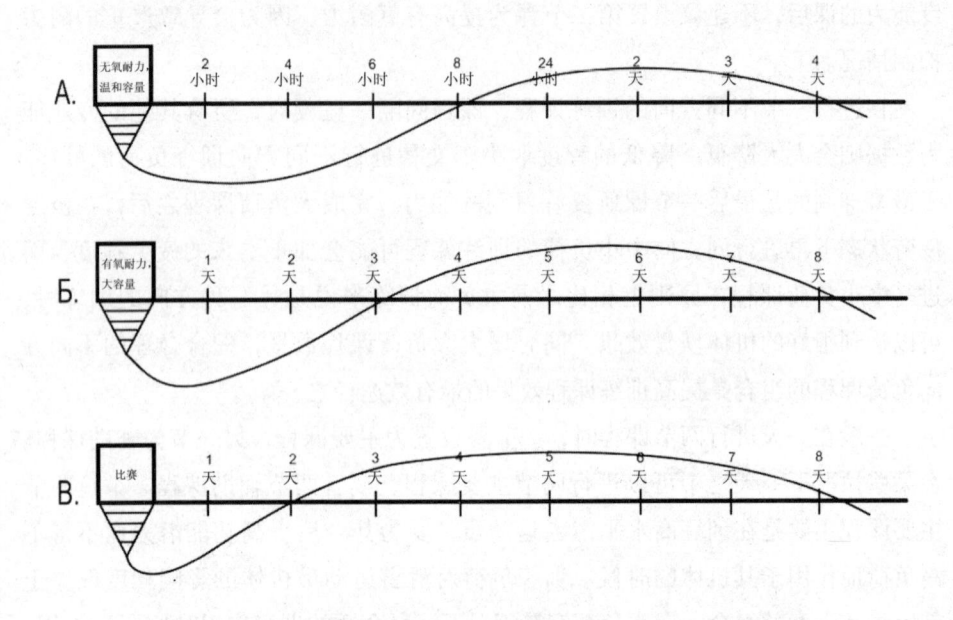

图 3-6-1　训练课程完成后能力的恢复（В. Н. 普拉顿诺夫，1986）

常规的短周期，大负荷训练对年轻的滑雪运动员来说建议在恢复性短周期之后进行。机体的疲劳和恢复过程在不同方向大负荷训练课程之后呈现波动式变化。

恢复过程时长在很多方面上取决于单独训练课程的方向。机体的功能潜力在进行协调和速度力量方向的训练课程以及提高滑雪步态技巧课程之后恢复得最快。机体会在进行大负荷训练课程之后 2~3 天内恢复。在进行周期性针对具体方向的训练课程之后运动能力降低的时间会持续 2~3 天。在第 4~5 天的时候运动能力增高的时间会持续 3~4 天。在完成极限运动负荷之后完全恢复的状态在 8~9 天后到来。在进行小型训练负荷后能力会在 4 小时后恢复，在中型训练负荷后，能力会在 12~16 小时后恢复，较大型训练负荷后则是 25~27 小时后恢复，在大型训练负荷后则在 54~60 小时后恢复（В. Н. 普拉顿诺夫，1986）（图 3-6-2）。

为了提高速度能力，在进行大负荷训练课程之后，速度耐力会在 48~72 小时之后恢复，有氧耐力会在 6~8 小时后恢复，无氧耐力则在 20~24 小时之后恢

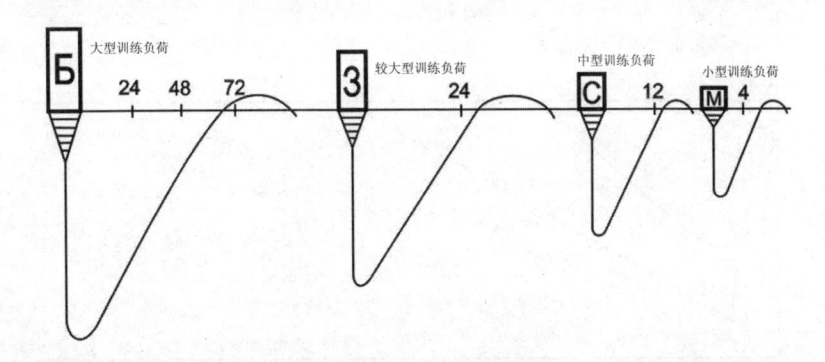

图 3-6-2 进行不同训练负荷的训练课程后的能力恢复（大-大型训练负荷，较大——较大型训练负荷，中——中型训练负荷，小——小型训练负荷）（B. H. 普拉顿诺夫，1986）

复（B. H. 普拉顿诺夫，1986）（图3-6-3）。

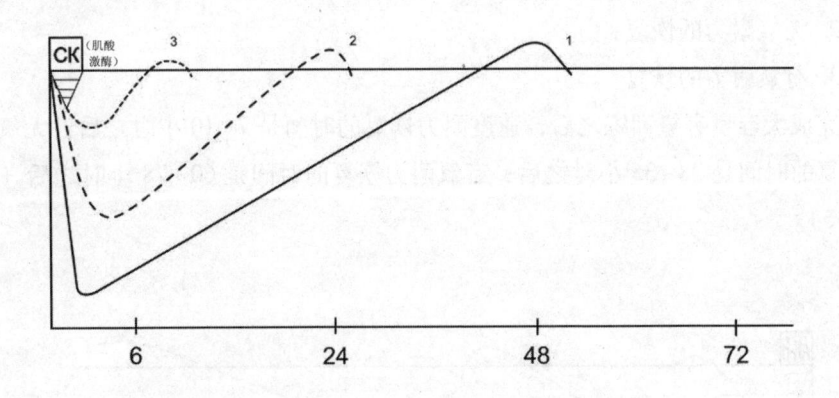

图 3-6-3 进行大容量速度训练课程之后能力的恢复
（B. H. 普拉顿诺夫，1986）

1. 速度耐力的恢复；
2. 无氧耐力的恢复；
3. 有氧耐力的恢复。

进行大容量无氧训练后恢复得最快的是有氧耐力，为 8~12 小时之后，速度耐力恢复的时间为 24~30 小时之后，而无氧耐力为 50~60 小时之后（图 3-6-

*171*

4)

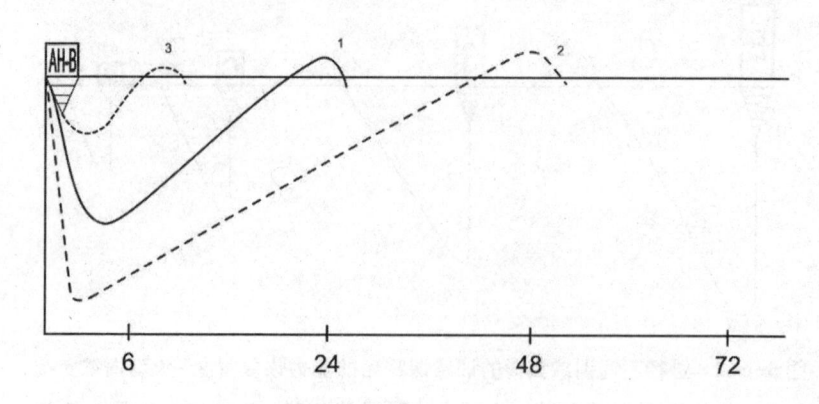

图 3-6-4 进行大容量，提高无氧耐力的训练课程之后能力的恢复
（B. H. 普拉顿诺夫，1986）

1. 速度耐力的恢复；
2. 无氧耐力的恢复；
3. 有氧耐力的恢复。

完成大容量有氧训练之后，速度耐力恢复的时间是 7~10 小时之后；无氧耐力恢复的时间是 28~35 小时之后；有氧耐力恢复的时间是 60~78 小时之后（图 3-6-5）。

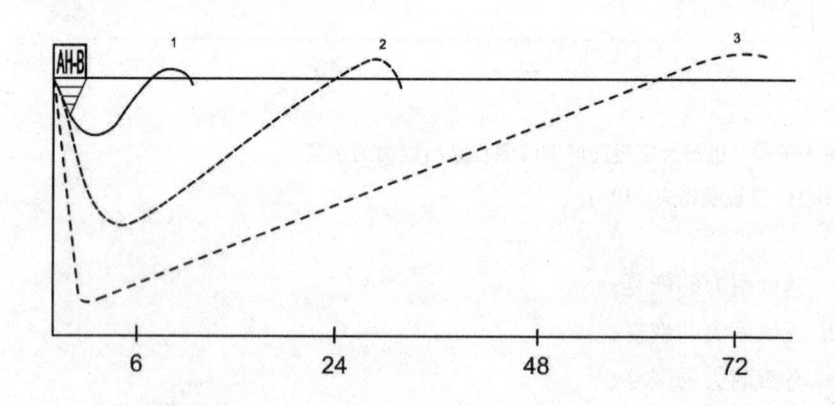

图 3-6-5 进行大容量，提高有氧耐力的训练课程之后能力的恢复
（B. H. 普拉顿诺夫，1986）

1. 速度耐力的恢复;
2. 无氧耐力的恢复;
3. 有氧耐力的恢复。

进行同时提高无氧耐力和速度耐力的训练后,首先恢复的是有氧耐力,为24~28小时之后;速度耐力恢复的时间为46~48小时之后;而无氧耐力为52~54小时之后(图3-6-4)。

(图3-6-5)进行同时提高速度耐力和无氧耐力训练课程之后的恢复情况(B.H.普拉顿诺夫,1986):

1. 速度耐力的恢复;
2. 无氧耐力的恢复;
3. 有氧耐力的恢复。

进行有氧、无氧训练后,首先恢复的是速度耐力,为23~25小时之后;无氧耐力恢复的时间是48~54小时之后;有氧耐力恢复的时间为70~74小时之后(图3-6-5)。

(图3-6-5)进行有氧、无氧耐力训练课程之后的恢复情况(B.H.普拉顿诺夫,1986):

1. 速度耐力的恢复;
2. 无氧耐力的恢复;
3. 有氧耐力的恢复。

完成速度训练课程以及24小时提高有氧耐力的训练课程之后,无氧耐力恢复的时间是24~26小时之后;速度耐力恢复的时间是38~42小时之后;有氧耐力恢复的时间是70~72小时之后(图3-6-6)。

1. 速度耐力的恢复;
2. 无氧耐力的恢复;
3. 有氧耐力的恢复。

进行3次速度、无氧和有氧训练,间隔24小时的训练课程之后,速度耐力恢复的时间是46~48小时之后;无氧耐力恢复的时间是60~64小时之后;有氧耐力恢复的时间是70~72小时之后(图3-6-7)。

1. 速度耐力的恢复;
2. 无氧耐力的恢复;
3. 有氧耐力的恢复。

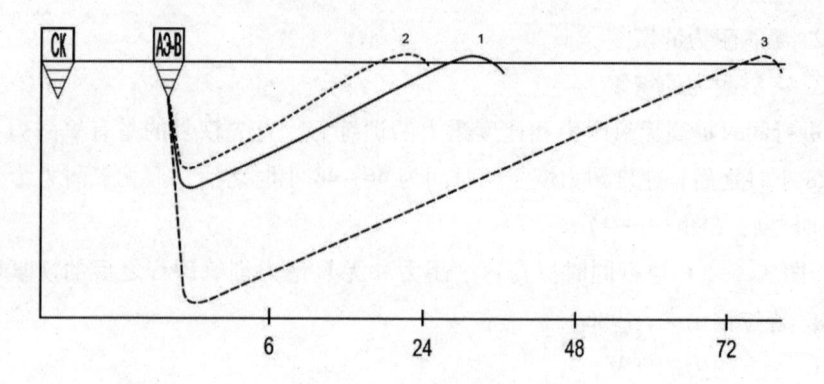

图 3-6-6　两次训练课程完成后能力的恢复
1. 速度耐力训练课程；2. 间隔 24 小时后进行的有氧耐力训练课程
（B. H. 普拉顿诺夫，1986）

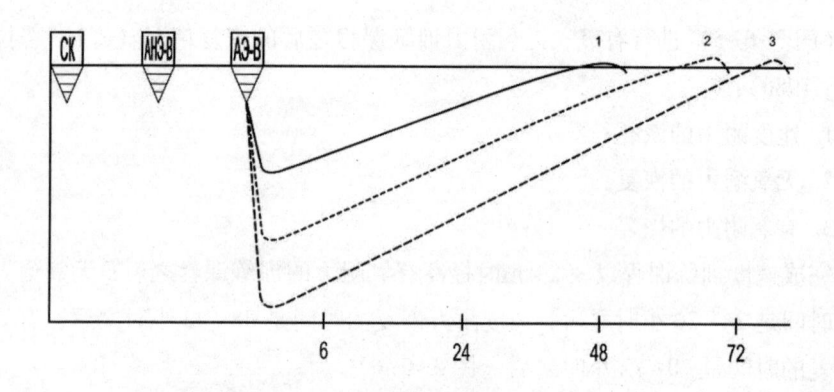

图 3-6-7　训练课程完成后能力的恢复
1. 速度耐力训练课程；2. 无氧耐力训练课程；3. 间隔 24 小时后进行的有氧耐力训练课程（B. H. 普拉顿诺夫，1986）

在制订训练计划时必须考虑到滑雪运动员机体在完成不同方向的训练负荷之后的恢复时间，这会让训练课程的进行非常高效，并达到理想的效果。

## 3.7 越野滑雪训练过程设计的时间计划和程序

多年训练要分为四个时期:

9~11岁——遴选和前期训练

主要任务:

1. 培养对越野滑雪课程的兴趣
2. 强身健体,保证不同的身体素质发展
3. 提高机体总体能力
4. 教授滑雪运动动作技巧基础

12~14岁——专业化初期

主要任务:

1. 全方位体育训练
2. 掌握滑雪步态技巧的基本要素

15~18岁——专业化深化期

主要任务:

1. 专门训练
2. 发展所有主要的身体素质
3. 滑雪步态技巧的提高

19岁及以上——取得高运动成绩的时期

主要任务:

1. 在自己年龄段取得高运动成绩
2. 滑雪步态技巧的进一步提高
3. 在成人体育中取得好的运动成绩

每个阶段都有自己具体的任务。每个运动员都需要进行所有时期的训练,这很重要。

在越野滑雪中分时期进行训练在训练年周期上具有很重要的意义,分期取决于运动员所在的气候带。年周期训练由两个时期组成——训练期和比赛期。在白俄罗斯,9岁到18岁的滑雪运动员的训练期从4月持续到10月,而比赛期从1月到3月；19岁及以上运动员的训练期从5月持续到下一年1月，而比赛期从2月到4月。这一年龄层的分期变化是根据参加白俄罗斯境外4月国际比赛来确定的。训练的必要条件是全年训练的系统化，在整个过程中要解决的问题有：

提高总体训练程度；

发展一般和专门耐力；

提高意志力；

提高技术和策略训练程度。

为了完成指定的目标，全年训练应该分时期、分阶段进行。

滑雪运动员训练的训练期在9岁到19岁之间，并分为3个阶段：

1. 春夏（4月~6月）；

2. 夏秋（6月~9月）；

3. 秋冬（10月~12月）。

每个训练阶段都有自己的任务。

春夏阶段的训练任务如下：

发展主要的身体素质（耐力、速度和力量）；

维持机体的运动和生长功能在一定的水平；

发展运动的协调性。

夏秋阶段的训练任务如下：

发展专门体能和力量耐力；

增加基础身体训练和专门身体训练；

滑雪步态技巧提高。

秋冬阶段的训练任务如下：

滑雪步态技巧提高；

发展专门体能和力量耐力；

发展运动的协调性。

比赛期及其主要任务：

发展专门身体素质；

位置总体训练程度；

提高技术能力；

在主赛季到来之前达到最高运动水平；

保持运动形式峰值。

19岁及以上滑雪运动员在年周期中阶段性完成任务的规划。

训练的准备期分为三个阶段：

1. 春夏（5月~6月）；

2. 夏秋（8月~10月）；

3. 秋冬（11月~1月）；

秋冬阶段分为中周期专门训练（11月）和长周期专门发展训练，以训练起跑（12月~1月）。

春夏训练阶段的主要任务：

一般身体训练和内部器官和机体系统高训练负荷训练；

发展基础和专门耐力；

提高技术策略水平。

夏秋训练阶段的主要任务：

在专门训练方法的帮助下，进一步提高速度和力量发展水平；

提高机体功能潜力；

提高精神意志力和技术能力；

在10月初达到运动形式第一峰值。

秋冬训练阶段的主要任务：

较大提高专门耐力和技术策略能力水平；

提高速度、力量训练程度，达到模拟比赛水平。

比赛期由一个阶段组成，时长为从2月到4月，主要任务：

提高专门耐力和速度力量；

提高技术策略水平；

在主赛季初达到并保持运动形式峰值。

上述任务既通过优化训练负荷在短、中和长周期训练的分配比例，也通过滑雪运动员参加系列比赛来完成。

训练期初期在训练课程上训练高水平滑雪运动员时，其机体的功能潜力较低，可以通过采取综合措施，多方位作用滑雪运动员机体，促进其发生适应反应。随着训练程度的增加，运动这些训练练习的效果会较低，而促进适应过程只能通过采取方向窄的方法和措施,使其全面调动机体的功能资源来实现。

在年轻滑雪运动员训练过程中应用方向窄的练习可以带来各种运动能力的区别增长。提高速度能力的训练同时会带来力量、灵活性和耐力素质的增长(B.H.普拉顿诺夫,2005)。

在制订滑雪运动员训练过程计划时必须坚持波浪式训练负荷原则,集中提高其在年度训练和多年周期训练中的强度。

年度训练周期结构的确定是通过构建训练过程的程序完成的,其主要任务是让滑雪运动员在主赛季前达到训练程度最高水平。

为了方便制定并监控训练过程,(B.C.马尔登诺维,1991)提出根据训练强度分出4个训练区间的建议:

第一强度区间是恢复性负荷区间。这样的负荷包括滑轮滑雪和滑雪,早操,热身、混合跑和步行、远足,旨在发展一般耐力和恢复能力的训练课程。在完成上述负荷的过程中,心率应不超过150次/分钟,乳酸浓度应不超过2.0 mmol/L,并且训练负荷的强度应为最大可能负荷的50%~65%。

第二强度区间是剧烈的有氧运动区间。这些负荷训练包括越野跑,模仿滑雪动作的上坡跑、滑轮滑雪和滑雪。心率应在150~165 bpm之内,乳酸的浓度应在2.5~4.0 mmol/L之内,训练负荷的强度应为最大可能负荷的65%~80%。

第三强度区间是强烈无氧训练和控制负荷区间,心率为165至180次/分钟;训练负荷的强度在最大可能负荷的80%~92%之内时产生的乳酸浓度为4.0~8.0 mmol/L。这样的负荷会形成专门的比赛能力。

第四强度区间是接近最大或最大负荷的区间,心率为180至210次/分钟、训练负荷的强度在最大可能负荷的92%~100%之内时产生的乳酸指数为8.0 mmol/L或更高。完成训练负荷的方法——重复和间隔。

在第三和第四强度区间中完成速度力量方向的负荷:多跳、模仿滑雪动作爬坡、健身器材训练、训练场等为一般物理训练。

由于无法根据生化血液参数控制训练过程,因此很大一部分训练员只能根据心率来调节训练负荷。

(表3-7-1)中给出的有关心率指标的数据将有助于教练在训练滑雪者的身体素质时,根据设定的任务来规划训练过程。

表 3-7-1 按照心率规划训练负荷

| 强度% | 心率 bpm | 心率 bpm | 发展身体素质 | 强度区间 | 训练模式 |
|---|---|---|---|---|---|
| 100 | 210 | 21 | 发展速度能力，专业能力 | IV | 无氧 |
| 100 | 200 | 20 | 发展速度能力，专业能力 | IV | 无氧 |
| 100 | 195 | 19.5 | 发展速度能力，专业能力 | IV | 无氧 |
| 95 | 190 | 19 |  | IV | 无氧 |
| 95 | 185 | 18.5 | 发展专业耐力 |  |  |
| 90 | 180 | 18 | 发展专业耐力 |  |  |
| 90 | 175 | 17.5 | 发展专业耐力 |  |  |
| 85 | 170 | 17 |  | III | 复合 |
| 80 | 165 | 16.5 | 提高耐力水平 |  | 复合 |
| 75 | 160 | 16 | 提高耐力水平 |  | 复合 |
| 70 | 155 | 15.5 |  | II | 复合 |
| 65 | 150 | 15 | 保持训练程度 |  |  |
| 60 | 145 | 14.5 | 保持训练程度 |  |  |
| 55 | 140 | 14 |  | I | 有氧 |
| 55 | 135 | 13.5 |  | I | 有氧 |
| 50 | 130 | 13 | 积极恢复 | I | 有氧 |

备注：比赛训练模式——92%~100%；发展训练模式——80%~92%；
保持模式——65%~80%；恢复模式——50%~65%

在规划训练过程时，应记住，最合理的做法是从有助于速度或速度动力素质发展的练习训练课程开始，并以增强耐力的训练结束。增强力量耐力的练习必须在训练的中间或结束时进行。

无氧反应可在很大程度上为运动员保障速度和速度力量的训练，这会引起肌肉中有氧氧化和呼吸磷酸化（ATP，肌酸）刺激物的浓度增加，还会引起碳水化合物的更强烈运动。所有这些为更好地能源供应和更成功地满足后续耐力负荷创造了前提条件。耐力负荷不会为激活无氧化学反应创造条件，而无氧化学反应是速度和许多力量训练的能量基础。为提高速度而进行的锻炼需要高强度的肌肉收缩，更大的活动性以及更大刺激和抑制过程的强度。因此，只有在

179

没有疲劳的情况下，才能在完成速度负荷训练时保持必要的运动协调性。

当进行耐力负荷训练，肌肉收缩的强度相对较小时，可以将运动活动的协调维持在某种疲劳的状态。如果训练的主要部分包括旨在提高任何一种素质的运动练习，这种情况下，可以通过改变运动，它们在训练中的不同位置以及休息间隔的大小来明显改变身体对负荷的反应。随着速度的提高或跑步训练之间速度耐力的提高，应进行跳跃练习。在课程的主要部分，这将导致血液中乳酸水平的更大提高，并且在课程的最后部分，其乳酸化速度将更快。当进行30米的16次奔跑时，建议4~6分钟和10~12分钟跳跃奔跑。厌氧反应强度的急剧增加必然导致需氧氧化反应的显著增加。

在长时间的训练负荷下，加速大致起到相同的作用。任何加速，即训练强度的提高，都伴随着ATP的失衡和低效厌氧再合成的增加。因此，当进行1小时的训练负荷时，有必要进行2分钟的加速以增强无氧糖酵解，这样可以在继续负荷训练的同时迅速降低血液中乳酸的水平。在第28~30分钟和58~60分钟进行加速情况下，第二次加速时乳酸水平的增加不太明显，并且在教学训练结束后加速了血液中生化参数的恢复。值得注意的是，过度剧烈和长时间的加速可能不会产生积极的影响，反而会产生消极的影响，即氧负担急剧增加。

当使用可变负荷方法进行教学训练时，应该改变其强度和持续时间。在这种情况下，以不同的顺序完成同一组训练负荷会使人体发生各种生化变化。比如，在距离为5×100米、4×200米、3×400米、1000米、1500米段的位置时，与用相反的顺序完成训练任务相比，血液中乳酸的增加明显更大。在训练过程中，如果各段的长度先增加然后减少，那么运动成绩就会得到最好的提高。例如，100米、300米、500米、800米、1000米、800米、500米、300米、100米。

在训练过程中，在训练课程本身之间的休息间隔的持续时间也是必不可少的。体力活动越剧烈，能量储备的消耗过程就越剧烈，恢复过程就越强。但是，如果训练负荷的强度过高，则恢复过程会变慢。因此，训练负荷应足够大且强，但不要过多。超代偿，即提高身体的功能潜力的期限，受到一定时间段的限制，其后必须再次完成训练负荷，才不会回到初始水平。只有反复完成训练负荷，我们才能达到训练效果。知道何时进行第二次训练很重要。如果在先前负荷的痕迹已经完全消除之后再执行此操作，则身体功能将不会提高。如果在完全恢复结束之前进行训练负荷，那么身体将获得慢性疲劳，而不是训练效果。此类负荷应在超代偿阶段进行，以提高功能潜力水平。

应该注意的是，并非每个重复负荷都必须在超代偿阶段中完成。间隔训练方法的本质（在恒定的休息间隔下增加训练负荷或在恒定的负荷值下减少休息间隔）正是由于不完全恢复阶段反复进行负荷训练，以使身体适应比赛条件下这种锻炼所引发的功能性和生化变化。这不仅适用于一个培训课程，而且适用于一项总的大型训练负荷中的数节课，随后应有足够的休息时间，以确保在超代偿阶段开始下一次训练课程。如果在不完全恢复阶段开始以下训练课程（在4~5天的训练周期内），则应使用反映身体状态（血尿素水平）的生化指标来进行分析。在物理负荷运动后，经过充分的休息，血液中尿素的水平会在第二天早晨完全恢复正常，如果休息不足，尿素水平将保持某种程度的升高。在超代偿阶段，尿素水平应比初始水平低。

从训练的定期性原则出发，还有两个非常重要的点：训练不仅是训练，还是劳逸结合的辩证统一；每个训练负荷都需要一个特定的休息时间，这是因为恢复过程的强度和超代偿阶段开始的时间都取决于消耗过程的强度和大小，在不同类型的负荷下，其强度和大小并不相同。随着训练课程期间功能潜力的增加，训练负荷带来的优化水平将越来越少，这意味着在恢复期间，它的超代偿将越来越少，即训练负荷将不再具有训练效果。因此，训练负荷应随着训练水平的增加而增加。

用于提高各种身体素质的训练负荷分为最大强度为30秒的短期负荷，用于提高速度、力量和速度力量素质。长达3分钟的高强度负荷可提高速度和力量耐力；低强度的训练负荷有助于发展耐力以进行长时间训练。在训练过程的初始阶段，任何训练负荷都应主要针对ATP呼吸再合成的提高。有氧能力越高，训练课程紧缩的先决条件就越高。然而，仅在稳定状态下进行体育锻炼时不能发展出一般耐力。一般体育训练应为滑雪运动员提高所有必要的身体素质奠定基础。一般物理训练得到高度发展的滑雪者，随着专业训练量的增加，滑雪者会更容易进步，并获得更高的运动成绩。在达到高水平的训练水平时，提高训练课程的效果是一个复杂的问题，可以通过以下几种方法解决：

1. 训练量和强度的进一步明显提高。但是，系统地增加可能会导致过度劳累。减轻运用高负荷训练的一个重要因素是训练过程中情绪的增加以及加入一些比赛因素。但在这种情况下，并不能消除运动员过度劳累的危险。在这种情况下，最大的帮助是膳食合理化，这有助于在进行大量体力劳动之后恢复工作能力。能达到此目的的产品中，要说的是碳水化合物的各种组合。这些组合的营养比例中要包含必要的蛋白质及其水解产物，维生素 B、PP、C、B15 和其他复杂的维生素复合物（磷含量高的产品）。但是，增加训练负荷仍然是提高训练效果的决定性因素，而营养因素只能保护身体免受身体过度疲劳可能带来的不利影响。

2. 随着训练量的增大和增强，还有另一种方法，那就是提高训练课程的效果，即训练负荷的合理化和交叉适应因素的运用。在足够高的训练水平下，不是逐渐，而是跳跃（阶梯式）增加训练负荷会更有效。与负荷的平稳增加相比，训练负荷的阶梯式增加伴随着更大的肌肉生化适应性变化。而且，每个阶段的负荷增加程度和训练负荷不增加的时间段的时长都特别重要。负荷的增加不应太长，而应足以使运动员的身体适应新的训练负荷。训练负荷的增加越大，恢复期就应该越长。通过在训练中加入比赛的元素，可以进一步提高此方法的效果，因为与常规训练相比，比赛中运动员身体的生化和功能变化更为重要。

提高教学训练效果的方法中，在低氧条件下进行训练有特别的意义。在中等高山上，滑雪运动员的身体会发生生化变化，这些变化类似于在平坦条件下进行高强度训练时发生的变化，使有机体适应缺氧的过程类似于使其适应高强度训练负荷的过程。停留在中等高山上会加剧氧化过程，这种氧化过程在恢复正常生活条件后会持续 30~40 天。在中等高山上进行的训练不仅会提高有氧运动能力，而且还增强身体的无氧能力，也就是说，这些训练会显著提高功能适应性。

## 3.8　滑雪者的饮食建议

如果没有正确的饮食和合理的饮水，就不可能达到滑雪运动好的成绩，运动员的表现以及在运动过程中和运动后身体的恢复也无从谈起。饮食的组成和数量应根据训练过程的方向变化而变化。饮食和液体摄入与规划适当的训练负荷一样重要。

膳食的性质、数量和质量在很多方面决定了运动员的训练程度,进而决定运动的成绩。

在进行大量训练时,营养物质进入运动员身体,其作用显著增加。因此,体育和运动领域的专家需要对膳食和液体摄入领域有一定的了解。

**维持肌肉持续发挥作用的能量来源**

为确保强的训练能力,运动员的营养应均衡,碳水化合物、脂肪、蛋白质、维生素、矿物质和水的比例要恰当合适。

三磷酸腺苷(ATP)是确保人体肌肉能够工作的能源。当其分解时,体内会形成二磷酸腺苷(ADP),并释放出一定量的能量。释放出的能量用于肌肉工作(25±5%)、散热(55±5%),其中一小部分用于新陈代谢。碳水化合物的分解消耗了7%~9%的能量,脂肪消耗了3%~6%,蛋白质消耗了23%~26%。

肌肉ATP储备并不多。这些ATP保证了几分之一秒的肌肉功能。因此,为了确保肌肉的功能,需要通过有氧或无氧途径对ATP进行持续的供应。

当进行体育锻炼时,人体会使用诸如磷酸肌酸(CRF),碳水化合物(糖原、葡萄糖)和脂肪等能源。为了获得ATP,工作肌肉使用了磷酸生成系统、糖酵解系统和氧化系统,每种系统每单位时间会释放一定量的能量。

进行肌肉锻炼时,由于磷酸肌酸的因素,消耗掉的ATP会很快恢复。该过程持续长达6秒,并在高功率、低容量的磷酸生成系统中进行。

为了在进行长时间的体育训练时为肌肉提供能量,必须启动糖酵解系统。在这种情况下,通过将碳水化合物(糖原和葡萄糖)分解为乳酸,厌氧地产生能量,该过程称为糖酵解。肌肉和肝脏有糖原的储备供应。通过强度大的训练,肌肉中糖酵解的活性会得到提高。

通过厌氧糖酵解,训练有素的滑雪运动员最多可以进行3分钟的体育训练。此时,大量的乳酸在体内释放。

为了增加肌肉的工作时间(能量供应),应使用氧化系统,即训练负荷应在有氧模式下进行。进行这种肌肉锻炼时会消耗碳水化合物和脂肪。在进行高强度训练时,氧化的启动主要归功于碳水化合物,而在进行低强度训练时,主要归功于脂肪。在周期性运动中,日常饮食应包括:55%~65%的碳水化合物;25%~30%的脂肪;12%~15%的蛋白质。

营养素的能量值列于(表3-8-1)。

表 3-8-1　营养物质的能量值（R. 斯利梅克尔，2007）

| 营养素 | 能量（千卡/克） |
| --- | --- |
| 碳水化合物 | 4.1 |
| 脂肪 | 9.3 |
| 蛋白质 | 4.3 |

在完成训练和比赛负荷时，运动员会花费大量精力。在越野滑雪中，当运动员进行大量体育锻炼时，身体必须利用氧化能量系统的容量，因为它比磷酸和糖酵解系统的容量高数千倍。在这种情况下，通过燃烧脂肪可以更有效地为肌肉提供能量。运动中的脂肪为肌肉提供能量的速度仅为碳水化合物的一半。

合理的膳食对确保身体的恢复过程来说也非常重要。如果饮食安排不当，则会消耗碳水化合物和脂肪的储备，结果就是肌肉蛋白质被消耗，从而产生能量，但会导致肌肉弱化。

**碳水化合物、脂肪、蛋白质、维生素和矿物质在滑雪运动员饮食中的作用**

为了满足运动员身体的能量消耗，必须将饮食个性化，因为只有借助合理的饮食，滑雪运动员和现代两项滑雪运动员才能完成大量高强度的负荷。

在规划食谱时，有必要考虑运动员的个人特征，日常饮食中的卡路里含量，严格记录消耗重要组分（碳水化合物、脂肪、蛋白质、维生素、矿物质等）的数量，了解某些食物在胃中的停留时间：

水、茶、可可、咖啡、牛奶、肉汤、煮鸡蛋、果汁、土豆泥为1~2小时；

可可加牛奶、煮鸡蛋、煮鱼、煮小牛肉、煮土豆、炖菜2~3小时；

面包、生水果、水煮蔬菜、奶酪3~4小时；

烧烤（肉、野味）、鲱鱼、酸奶油、豌豆、煮红豆、豆类4~5小时；

油炸烘烤食品、鱼油罐头、烟熏猪肉、猪肉、蛋黄酱沙拉5~7小时（М. И. 卡林斯基 Калинский，1985）。

有了适当的饮食结构后就可以显著增加训练量，减少剧烈训练后的恢复时间，并减少疾病发生率。（表3-8-2）列出了滑雪运动员饮食中基本食材的卡路里含量及其比例的数据。

表 3-8-2　基本营养素的卡路里含量及其比例（A.N. 恩施纳，2009）

| 营养素，克 | 卡路里，千卡 ||||||
|---|---|---|---|---|---|---|
| | 越野长距离滑雪运动员 ||| 短跑滑雪运动员 |||
| | 4000 | 5000 | 6000 | 5000 | 6000 | 7000 |
| 蛋白质 | 150 | 187.5 | 225 | 262.5 | 270 | 315 |
| 占百分比% 卡路里 | 15 | 15 | 15 | 15 | 18 | 18 |
| 脂肪 | 133 | 166.7 | 200 | 233.3 | 200 | 233.3 |
| 占百分比% 卡路里 | 30 | 30 | 30 | 30 | 30 | 30 |
| 碳水化合物 | 550 | 687.5 | 825 | 962.5 | 780 | 910 |
| 占百分比% 卡路里 | 55 | 55 | 55 | 55 | 52 | 52 |

各类质量成分的食物都会引起水盐代谢的特定变化。

在训练的准备阶段和竞技阶段，运动员的合理饮食具有重要意义，因为滑雪运动员的运动表现在很大程度上取决于这些阶段的训练。由于滑雪运动员和冬季两项滑雪运动员要完成大量的训练负荷，并且其中的很大一部分需要在强度高且在恶劣的气候条件下完成，因此应在其饮食中包括多种食物。

碳水化合物是所有活生物体细胞和组织的主要成分之一，具有多种功能。进入人体的碳水化合物是肌肉细胞最容易获得的能量来源，决定了血型的特异性并可以防止血液凝结。

如果采用主要使用碳水化合物的饮食结构，排尿、每日水分流失和尿液中氯化物的释放都会减少。碳水化合物食物对水盐代谢的特定作用自其进入胃肠道的那一刻就已经开始出现（A.S. 博格丹，2008年）。

维生素B1、B2、C、PP、B15、A和胰岛素都积极参与碳水化合物的代谢。

体内加工后的碳水化合物以葡萄糖的形式存在于血液中，并以糖原的形式沉积在肌肉（375克）和肝脏（100克）中。如果体内的碳水化合物过多，它们就会转化为游离脂肪酸，并储存在脂肪组织中。在训练过程中，糖原被消耗掉，并且与血液中循环的脂肪酸和葡萄糖一起成为肌肉能量的来源。

为了在训练和比赛负荷后补充肌肉和肝糖原，建议滑雪运动员每天消耗713 g／kg 的碳水化合物。（表 3-8-3）显示了练习耐力的运动员每天的碳水化合物需求量，包括重量，大小和训练强度。

表 3-8-3　训练耐力的运动员碳水化合物的每日需求量（R. 斯利梅克尔，2007）

| 运动员体重，公斤 | 训练量和强度 ||||
|---|---|---|---|---|
| | 低<br>（3~6 小时／周） | 中<br>（6~8 小时／周） | 高<br>（8~10 小时／周） | 很高<br>（超过 10 小时／周） |
| | 每日所需碳水化合物摄入量 ||||
| | 5.5 克/千克 | 6.2 克/千克 | 7.3 克/千克 | 8.4 克/千克 |
| 45 | 248 | 279 | 329 | 378 |
| 50 | 275 | 310 | 365 | 420 |
| 55 | 303 | 341 | 402 | 462 |
| 60 | 330 | 372 | 438 | 504 |
| 65 | 358 | 405 | 475 | 546 |
| 70 | 385 | 434 | 511 | 588 |
| 75 | 413 | 465 | 548 | 630 |
| 80 | 440 | 496 | 584 | 672 |
| 85 | 468 | 527 | 621 | 714 |
| 90 | 495 | 558 | 657 | 756 |

备注：给出的数值是基于对运动员实际能量消耗的评估。根据训练运动的经济性，训练中可能出现某个方向的偏离。

碳水化合物分为简单和复杂两种。

简单碳水化合物是低营养糖、水果、牛奶、蜂蜜。

复杂的碳水化合物存在于植物食品中，其组成成分中包括矿物质、维生素和膳食纤维。

碳水化合物的三个主要类别是单糖、寡糖、多糖。在单糖中，葡萄糖和果糖是饮食中最重要的；寡糖中的则是蔗糖；多糖中的是淀粉和糖原。

单糖是有机化合物，是碳水化合物的主要类别之一。它们无色、可溶于水，是糖的最简单形式。其中一些味道很甜。

寡糖是由几个单糖残基组成的碳水化合物。

多糖是一类复杂的高分子碳水化合物的总称，其分子由数十、数百或数千个单体，即单糖组成。

多糖对动植物的生命来说必不可少。它们是生物圈中主要的有机物质，是人体新陈代谢产生的主要能量之一，并参与免疫过程。

多糖包括：

糊精是多糖，一种淀粉水解产物；

淀粉——主要的多糖，作为能量储备沉积在植物有机体中；

糖原是一种作为能量储备沉积在动物有机体细胞中的多糖，但在植物组织等中也有少量发现。

多糖是糖原和淀粉，由葡萄糖残基构成。葡萄糖是蔗糖和其他二糖分子的组成成分。

蔗糖是饮食中重要的碳水化合物产品，食物糖就是由它组成。

淀粉在向人体供应碳水化合物方面起着重要作用。它存在于谷物和其他谷物产品，土豆、意大利面条、烘焙产品中，并且是运动员体内碳水化合物的主要供应者。

肠道中的所有碳水化合物均会转化为葡萄糖，然后进入血液。碳水化合物向葡萄糖的转化速率及其在血液中的出现的速度（GI—血糖指数）是不同的。GI是进食后血糖升高速率的量度方法。碳水化合物如果被迅速吸收到血液中，则其是高GI饮食食材。高GI食品会导致血糖快速升高。因此，训练结束后就应立即饮用具有较高GI的饮料和食品，以加快机体的恢复过程（表3-8-4）。

表3-8-4　高血糖指数的碳水食品（Д. O. 古林恩科夫，2002）

| 食物组 | 食品 | 包含50 g碳水化合物的分量（g） |
| --- | --- | --- |
| 麦片 | 白面包 | 201 |
|  | 全麦面包 | 120 |
|  | 黑麦面包 | 104 |
|  | 饼干 | 90 |
|  | 米饭（非精米） | 196 |

续表

| 食物组 | 食品 | 包含 50 g 碳水化合物的分量（g） |
|---|---|---|
| 谷物，玉米片，麦片早餐 | 谷物<br>玉米片<br>麦片早餐 | 59<br>76<br>74 |
| 饼干和糖果 | 半甜饼干<br>干饼干<br>巧克力棒<br>甜谷物<br>豆类<br>防风草<br>土豆（煮的）<br>土豆（烤的） | 76<br>66<br>75<br>219<br>704<br>370<br>254<br>200 |
| 水果 | 葡萄干<br>香蕉 | 78<br>260 |
| 糖 | 葡萄糖<br>麦芽糖<br>蜂蜜<br>蔗糖<br>糖蜜<br>谷物糖浆 | 50<br>50<br>67<br>50<br>113<br>63 |
| 饮料 | 6%蔗糖溶液<br>麦芽糊精和糖的 7.5%溶液<br>10%碳酸谷物糖浆<br>20%麦芽糊精 | 833<br>666<br>500<br>250 |

然后，应该吃中、低和不定血糖指数的食物，这些食物将均衡地为肌肉提供葡萄糖，使恢复过程可以持续下去（表 3-8-5 —3-8-7）。

表 3-8-5　中等血糖指数的碳水食品（Д. О. 古林恩科夫，2002）

| 食物组 | 食品 | 包含 50 g 碳水化合物的分量（g） |
| --- | --- | --- |
| 谷物早餐 | 意大利面<br>面条（东方）<br>小麦粥<br>燕麦片 | 198<br>370<br>232<br>69 |
| 饼干和糖果 | 燕麦饼干<br>糖果（普通）<br>蛋糕 | 79<br>67<br>93 |
| 蔬菜 | 甜土豆<br>芋头<br>薯片 | 249<br>168<br>100 |
| 水果 | 葡萄（黑色）<br>葡萄（浅色）<br>橘子 | 323<br>310<br>420~600 |

表 3-8-6　低血糖指数的碳水食品（Д. О. 古林恩科夫 Кулиненков，2002）

| 食物组 | 食品 | 包含 50 g 碳水化合物的分量（g） |
| --- | --- | --- |
| 水果 | 苹果<br>苹果酱<br>樱桃<br>干枣<br>生无花果<br>桃子<br>李子 | 400<br>290<br>420<br>78<br>526<br>450~550<br>400~550 |
| 豆类 | 豆油<br>焗豆<br>绿豌豆<br>红扁豆<br>海豆 | 292<br>485<br>305<br>294<br>238 |

续表

| 食物组 | 食品 | 包含 50 g 碳水化合物的分量（g） |
|---|---|---|
| 糖 | 果糖 | 50 |
| 乳制品食品 | 冰激凌 | 202 |
| | 牛奶（全脂） | 1100 |
| | 牛奶（脱脂） | 1000 |
| | 酸奶 | 800 |
| | 酸奶（低脂水果） | 280 |
| 汤 | 蔬菜汤 | 734 |

表 3-8-7　不定血糖指数的碳水食品（Д. О. 古林恩科夫，2002）

| 食物组 | 食品 | 包含 50 g 碳水化合物的分量（g） |
|---|---|---|
| 果汁 | 橘色 | 366 |
| | 葡萄 | 311 |
| | 木瓜花蜜 | 326 |
| | 凤梨 | 371 |
| | 李子 | 269 |
| | 柚 | 515 |
| 面粉食品和谷物 | 年糕 | 60 |
| | 油条 | 138 |
| | 奶油饭 | 340 |
| 饼干和糖果 | 高油曲奇饼干 | 76 |
| | 黄油水果蛋糕 | 86 |
| | 奶油饼干 | 73 |
| | 果酱蛋糕 | 80 |
| | 布丁 | 105 |
| | 小麦蛋糕 | 89 |
| | 水果甜蛋糕 | 88 |
| | 焦糖 | 57 |
| 复合食品 | 披萨（奶酪和西红柿） | 202 |
| | 杏干 | 115 |

日常饮食应包括高淀粉的食物，它比蛋白质和脂肪更容易分解。淀粉应以复合碳水化合物（面包，冷粥，意大利面，水果和蔬菜）的形式存在于食物中。食用这些食物可使你不断地为身体提供能量。

谷物和豆类中碳水化合物的最佳来源（碳水化合物含量约70%，脂肪含量约5%）是糙米、大麦、荞麦、黑麦、玉米和小麦、小米、燕麦片。

为了高效地消化碳水化合物并吸收糖原进入血液中，必须少量多餐，因为当碳水化合物的储备耗尽时，身体就无法再完成高负荷的训练。

为了恢复两次训练课程之间或短跑比赛之间的身体机能，有必要确保运动员摄入足够量的碳水化合物。

进行训练或进行比赛负荷后，最好立即有针对性地食用碳水化合物饮料，然后再食用固体食物。

人类的日常饮食中最多消耗350克碳水化合物，即每1千克体重15~20毫摩尔糖原。进行大量训练或竞技负荷的滑雪运动员和现代两项滑雪运动员需要消耗700~800克碳水化合物，其中40~45毫摩尔糖原。

食用固体食品时，应优先考虑高血糖食品和含有少量脂肪、蛋白质和纤维的食品（马铃薯、香蕉、葡萄干、富含碳水化合物的糖果）。

有必要避免进食碳水化合物含量低于70%~75%且脂肪和蛋白质含量高的食物，尤其是在进行训练或参加比赛后的前6小时内。

在训练或参加比赛期间，糖原会转换回葡萄糖并用于产生能量。维持长时间剧烈运动的能力与肌肉中糖原的初始水平直接相关。

通过适度的体力消耗，碳水化合物可提供人体40%~50%的能量需求。需要考虑的是，50%高热量食品中的碳水化合物含量比50%低热量食品中的碳水化合物含量多得多。

建议在训练课程开始前1~4小时，每1千克体重进食1~4克碳水化合物，以便为身体提供最大的肌肉和肝糖原供应。

当进行持续超过1小时的训练负荷时，建议每小时进食30~60克碳水化合物以维持血糖水平。

有氧训练负荷持续达90分钟时，肌肉中存储的糖原足以为滑雪运动员的身体提供必要的能量。

为了在训练负荷持续超过1.5小时后补充糖原储备，需要在负荷结束后30

分钟内每1千克体重补充2克碳水化合物，然后在2小时后再补充相同量的碳水化合物（A.S.博格丹，2008年）。

为了在长时间（超过1.5小时）的负荷下保持良好的表现，建议滑雪运动员饮用运动饮料。

当以平均强度（最大可能强度的55%~60%）进行负荷时，体内的能量补充来源为碳水化合物和部分脂肪。根据负荷的强度、训练程度、天气状况的不同，人体内糖原的储存足以进行120~140分钟的训练或比赛。随着糖原储备的耗尽，将开始消耗脂肪储备来满足能量需求。在这种情况下，能量供应效率降低。随着训练强度或比赛负荷的增加，糖原存储的消耗更快。因此，在训练完成过程中，有必要补充含有碳水化合物的液体。如果人体摄入的碳水化合物不足，则训练负荷完成的速度会降低。

通过均衡饮食，肌肉细胞中的糖原含量会增加，从而有助于提高人体机能。当进行大型有氧训练负荷时，肌肉糖原的积累水平可以增加5倍（M.H.威廉斯，1999）。

在完成训练和比赛负荷后，影响肌肉糖原储备恢复强度的最重要因素是：

1）体内碳水化合物的摄入率；

2）碳水化合物的类型；

3）运动后摄取碳水化合物的时间。

不建议直接在参加比赛之前或在进行需要耐力的高强度训练之前摄取大量的糖（200~300大卡）。

在上课前和上课时以各种饮料的形式摄入碳水化合物可以提高表现。在训练期间食用葡萄糖溶液时，重要的是要确保其浓度不超过10%。

建议在不迟于负荷开始前40分钟的时候摄入碳水化合物。否则，在开始训练负荷和疲劳状态过早出现时可能已经出现了低血糖现象。这是由于，碳水化合物的消耗会刺激胰岛素的分泌并增加其浓度。

在训练课程之前的2~3小时，建议运动员摄取最多200克的碳水化合物。

为了在完成低强度训练负荷时提高运动能力，应该摄入富含碳水化合物的饮料。由于摄入了碳水化合物，疲劳状态可能会延迟20~30分钟到来。具有最高运动水平的运动员如果进行大量的训练和比赛运动，每天就需要400~500g碳水化合物来增加糖原的储备。

在中低强度的训练之后，要恢复运动员的运动能力和体内糖原储备，每1

千克体重需要6~7克碳水化合物，而在进行长时间艰苦训练之后，则需要10~12克。

在参加马拉松比赛时，滑雪运动员对碳水化合物的需求增加了80%~85%，并且在很大程度上取决于距离长短带来的运动强度、地形和滑动条件以及气温。

随着耐力训练的不断进行，仅含有40%~60%碳水化合物的饮食结构是不够的，并不能保证已经消耗的肌肉糖原的恢复。要恢复肌肉糖原储备，至少需要消耗70%的碳水化合物。在这种情况下，锻炼后应立即开始摄取碳水化合物。

碳水化合物摄入不足会导致训练能力下降，注意力下降，运动后身体恢复不良，甚至体重减轻，内源性碳水化合物（肌肉和肝糖原、血糖）减少等。

每个运动员的碳水化合物摄入量标准是不同的，因此应根据能量消耗和特定的训练目标选择确切的摄入量。

富含碳水化合物的食物及其组合的示例：

麦片加牛奶；

酸奶水果；

水果冰沙；

带肉或沙拉的三明治；

用铁锅煮熟的米饭或面食。

脂肪或"脂质"是有氧形式产生的主要能量来源，在中低强度的体育锻炼过程中被消耗。脂肪具有节省糖原的作用，也就是说，它有助于人体的能量供应。

膳食脂肪的主要功能：作为能源、必需脂肪酸的来源，参与脂溶性维生素的吸收和运输，保护人体免受伤害；脂肪还能保证能量储备。

脂肪为人体提供的能量是碳水化合物或蛋白质的两倍。

它们必须加入饮食结构里，因为它们是碳水化合物更丰富的能量来源。在脂肪的参与下，许多激素才得以合成。脂肪促进脂溶性维生素A、D、E、K的吸收。

食物中的脂肪转化为脂肪酸，被人体利用，而多余的脂肪则存储在脂肪和肌肉组织中。

人体中30%的卡路里必须来自脂肪。成人每天需要脂质80~100克。

在人体中，多不饱和脂肪酸的合成量不足，所以必须从食物中获取。多不饱和脂肪酸的食物来源主要是植物油。25~30克的植物油即可满足人类日常对多不饱和脂肪酸的需求。

脂肪包含显性脂肪和隐性脂肪。

在植物和黄油、人造黄油、脂肪和肉类脂肪中的是显性脂肪。

油炸食品、以植物油或者黄油烹制的烘焙食品、薯片、糖果、甜甜圈、肥肉、乳制品、鸡蛋和坚果中都含有隐性脂肪。

如果食物中主要是高脂肪食物的话会导致人体液体需求量大大减少。同时，水量平衡为负、血液增稠、尿液排泄量更大，而氯离子与摄入量相比，其排泄量减少（A.S. 博格丹，2008 年）。

在滑雪运动员的饮食中，约 70% 应该是动物源性的脂肪，约 30% 是植物脂肪。

最有用的动物脂肪是黄油、猪肉和鱼油。鱼类含有 2%～12% 的脂肪，其中富含不饱和脂肪酸、参与激素和其他生物活性化合物的生物合成（A.O. 卡雷琳，2005）。

动物来源的饱和脂肪存在于肉、蛋黄、酸奶、奶酪、黄油、牛奶等食物中。它们的摄入量需要有所控制（不超过每日总卡路里摄入量的 10%）。

不饱和脂肪包括单不饱和脂肪和多不饱和脂肪，它们通常存在于植物性食品中。不饱和脂肪有益于健康，能够降低胆固醇并降低患心脏病的风险，不饱和脂肪存在于橄榄、低芥酸菜籽、鳄梨、鱼、杏仁、大豆和亚麻籽中。

已知两组开链和闭链脂质。

开链脂质是脂肪酸。其中包括三酰基甘油酯、鞘脂、磷酸甘油酯、糖脂。

闭链脂质是类固醇，主要的是胆固醇。为了从体内去除胆固醇，建议食用足够量的水果。

在耐力发展训练课程中，与碳水化合物相比，脂肪酸的氧化能产生更多的能量。但是，脂肪酸氧化所需的氧气比碳水化合物氧化所需的氧气更多（77%）。因此，心血管系统的负荷会增加。由于体内糖原储备的耗尽，训练或比赛负荷的进行强度就会下降。

经常得到锻炼的肌肉会积累更多的细胞内脂肪，从而在运动过程中增加脂肪酸的摄入和氧化，同时保持碳水化合物的储备。

蛋白质在体内提供能量储备，在运动员和现代两项滑雪运动员的营养结构中具有重要作用。蛋白质氨基酸是构成新的和受损的活组织（包括肌肉）的基础。它们保证各种物质（氧气、脂质等）向机体组织的转移，具有保护功能

（免疫球蛋白提供免疫力），并加速人体中的生化反应。血红蛋白是血液中的氧气载体，也属于蛋白质物质。

饮食中以蛋白质为主（蛋白质饮食）的话，每天的水分流失会增加，尿液和氯化物也会随之释放。使用蛋白质饮食过程中水盐代谢这种变化的产生是因为蛋白质消化产物具有这种固有的特点（A.S. 博格丹，2008 年）。

在运动员的日常饮食中，蛋白质食品应占 14%~15%，而在速度力量训练中应占 17%~18%。建议运动员每天每 1 千克体重摄入 1.2~1.4 克蛋白质，而进行速度力量运动时则摄入 1.6~1.7 克蛋白质。

体内蛋白质过多会导致肾功能受损。

如果食物中缺乏蛋白质，或者是劣质蛋白质，就会对人体重要功能产生各种干扰。

蛋白质的生物学价值取决于蛋白质中氨基酸的多少及其吸收程度。氨基酸组中摄入的蛋白质与该机体的蛋白质组成越接近，其生物学价值就越高。

在鱼类、鸡肉、牛肉、牛奶、酸奶、奶酪、花生酱和鸡蛋等食物中含有大量蛋白质。

动物源性的食品含有优质蛋白质和所有必需氨基酸。

吃肉时，必须选择最瘦的部分。

在运动员的饮食中，肉是蛋白质的主要来源之一。肉制品包含所有必需氨基酸，以及铁、磷、钾和所有 B 族维生素，肉制品最好与绿色蔬菜一起食用。如果光吃肉而不吃蔬菜，酸碱平衡会向酸侧转移。建议吃瘦牛肉、猪肉、兔子、小牛肉、鸡肉、火鸡以及鱼和奶制品。最好食用煮的或蒸的食物，因为它们可以更好地被消化并且含有较少的有害物质。

鱼的蛋白质比肉的蛋白质容易吸收约 95%（A.O. 卡雷琳，2005）。

乳制品、鸡蛋、肉、鱼和家禽的蛋白质很优质。

也应该多吃海鲜。

吃蔬菜、豆类和全谷物可以为人体提供必要数量的必需氨基酸。诸如燕麦、大麦、小麦和小米等产品中包含所有 44 种必需营养素，但维生素 B12、C 和 D 除外。

在运动员的饮食中应合理搭配动植物源的食品。动物来源的蛋白质应占约 65%。

如果蛋白质的每日摄入量分几次来摄入，则蛋白质会更好地被人体吸收。

鸡蛋、牛奶中的蛋白质最容易被消化,然后是鱼类、肉类和植物蛋白。大豆粉中蛋白质含量最高约为50%。食用这种易消化的食品时,血液中的胆固醇水平降低,肌肉体积增加,血红蛋白水平升高。

蛋白质植物来源质量较低。

能够为人体提供10克蛋白质的产品:

300毫升的牛奶;

20克奶粉;

2个小鸡蛋;

30克奶酪;

200克酸奶;

40~50克肉、鱼、鸡肉;

4片面包;

90克谷物(早餐);

2杯煮熟的意大利面或3杯米饭;

60克坚果或瓜子;

150克豌豆、豆类或小扁豆;

150毫升水果冰沙或液态食品补充剂;

200克烤豆。

维生素参与生化反应,在各种酶的活性中心充当催化剂。它们不是人体的能量供应者,但在新陈代谢中非常重要。人体对它们的每日需求量很小,但是一旦体内维生素的摄入不足,就会发生病理变化。大多数维生素不是在人体中合成的。它们必须定期、足量地与食物一起摄入,或者以维生素矿物质复合物和营养补充剂的形式(人体中合成的维生素K和B3除外)摄入。如果体内缺乏维生素,就会出现维生素缺乏症;如果体内没有维生素,就会出现无维生素综合症;如果维生素过多,则会出现维生素过多症。

维生素是一组具有明显生物活性的低分子量必不可少的食物因子,在食物中所含的含量很少,无法在人体中合成(N.D.格尔别尔、R.R.冬杜科夫斯卡娅,2009)。

它们在代谢和生理功能的调节中非常重要。

维生素可作为辅酶或直接进入新陈代谢。

需要维生素来维持重要的生命活动、生长和人体健康,对在进行大量负荷时有效恢复训练能力来说至关重要。

运动员的饮食中必须含有足够量的维生素。维生素的消耗量取决于许多因素——训练以及比赛负荷的量和强度，运动员的心理压力程度（表3-8-8）。

表3-8-8 进行周期性训练的高水平运动员基础维生素的需求（A.N.恩施纳，2009）

| 维生素 | 数量 ||
|---|---|---|
|  | mg | mkg |
| 硫胺素（B1） | 4~6 |  |
| 核黄素（B2） | 4~6 |  |
| 烟酸（RR） | 20~30 |  |
| 吡哆醇（B6） | 7~10 |  |
| 叶酸（B9） |  | 400~500 |
| 维生素A | 4~5 |  |
| 抗坏血酸（维生素C） | 400~800 |  |
| 生育酚（维生素E） | 28~45 |  |

食物中碳水化合物含量的增加会提高其对维生素B1的需求。

植物蛋白摄入量的增加会提高对维生素PP的需求。

联合食用是服用维生素的最重要原则，因为当它们相互作用时，它们会广泛影响体内发生的各种生物过程。多种维生素组合可产生良好的效果：B1、B6、B2和C；B2和PP；C和P；Bc、B12、B6和C。

在训练和比赛活动中刺激适应性反应的维生素和矿物质的主要来源是：硫胺素（B1）、核黄素（B2）、烟酸（PP）、吡哆醇（B6）、叶酸（B9）、氰钴胺素（B12）、泛酸（B15）、生物类黄酮（P）、抗坏血酸（C）、视黄醇（A）、生育酚（E）、钠、钾、钙、镁、磷、铁。

维生素分为两组——脂溶性和水溶性。脂溶性的有A、D、E、K。水溶性的有B1、B2、B3、B6、B12、Bc、PP、P、H、N。

以下是维生素的主要功能、每日摄入量、缺乏症状、补充主要来源。

A——视黄醇。每日标准为1.5毫克。对以下方面来说是必要的：视力、黏膜和皮肤的维持，性腺的正常功能，增加人体对感染的抵抗力，具有抗癌作用，有助于治疗过敏，增加注意力和反应速度。它的含量随着肝脏、胆道、胰腺、饮食不均衡方面的疾病而降低。如果缺乏该种维生素，手掌和脚底的皮肤会变得干燥粗糙，头发变得暗淡而干燥，口干，嘴角干燥，可能出现"夜盲症"（黄昏时视力下降）。其来源是鳕鱼肝、大比目鱼、胡萝卜、肝、蛋黄、黄油和植物油。

D——钙化醇。每日标准为 2.5 毫克。它对于健康的骨骼和牙齿（调节钙和磷的交换），正常的心脏功能和神经冲动的传导是必要的。缺乏这种维生素，肌肉会变得松弛，皮肤和黏膜变得苍白，牙齿易碎，牙釉质破裂，神经质加剧，观察到头部出汗，口腔和喉咙有灼热感，近视很快加深。其来源是鲭鱼（尤其是肝脏）、比目鱼、鳕鱼肝、蛋黄、黄油（极少量的 0.025 mg），富含维生素的植物油。

E——生育酚。每日标准为 15 毫克。它是抗氧化剂，减缓氧化过程，抑制细胞衰老。这种维生素对预防动脉粥样硬化，增强免疫系统，增强心肌和血管，溶解血凝块，改善内分泌腺功能来说是必要的。这种维生素在食物中的含量就足够了。因此，缺乏这种维生素的维生素缺乏症很少发生，但是在服用避孕药、更年期、无脂肪饮食以及强氯化水的情况下可能会发生。若缺乏这种维生素，则表现为性功能下降、快速疲劳、肌肉无力。维生素 E 与硒一起参与保护心肌，防止其训练过度，同时维持智力表现。维生素 E 的来源是大豆、玉米、向日葵、亚麻籽、橄榄油、发芽的谷物、豆类等。

K——叶醌。每日标准为 0.5 毫克（对孕妇来说则为 3 毫克）。它可使血液正常化，增加血管强度，改善肠胃蠕动和肌肉功能，对于预防乳腺癌、卵巢癌和结肠癌是必要的。在服用抗生素后，患胆石症和肝病等可能会引起缺乏症。由于这种维生素的缺乏，血液会出现凝结不良。鼻子出血的损伤、痔疮、伤口可能无法良好愈合。这种维生素的来源是菠菜、胡萝卜、白菜、南瓜、豌豆、土豆、猪肝、蛋黄。

B1——硫胺素。每日标准为 1.5～2 毫克。调节内分泌和神经系统的功能，参与氨基酸，碳水化合物的交换，是形成神经冲动的乙酰胆碱递质的必要条件。缺乏则表现为肌肉无力、抑郁、手脚麻木和肿胀、呼吸急促。它被规定用于压力、适应、大运动量等情境。它的来源是啤酒酵母、黑麦面包、菠菜、胡萝卜、玉米和豆类。随着碳水化合物食品摄入量的增加，应相应增加维生素 B1 和抗坏血酸的摄入量，这有助于糖原在内部器官（特别是肝脏）中的沉积（D.O.古林恩科夫，2002）。

B2——核黄素。每日标准为1.5~2.5毫克。对于组织生长和更新至关重要。它可以改善视力，对神经系统、皮肤、黏膜、肝脏、血液的形成有积极作用。缺乏症表现为皮炎，口角皮肤破裂和脱皮、畏光、结膜炎。其来源是牛肉肝、肾脏、蛋黄、奶酪、乳制品。

B3——泛酸。每日标准为5~10毫克。它是负责能量代谢的酶的一部分。调节神经系统和肠蠕动的功能。缺乏会导致抑郁、虚弱、冷漠、手指和脚趾发麻、神经痛、经常感冒、低血糖（低血糖症）。它的来源是牛肉肝、啤酒酵母、豌豆、牛肉、瘦猪肉。

B6——吡哆醇。每日标准为2毫克。参与蛋白质、脂肪、碳水化合物的代谢。对于吸收氨基酸，形成血红蛋白很有必要。缺乏会导致嗜睡、头晕、迟钝、皮肤干燥、脱发。这种维生素包含在啤酒酵母、大豆、糙米、豌豆中。

B12——氰钴胺。每日标准为3毫克。对于血液正常形成是必要的，可以正常化肝脏中的脂肪代谢，降低血液胆固醇，改善记忆力。缺乏会导致贫血、舌头敏感性降低、面色苍白、头痛、呼吸急促。它的来源主要是牛肉肝、低脂牛肉、牛肉心、鲱鱼、蛋黄。

Bc——全叶酸。每日标准为200毫克（对孕妇来说则为350毫克）。这是生长发育所必需的。用于调节血红蛋白水平，细胞更新过程，不允许脂肪在肝脏中积聚，具有镇痛作用。缺乏会导致牙龈出血、炎症和胃肠道疾病，体重急剧下降，皮肤发黄。它的来源是豆类、欧芹、各种白菜、牛肉和猪肾。

C——抗坏血酸。夏季的每日标准为70~100毫克，冬季为150~200毫克。参与许多新陈代谢过程，增加人体对感染的抵抗力，增强血管壁。缺乏会导致感染抵抗力下降、容易感冒、腿部无力、牙龈出血。维生素C可以作为生理抗氧化剂，增强免疫，并促进抗应激激素的产生。它的来源是沙棘、针叶、黑加仑子、蔓越莓、玫瑰果、柑橘类水果和甜椒。

PP——烟酸。每日标准为14~28毫克。它影响细胞呼吸、蛋白质和胆固醇代谢的过程，使小血管扩张，并支持心脏、胃和肠的工作。缺乏会导致免疫力下降、营养危机、便秘、体重减轻、烧心、虚弱、抑郁。其来源是麦麸、肝脏、牛肉、猪肉、河鱼和海鱼。

P——芦丁。每日标准为35~50毫克。抗氧化剂。加强毛细血管，增加血管壁的强度，帮助甲状腺运作。如果缺乏，皮肤上会出现血管星状斑痕（点状出血），并且嗜睡。它的来源是柑橘类水果、越橘、小红莓、石榴、甜菜、玫瑰果、菥萝、梅子、胡萝卜。

H——生物素。每日标准为 0.15～0.30 毫克。这种维生素能够降低血糖，缓解肌肉疼痛，促进头发生长，对免疫系统来说至关重要。缺乏会导致脸颊、手臂和腿部皮肤脱皮、酸度低的胃炎、肠道营养不良、肿胀、血液中胆固醇升高。这种维生素包含在肾脏、肝脏、大豆芽、玉米、花椰菜、低脂干酪、绿豌豆中。

N——硫辛酸。每日标准为 0.5 毫克。它降低了血液中的胆固醇，抑制了动脉粥样硬化的发展，并有助于从体内清除重金属（汞、铅）。缺乏会导致多发性神经炎、抽搐、头晕等神经系统疾病。它的来源是乳制品、牛肉、小牛肉、白卷心菜和红卷心菜。

维生素的吸收受以下因素影响：

酒精。酒精会带走体内的维生素 A，所有维生素 B 以及钙、锌、钾、铁、镁；

尼古丁。尼古丁会破坏维生素 A、C、E 和硒；

咖啡因。咖啡因（每天超过 3 杯咖啡）会破坏 B 组，PP 组的维生素，减少体内铁、钾、锌、钙的含量；

阿司匹林。阿司匹林会降低 B、C、A 组维生素的含量，以及钾和钙；

安眠药。安眠药会使维生素 A、D、E、B12 的吸收复杂化，大大降低了钙的含量；

抗生素。抗生素会破坏 B 族维生素、铁、钙、镁。

采取康复措施时，有必要使用维生素复合物（多种维生素制剂）。使用期限至少为 4 周。当使用维生素制剂时，会对合成代谢过程产生影响。

服用维生素时，应始终记住建议的每日摄入量，并考虑身高、体重、年龄、强度和训练负荷的持续时间、健身水平。

在进行大型体育活动、训练营和参加比赛时，必须使用高剂量的维生素。

应注意以下事实：在某些情况下过量使用维生素时，可能会发生身体内部的改变：

维生素 A——厌食、脱发、肝损伤；

维生素 D——损害肾脏、心脏或肺部。

有时候可以引起对加大维生素剂量的心理依赖。在这种情况下，如果不使用高剂量的维生素，运动员将无法在比赛中表现出良好的成绩。

铁摄入增加可能会影响锌的吸收。

矿物质分为2组：常量元素（g）和微量元素（mg）（表3-8-9）。

表3-8-9 矿物质的特性（D.O.古林恩科夫，2002）

| | 矿物质 | 代谢特征 | 每日需求 儿童 | 每日需求 成人 |
|---|---|---|---|---|
| 常量元素 | Ca 钙 | 激活细胞、酶。凝血、骨骼的组成成分 | 0.7~1.0 | 0.8~1.0 |
| | P 磷 | 能量化合物、核酸、骨骼的组成部分 | 0.5~0.7 | 0.7~1.2 |
| | Mg 镁 | 使神经兴奋，激活细胞 | 0.2~0.3 | 0.4~0.5 |
| | Na 钠 | 调节渗透压，激活酶 | 1.2~1.6 | 3~5 |
| | K 钾 | 调节渗透压。激活细胞、酶。胶原蛋白合成 | 2~3.7 | 3.5~5 |
| | Cl 氯 | 调节渗透压，形成胃液中的酸 | 1.8~2.5 | 5~7 |
| | S 硫 | 蛋白质、酶的成分 | 没有标准的剂量 | |
| 微量元素 | Fe 铁 | 骨骼、肌红蛋白、酶的组成成分 | 8~14 | 10~18 |
| | I 碘 | 骨骼、甲状腺的组成成分 | 0.11~0.13 | 0.1~0.15 |
| | F 氟 | 保护牙齿，使之免于蛀牙 | 0.5~0.8 | 1.5~3 |
| | Cu 铜 | 蛋白质、酶的成分 | 0.7~1 | 1.2~2 |
| | Zn 锌 | 酶激活剂 | 7~9 | 10~15 |
| | Mn 锰 | 酶和骨架的组成部分 | 2~5 | 5~10 |
| | Cr 铬 | 胰岛素的组成成分碳水化合物，脂肪的新陈代谢 | 0.05 | 0.2 |
| | Mb 钼 | 参与铁和铜的代谢 | 0.03~0.15 | 0.3~0.5 |
| | Si 矽胶 | 胶原蛋白、肌酶合成。骨骼的组成成分 | 10~20 | 20~30 |
| | Se 硒 | 参与生精、蛋白质代谢。抗氧化剂 | 0.03~0.05 | 0.06~0.2 |
| | Co 钴 | 维生素B12、红细胞的成分 | 0.05~0.1 | 0.1~0.2 |
| | Br 硼 | 骨骼的组成成分 | 0.5~1 | 2 |

钙是人体的重要元素，调节神经系统的兴奋性，血液凝固，肌肉收缩的机制。钙的主要供应者是牛奶和乳制品、绿色蔬菜。为了防止钙缺乏症，建议一年中服用3次含钙制剂。

磷对运动员的身体至关重要，而且钙的比例必须正确。钙和磷之间的1∶2比例一般是正常的。磷的主要供应者是谷物产品、蔬菜、动物产品（蛋、鱼、肉）。脂质代谢和胆固醇代谢正常化取决于体内有机磷的水平。

在体内，镁离子调节细胞膜的稳定性，心血管，神经肌肉，免疫和内分泌系统的功能。每天需要0.4克面包，谷类食品是镁的主要来源。蔬菜中的镁含量较低。

钠和钾会影响各种物质向细胞的转运，钾、钙、钠和镁会调节心脏和骨骼肌的活性。钠主要是由食用盐提供的。每天的摄入量约为14克。马铃薯、蔬菜、水果、面包、谷物、动物产品中的钾含量最高。钾参与肌肉尤其是心脏的兴奋过程。骨骼肌抽搐性收缩的发生，心脏活动的节律受影响等都表明体内缺乏钾。进行剧烈的体力活动时，钠和氯会随着汗水损失掉，而进行适度的体力活动时，钾损失掉。运动员的每日钾需求量约为6克。

血红蛋白水平取决于血液中铁的含量。在动物源性产品，谷物（片）产品、豆类、鸡蛋、绿叶蔬菜中铁含量最大。男性每天需要10毫克铁，而女性则需要18毫克。（表3-8-10）列出了进行周期性体育运动高水平运动员对主要矿物质的需求。

表3-8-10　进行周期性体育运动高水平运动员对主要矿物质的需求
（A. N. 恩施纳，2009）

| 矿物质 | 数量 mg |
| --- | --- |
| 钠 | 没有标准 |
| 钾 | 5000~5500 |
| 钙 | 2000~2500 |
| 镁 | 600~700 |
| 磷 | 2500~3000 |
| 铁 | 40~45 |

**滑雪餐**

建议从事中长跑比赛的滑雪运动员每 1 千克体重摄入 1.2~1.4 克蛋白质，约 11 克碳水化合物和约 2 克脂肪。每天的总卡路里摄入量应为每 1 千克体重 74 大卡。

在参加短跑比赛时，运动员完成高强度的运动，而负荷则具有速度力量的性质。

为了保持肌肉力量和促使肌肉力量的恢复，短跑运动员的饮食中应包括每 1 千克体重 1.6~1.7 克高级蛋白质，并保持肌肉和肝脏中的高糖原水平，建议每 1 千克摄入 10~11 克碳水化合物和 2~2.2 克脂肪。每天的总卡路里摄入量应为每 1 千克体重约 74~76 大卡。

饮食结构中应包括燕麦片、谷物、荞麦、土豆、鱼、肉、谷物、奶酪、乳制品、蔬菜、水果。应有节制地吃白面包和糖。

需要肉、鱼、禽类、低脂乳制品来补充人体的蛋白质，而谷物、面食、全麦面包、蔬菜、水果则补充人体的碳水化合物。

为了在长时间运动中为所有关节提供能量，保证其运转良好，则需要脂肪，并且至少三分之一应为不饱和脂肪。

为了保持良好的心脏功能，应食用含钾食物：杏、葡萄干、杏干。

在寒冷季节，建议吃黑加仑，坚果加蜂蜜、红柿子椒。

运动员饮食中最重要的是维生素 C、PP、A、E、B 组的摄入量。

在开始中等高山训练营前的 7~10 天里，有必要食用含铁的制剂（表 3-8-11）。

表 3-8-11　植物食品中的铁含量（mg／100 g）（R. 斯利梅克尔，2007）

| 食品 | 铁 | 食品 | 铁 |
| --- | --- | --- | --- |
| 干蘑菇 | 35 | 樱桃李 | 1.9 |
| 海带 | 16 | 香菜（根） | 1.8 |
| 新鲜野蔷薇 | 11.5 | 甜樱桃 | 1.8 |
| 纤维类 | 10.7 | 覆盆子 | 1.6 |

续表

| 食品 | 铁 | 食品 | 铁 |
|---|---|---|---|
| 荞麦 | 7.8 | 醋栗 | 1.6 |
| 燕麦片 | 7.8 | 莳萝 | 1.6 |
| 新鲜蘑菇 | 5.2 | 甜菜根 | 1.4 |
| 桃子 | 4.1 | 花椰菜 | 1.4 |
| 梨子 | 2.3 | 黑醋栗 | 1.3 |
| 苹果 | 2.2 | 胡萝卜 | 1.2 |
| 李子 | 2.1 | 草莓 | 1.2 |
| 杏子 | 2.1 | 甜瓜 | 1.0 |

建议：

食用足够的食物以满足人体的能量需求并保持最佳体重；

吃富含碳水化合物的食物以最大限度地存储能量；

每天摄入600克碳水化合物，以提供所需卡路里的60%~70%；

吃低脂食物；

多喝水；

摄入足够的蛋白质以维持肌肉量及其保持肌肉更新；

不要喝碳酸饮料和含糖量超过8%的饮料；

比赛前3~4小时吃东西；

60%~70%的食物应该是蔬菜，水果和水分含量高的新鲜食物；

浓缩蛋白质（肉、鱼、蛋）不建议与浓缩碳水化合物（面包、面食、土豆）同时食用；

饭前30分钟或饭后3小时吃新鲜水果；

年轻滑雪运动员饮食不足或者营养不良可能会对其老年时期的健康状况产生负面影响。

日常饮食中卡路里的数量取决于一天中的训练次数。

每天进行一两次训练课程时，建议遵循以下每日卡路里饮食结构（N.D.格尔别尔、R.R.冬杜科夫斯卡娅，2009）：

第一顿早餐——每日总卡路里的10%；

早上训练；

第二顿早餐——25%；

午餐——35%；

零食——5%；

晚上训练；

晚餐——25%。

饮食和开始训练之间至少要间隔1.5小时。完成训练负荷后，建议在30~50分钟后进食。

物理负荷完成后进食高碳水化合物的食物会伴随着糖原的快速合成。糖原在工作肌肉中的水平急剧增加并变得高于正常水平（糖原水平的超代偿）。

要在参加比赛之前增加肌肉中的糖原含量，可以使用超代偿方法。其实质在于，在比赛前7天的前3天内，运动员食用碳水化合物含量低的食物并进行大量的训练。这些天的饮食应该是蛋白质脂肪饮食，包括高纤维含量的食物（黄瓜、白菜、生菜、菠菜）。在此期间，体内糖原储备几乎完全耗尽。然后，在接下来的3天中，饮食中应包括高GI的食物（含有淀粉、糖原、甜食、碳水化合物矿物质饮料、水果和蔬菜的食物）。同时，训练负荷强度应降低40%~50%。在比赛前的最后一天（第七天），不进行训练。在这种情况下，糖原蓄积在肌肉中（高于初始水平），这是提高身体机能的重要因素。

一些进行蛋白质脂肪饮食的运动员可能会出现消化不良、恶心。对于不太重要的比赛，有必要在赛前准备阶段测试上述营养方案。在50%~60%的情况下使用这种饮食方案的结果是正面的，这与运动员的个人体质有关（A.S.博格丹，2008）。

**根据训练科目为滑雪运动员提供饮食**

在进行耐力训练课程时，应主要注意碳水化合物的正确摄入，这将有助于高效地完成训练负荷。

当以最大可能肌肉强度的60%~80%进行负荷训练时，肌肉中的糖原储备会在2~3.5小时后耗尽。为了恢复肌肉糖原的储存，滑雪运动员和现代两项滑雪运动员的饮食中必须包含60%~70%的碳水化合物。摄入50~70g碳水化合物在起跑后的前20分钟可促进肌肉糖原存储的快速恢复。

在准备期间进行耐力训练课程时，建议增加维生素B1、B2、B5和PP的摄入量（A. N. 恩施纳、Г. П. 诺沃萨德，2009 年）。

在进行力量水平的训练课程时，饮食中蛋白质的每日比例应为 18%，其中 60%~80% 应为动物源蛋白质。

越野滑雪运动员和现代两项滑雪运动员通常会参加训练营，并在各种气候和地理带中比赛。从一个地理带移动到另一个地理带时，有几个因素会同时影响运动员的身体：温度、气压、昼夜交替、太阳辐射水平等。在气候带交替时，运动员的一些重要器官可能会损失抗坏血酸。在某些地理带的恶劣气候条件下，运动员面临着身体温度调节的问题。在这种情况下，用抗坏血酸进行额外的强化可以让运动员更好地适应新条件。每天抗坏血酸的生理剂量不应超过 150 毫克（必须随食物摄入）（A. 怀特，1981）。在空气温度降低的条件下，运动员体内蛋白质和脂肪的代谢加快，其中主要是水解和氧化过程占主导地位，在该过程中释放了能量以维持体温的恒定。因此，为了适应北方和其他寒冷地区的气候条件，要增加对食物最重要成分的摄入，也就是说，在这些气候和地理区域，饮食应多包含 15% 的碳水化合物、脂肪、蛋白质、维生素，并且必须含有大量的抗坏血酸。

为了补偿随汗水流失的矿物质盐和水溶性维生素，建议在饮食结构中不仅加入运动饮料，还应加入各种蔬菜、水果和坚果、土豆、瓜、西红柿、黄瓜、辣椒、生菜、菠菜、萝卜、葱、大蒜、青菜（欧芹、芹菜、莳萝、独活草、茴香等）、苹果、梨、葡萄、柑橘类水果、覆盆子、醋栗、黑加仑等。

**比赛前、中、后滑雪运动员的饮食**

任何级别的比赛都需要运动员进行严格的身体和精神上的训练。成功地进行比赛在许多方面还取决于合理的饮食结构：

比赛期间的饮食结构，食物组成应是运动员所习惯的；

食物应多样化且易于消化；

饮食中应排除冷食；

在参加比赛之前，建议运动员食用少量易消化、高热量的食物。食物中应含有优质蛋白质、足够的碳水化合物（煮肉、肉末、禽肉、蔬菜配菜、燕麦片、水煮蛋、黄油、茶、咖啡、各种果汁、水果、白面包）。

为了满足对维生素的需求，建议多吃天然水果。

在比赛前和比赛中，每日能量的 70%~75% 应由碳水化合物提供。同时，至少 75% 的能量应该从具有高 GI 的碳水化合物中获取（A.S. 博格丹，2008）。

在预期参加比赛的前2~4天，有必要增加碳水化合物（蔬菜、水果）的摄入量，并减少训练负荷。

比赛前一天，建议食用含少量膳食纤维的高碳水化合物食物，以排除便秘问题，并喝足够的水和果汁。

参加比赛之前，早餐应在规定起跑开始时间前2.5~3小时，食用容易消化的碳水化合物产品，其中应包含足够的液体、各种谷物、鸡蛋、黄油、煮熟或炖的肉、蔬菜色拉、水果和蔬菜。

开始起跑之前，不能吃动物脂肪、油炸肉、豆类等。

蛋白质食物应全天均匀分布，早晨应食用碳水化合物和脂肪类食物，以防止脂肪沉积。晚餐应至少在入睡前2小时进行，入睡前可以喝一杯酸奶。

（表3-8-12）提供了一些进食建议。

应摄入多达200克易于消化的碳水化合物（运动饮料）来补充流失的体液。

参加完比赛后：

请勿在前1小时食用食物；

建议以碳水化合物为主的饮食；

应该吃乳制品、燕麦片、肉、蔬菜、水果；

午餐时，建议食用肉汤、鸡肉或肉类菜肴以及蔬菜配菜，果汁、矿泉水；

晚餐则建议吃干酪、谷物、鱼菜、蔬菜、水果、果汁、茶。

**滑雪运动课程中液体摄入的建议**

水合作用是指机体的水饱和状态。

人体中约有2/3由水组成，水在体内起着许多重要作用。作为细胞和组织的组成部分，水参与代谢反应和大多数营养物质和分解产物的运输，并在温度调节过程中起重要作用。人体中大约75%的水是细胞液，而大约20%是细胞外液，包括血浆。高负荷下的血浆量会减少将近5%，这会导致心跳加快、体温升高，进而导致身体运动机能下降。

在训练和比赛负荷期间摄入液体的目的是防止机体脱水。

对成年人来说，体力活动较轻的健康人的每日需水量是根据每1千克体重30~40克来计算的，也就是说，体重为70千克时，人体每天需要约3升水（男性3.7升，女性2.7升）。由于在训练和比赛期间的特殊条件（低气温），滑雪运动员液体摄入量少，因为出汗较少。

表 3-8-12 训练和比赛的饮食策略（R. 斯利梅克尔，2007）

| 比赛前 | 比赛时间 | | | |
|---|---|---|---|---|
| | 1 小时 | 1~2 小时 | 2~4 小时 | 4 小时以上 |
| 1~10 天 | 普通饮食 | 高碳水化合物饮食（□65%CHO） | 高碳水化合物饮食（□65%CHO） | 高碳水化合物饮食（□65%CHO） |
| 12~24 小时 | CHO 含量高 | CHO 含量高 | CHO 含量高 | CHO 含量高 |
| 2~4 小时 | 低 CHO 液体或水 | 低 CHO 液体或水 | 高 CHO 液体或固体食品（1~3 克/公斤体重） | 高 CHO 液体或固体食品（3~5 克/公斤体重） |
| 1~2 小时 | 低 CHO 液体或水 | 低 CHO 液体或水 | 高 CHO 液体（1~3 克/公斤体重） | 高 CHO 液体（3~5 克/公斤体重） |
| 少于 1 小时 | 低 CHO 液体或水 | 低 CHO 液体或水 | 低 CHO 液体 | 低 CHO 液体或水 |
| 比赛中 | 低 CHO 液体或水 | | 低碳水化合物液体（液体补充）和高碳水化合物液体（能量补充）混合物，速度 = 1 g CHO / min | 低碳水化合物液体（液体补充）和高碳水化合物液体（能量补充）混合物，速度 = 1 g CHO / min |
| 比赛后（1~4 小时） | 低碳水化合物液体（液体补充）和高碳水化合物液体（能量补充）混合物，速度 = 0.75 g CHO / h | 低碳水化合物液体（液体补充）和高碳水化合物液体（能量补充）混合物，速度 = 0.75 g CHO / h | 低碳水化合物液体（液体补充）和高碳水化合物液体（能量补充）混合物，速度 = 0.75 g CHO / h | 低碳水化合物液体（液体补充）和高碳水化合物液体（能量补充）混合物，速度 = 0.75 g CHO / h |

续表

| | 比赛时间 | |
|---|---|---|
| 比赛后<br>（4小时以上） | 高碳水化合物饮食<br>（□65%CHO） | 高碳水化合物饮食<br>（□65%CHO） |
| 高碳水化合物饮食<br>（□65%CHO） | | |

备注：用于补充体液的饮料含有5%~15%的碳水化合物；用于补充能量的饮料含有□10%的碳水化合物（每瓶水□超过100大卡）。MT是质量。

脱水作用——机体脱水。当摄入的液体量与消耗的液体量相同时，便可以维持运动员体内的水分平衡。摄入的液体量取决于许多因素——环境温度、进行体育锻炼的容量和强度以及运动员的体重。科学数据显示，当人体消耗2%的液体时，体温调节能力下降；当消耗3%的液体时，耐力和运动能力下降；当消耗4%~6%的液体时，肌肉力量和耐力降低，出现热痉挛；如果液体的消耗超过6%，则会出现严重热痉挛、中暑、昏迷，甚至死亡（P. 斯利梅克尔，2007）。失去2%的体重，运动成绩就会下降到20%（M. 沃德利亚，1996）。

液体不足时的补充应根据训练和比赛负荷期间的体重减轻来确定（表3-8-13）。

表3-8-13 补液量（M. 沃德利亚，1996）

| 训练或比赛负荷期间的体重减轻量，克 | 所需液体量，毫升 |
| --- | --- |
| 500 | 500 |
| 1500 | 1500 |
| 2500 | 2500 |
| 4000 | 4000 |

水分和电解质不足时进行补充既是在训练和比赛负荷期间保持身体机能，也是负荷训练后加速自身恢复的必要条件之一（A. O. 卡雷琳 Karelin，2005；А. С. 博格丹 Богдан，2008）。当进行大量高强度训练时，会大量出汗，并且钠、钾和镁会从体内流失。在进行训练或比赛负荷后，应饮用矿泉水、摄入碳水化合物或碳水化合物矿物质饮料恢复人体的水分平衡。

在训练和比赛期间以及运动后，运动饮料旨在有效补充体内流失的水分，以碳水化合物、电解质和其他物质的形式为人体提供"快速能量"。运动前喝水可恢复体内的水分平衡，这对维持心血管活力、正常体温以及肌肉功能来说尤为重要。机体脱水是造成疲劳、表现和协调能力下降、肌肉痉挛的主要原因。为了避免这些病理状况，建议在饮用运动饮料时遵循正确选择的饮用方式，饮料中应包含快速和慢速碳水化合物的混合物，例如，葡萄糖、蔗糖、果糖和麦芽糖糊精，这些营养物质会均匀地为人体提供能量以及钠、镁、钾、维生素和矿物质。

钠有助于细胞液的积累。由于出汗，体内的钠水平降低。

镁具有预防痉挛发作的显著能力，对心血管系统有积极作用。

钾对于预防心律不齐非常重要，它参与新的肝细胞和肌肉糖原的产生过程。大部分钾都消耗在了耐力训练负荷之后的恢复期中。

维生素和矿物质在所有新陈代谢过程中都是必需的，尤其是在进行有氧训练负荷，维生素和矿物质随汗水流失增多的时候。

等渗饮料的成分与体液相似。

含有盐（钠、钾、镁、氯）的电解质饮料在高湿度的环境下很有用。

饮料富含碳水化合物，必须在训练开始前1小时内饮用，因为它们可以同时为人体提供能量并弥补体液的流失。饮用这些饮料，滑雪运动员就能够完成较大的训练负荷。

训练时间长达60分钟时，建议饮用碳水化合物含量为每100毫升5~8克的饮料。

对于持续时间超过60分钟的训练负荷，应饮用每100毫升至少包含11克碳水化合物的饮料。

在夏季，所摄入液体的温度应在 $14\pm1℃$ 之内，因为该温度的液体可促进口腔良好降温并改善温度调节过程。

如果滑雪运动员在开始之前需要喝水，那么建议喝约120毫升的低渗矿物质饮料或水。

在训练课程或参加比赛的过程中，应该每15~20分钟少量多次地喝水。液体摄入的频率取决于环境温度和赛跑距离。

体内水分的减少导致体内血液循环量的减少。由于液体的流失，血液变得更加黏稠，因此，确保血液循环的所有重要生理过程都被放慢了：有益物质（包括氧气）向生命重要器官和组织的运输速率以及从它们中运出最终代谢产物的速率降低。这意味着运动员的功能活动能力降低，中枢神经系统肌肉和器官的功能也降低。为了补偿被破坏的循环系统，人体每损失百分之一的水就必须使心率每分钟增加约5次跳动。血浆量减少3%会导致头痛、抑郁、虚弱、动作协调障碍和其他不良影响。

在高温下进行长时间的训练，尤其是有氧训练时，会出现主动排汗——每小时1~2升，因此建议在运动前2小时喝500毫升液体。滑雪运动员在训练或比赛期间应摄入的液体量取决于其个人因出汗而造成的消耗量。释放的汗水量取决于许多因素：体表面积、脂肪层厚度、运动员的年龄和性别、环境温度。在相同的训练条件下，女性的水分流失比男性少。

*211*

此外，水分通过肺部流失：当进行吸气时，空气在呼吸道中会将水分吸收；当进行呼气时，它会将其排出。体内水分流失的补偿机制是排尿次数的减少。

人体随着排汗会损失大量的常量和微量元素。但是，只有在高温下长时间进行强化训练的情况下，盐对人体来说才会较多流失。一升汗液中含有 1 克至 3 克 NaCl，因此，只要人体一天分泌 5 升以上汗液，机体就会缺乏盐分。只有在这种情况下，才有必要讨论一下盐的额外摄入量（基于 4 升汗液——一天 3~4 克盐，5 升~约 10 克，6 升~约 15 克）。要测量流汗量，必须在锻炼前、后称自己体重。在训练课程中，有必要记录训练期间饮水量（升、毫升）的数据。训练后称重时，有必要用毛巾擦掉汗水。要计算 1 小时内的排汗量，必须将所喝的液体量除以以分钟为单位的训练时间，然后乘以 60。

长时间进行有氧运动，最好饮用矿物质含量低的饮料，这些饮料除了水外还含有少量的基本矿物质（镁、钠、钾）。

训练期间和训练后喝水比运动前喝水更有效。

在高温下进行大量有氧运动训练时，液体流失程度最大，应在训练前 2 小时 30 分钟开始摄入液体。

在训练期间，使身体处于口渴困难的状态是极不建议的。

在寒冷条件下进行训练时，消耗的液体量会减少，并且经常仅在训练负荷之后才进行补液。在寒冷的天气中，运动员觉得自己出汗少，所以就喝水少。大量训练期间的体液流失明显增加并且不断累积，导致运动成绩下降。在中部山地和高地进行训练时，摄入足量的液体尤为重要，因为山区寒冷和干燥的空气会导致呼出气体中水分的流失。

为了提高运动能力，每天应该比平时多喝 1~2 升液体。只有在补水充分的情况下方能开始训练课程。

训练负荷完成后，应开始补液以补充体液流失，每 10~15 分钟小口喝 200 毫升。

在准备比赛进行训练时，建议喝水来解渴。

在比赛中，应保持足够的水合作用和血液中葡萄糖的正常水平。

脱氢是限制身体进行大量运动的主要原因之一。

大量训练和比赛负荷的进行会对身体的功能系统提出更高的要求。为了防止人体功能资源的衰竭，有必要对日常饮食进行适当的调整。

简单的水可以很有效地解渴，但对恢复身体的水合作用无效。

在寒冷的天气中，必须饮用温水。

不建议饮用碳酸饮料，尤其是那些含有色素和人造糖替代品的饮料。

为了恢复能量，水盐和维生素的平衡应饮用含碳水化合物矿物质的饮料。

为了快速缓解口渴，建议饮用低渗溶液。

为了在训练和比赛负荷训练过程中紧急恢复身体的水盐平衡，应饮用等渗饮料。

为了防止运动时脱水，建议喝水或运动饮料。需要喝的水量要以防止体重减轻为标准。

在空气温度升高和高海拔的条件下，应将摄入的液体量增加500~800毫升。

进行长时间的训练（超过1.5小时）时，运动员必须在摄入的液体中添加钠，因为必须补充从汗液中释放的水分和盐分。

在约25℃的大气温度下进行周期性的训练负荷1.5小时，运动员流失的体液多达2升。如果无法及时补充体液流失，则会导致心肌的兴奋和收缩过程遭到破坏。

在训练和比赛负荷期间，年轻运动员应喝4%~6%的矿物质碳水化合物溶液来补充体液。

# 第四章

# 体育设施和物资保证

## 4.1 滑雪场及其鉴定程序

越野滑雪道的铺设必须保证能够检验出选手的技术、战术和身体素质。路线的难度级别应与比赛级别相对应。雪道的起伏应尽可能自然。如果可能的话，应将滑雪道铺设在森林中。滑雪道不应有急弯，也不应有过陡的爬坡。下坡的铺设应使运动员感到比较难，但同时，即使在高速或滑冰、滑雪的情况下，赛道也很安全。

滑雪道应包括以下部分：

三分之一是爬坡，坡度应在9%（1∶11）和18%（1∶5.5）之间。包含高度超过10米的落差加上几次短距离爬坡，其坡度应超过18%；

三分之一是起伏不定的地形，该地形可以借用自然地形中的优势，上下坡度（高度差为1~9米）短小；

三分之一是设计用于考验不同滑雪技术的各种斜坡。

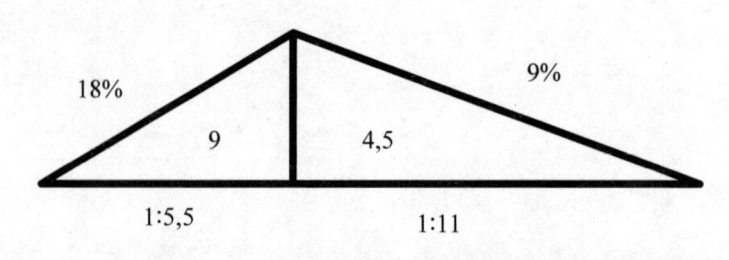

图 4-1-1 越野滑雪的滑雪道轮廓

总爬升（TC）必须在以下范围内：对于0.8~1.7 km的距离，高程差应为0~60米，依此类推，5 km的距离落差在150~210米，7.5 km的距离落差在200~315米，10 km的距离落差在250~420米，15 km的距离落差在400~600米，30 km的距离落差在800~1200米，50 km的距离落差在1400~1800米。

在冬奥会比赛中，赛道的最大上坡高度允许在海拔1800米以内。

**赛道轮廓规范**

上坡由部分高度差（Partial Height Difference——PHD）确定。PHD是给定爬坡的最高点和最低点之间的高度差。我们是通过部分上坡（Partial Climb——PC），即一般爬升坡度的描述来给出对上坡的附加描述。所有PC的总和是赛道上的总高度差总爬升（TC）。

主爬升（A）：PHD>30米，陡度为9%~18%，通常间隔一些长度小于200米的短丘地区。

短爬升（B）：10米<PHD<29米，陡度9%~18%。

陡坡（C）：PHD<10米，陡度18%，最大长度30米。

陡度（%）由以下公式确定：h／l×100%，其中h是举升高度（m），l是举升长度（m）。在规划比赛赛道时，必须使用（表4-1-1）中的数据。

**表4-1-1 按照路线长度规划上下坡特点**

| 赛道长度，公里 | 主爬升（A），陡度9%~18%，平均陡度6%~12% | | | 短爬升（B），陡度9%~18% | | 陡坡（C），陡度>18%，PHD<1.0m |
|---|---|---|---|---|---|---|
| | 数量 | PHD, m | 位置，公里 | 数量 | PHD, m | 数量 |
| 2.5 | 1 | 30~50 | 0.7~1.7 | 1~3 | 10~29 | 0~2 |
| 3.3~3.75 | 1 | 30~50 | 1~2 | 3~5 | 10~29 | 0~2 |
| 5 | 2 | 30~50 | 1) 1~2;<br>2) 3~4 | 3~5 | 10~29 | 0~3 |
| 7.5 | 2~3 | 30~65 | 1) 1~2;<br>2) 4~5 | 4~6 | 10~29 | 0~4 |
| 10 | 1~2<br>2 | 51~80<br>30~50 | 1) 2~4<br>2) 6~8 | 5~7 | 10~29 | 0~4 |

续表

| 赛道长度，公里 | 主爬升（A），陡度9%~18%，平均陡度6%~12% ||| 短爬升（B），陡度9%~18% || 陡坡（C），陡度>18%，PHD<1.0m |
|---|---|---|---|---|---|---|
| | 数量 | PHD, m | 位置，公里 | 数量 | PHD, m | 数量 |
| 12.5 | 1~2<br>2~3 | 51~80<br>30~50 | 1) 2~5<br>2) 7~10 | 6~9 | 10~29 | 0~5 |
| 15~16.6 | 1~2<br>3~5 | 51~80<br>30~50 | 1) 2~7<br>2) 9~13 | >8 | 10~29 | 0~8 |
| 25 | 2~3<br>4~5 | 51~100<br>30~50 | 1) 4~7<br>2) 11~14<br>3) 18~21 | >10 | 10~29 | 0~10 |

**坡度选择指导**

主爬坡部分（A）应间隔几个短的丘陵，平均陡度为6%~12%；

短爬坡（B）可以间隔一些别的形式；

TC 的 35%~55%PC 应该是主爬坡（A）；

TC 的 25%~35%PC 应该是短爬坡（B）；

TC 的 15%~35% PC 应该是丘陵区和陡坡（C）。

丘陵地形应包含平坦区域和爬坡区域，并利用当地地形的所有自然可能性制造短爬升和短下降，陡度<9%，可包含<10米的爬坡，高度距离比 HD 的陡度大于9%。

**鉴定顺序（赛道匹配）**

国际组织越野滑雪联盟比赛中使用的所有越野滑雪道必须经过认证。对于世界杯比赛的赛道必须在比赛开始前 2 年进行认证。计划进行这些比赛的组织必须向国际组织越野滑雪联盟的办公室提交申请，以将赛道交予组织方进行认证。国际组织越野滑雪联盟应该为这些比赛的组织方指定认证检查员。该检查员将履行其职责，直到他完成最终的认证报告为止。认证费必须在国际组织越野滑雪联盟的办公室进行支付，才能开始此程序。支付金额包括两个部分：申请费和认证费（各赛道单独缴费）。在开始认证程序之前，比赛组织方应咨询检查员以制订工作计划。对此，需要以下信息：

负责认证的官方人员（检查员）的姓名和地址；

拟议的比赛路线以及设置这些路线的所有技术文件；

详细的体育场馆规划建议；

比赛场地的规划基础设施。

路线图必须按1∶10,000的比例按时准备。赛道图的文件显示比例应为水平1∶50,000和垂直1∶5,000。

组织方必须提供这些路线图，并在其上标明总高程（TS），高程（HD）和最大升程（MS）。在轨道轮廓图上，爬升区域应按以下顺序排列：（A）主爬升，（B）短爬升，（C）陡坡。

应当在图表上指明北向，并给出比例尺。组织方必须向其技术代表提供批准的路线图副本以及认证报告。组织方必须按照国际组织越野滑雪联盟办公室的规定向检查员支付费用。

高度差（Height Difference——HD），即比赛路线最低点与最高点之间的差不得超过以下值：距离为0.8~1.4 km—30 m，5 km—100 m，7.5 km—125 m，10 km—150 m，15 km及以上—200 m。

最大爬升（Maximum Climb——MC）。对于0.8~1.4 km—0~30 m，5 km—50 m，7.5 km—65 m，10 km—80 m，15 km或更长—100 m的距离，单个爬升的高度差不得超过规定的上限。爬升区域可能会间隔一些不超过200 m的丘陵区域。

**检查员的职责和义务**

从组织方那里收到初步信息后，检查员将与组织方一起制订详细的认定计划。如有必要，检查员将批准的技术线路图和技术信息发送给组织方。检查员必须准备以下文件：认证报告；认证期间赛道上所有测量的数据；最终路线图；体育场的最终规划方案。

国际组织越野滑雪联盟领导方的义务和责任：

向地区滑雪联合会问询有关进行认证的事宜；

告知检查员他们的任务，并向他们提供进行认证的规则和说明，包括样本文件、图表和报告形式；

向组织方收取所需的资金；

告知组织方有关的指定检查员；

从检查员那里获取完整的认证报告，并将其送交规则和管理小组委员会（全国联合会执行委员会或裁判小组）最终批准；

批准已通过认证流程的赛道文档，并为每个此类路线分配一个认证编号。

最终批准后，国际组织越野滑雪联盟办公室会将报告和账单一起发送给组织方。支付账单后，组织方将为每条批准的路线获得正式的合格证明（认证）。对认证途径的所有更改应立即报告给国际组织越野滑雪联盟。对于路线的任何重大更改，必须进行一致性检查（认证）并获得新的证书。此证书有效期为5年。在此期限结束之前，应更新证书。可以通过行政程序赋予为期5年的新期限，但前提是赛道不间断使用且未曾有技术代表的意见。但是，国际组织越野滑雪联盟可以要求进行检查，但费用由组织方承担。

在正常情况下，越野赛道或其主要部分可以多次使用。所有比赛团队成员都应有一个检查滑雪板润滑的地方以及为此而铺设的滑道。这个地方应该靠近为滑雪板润滑而保留的区域，并且应离热身滑雪道不远。

### 规划比赛距离

在越野滑雪比赛中，可以规划使用一圈或多圈。

以规划15公里比赛距离为例：

a) 如果由一个以上的圆圈组成，则有必要使用（表4-1-1）中15公里路程的数据；

b) 如果路线由10公里和5公里圈组成，则有必要使用10公里和5公里路线的数据；

c) 如果比赛在7.5公里跑道上举行两次，则有必要使用表格中7.5公里跑道的数据；

d) 如果比赛在5公里赛道上举行了3次，则在表格中有必要使用5公里赛道的数据。

对于冬奥会和世界杯，使用的是15公里的赛道，包含两个7.5公里的圈。按照女子滑雪的要求，赛道包括两圈，各7.5公里；男子则为4圈，各7.5公里；传统和自由风格的圆圈应分开。在使用共同起跑方式的比赛中，使用5公里圈。单人短跑比赛可以用一圈或多圈赛道。短道滑雪接力赛和短道滑雪通常保持在一圈。

## 4.2 越野滑雪比赛的赛道准备

应在冬季开始之前进行季节前的赛前准备，这样即使积雪很少，也可以在没有危险的情况下使用。必须清除石头、不规则颠簸处、树桩、灌木和其他障碍物。需要排水的路段应予以纠正。夏季训练的标准应允许在30厘米的积雪下进行比赛，尤其要注意准备斜坡和反斜坡。

比赛的赛道准备。使用卷尺或特殊的测量轮来测量滑雪场的距离长度。距离和高度差必须尽可能精确地进行测量，以便可以正确得出爬升的轮廓和总和，高度差和升程的大小。

**传统风格的运动赛道准备**

对于以传统风格举行的个人比赛，沿着赛道切割出（铺设）一条或两条赛道。铺设一条赛道时，要将其放置在赛道的中间（转弯除外）。转弯时，仅在滑雪板可以沿着赛道自由滑动的地方铺设即可。在速度过高的急转弯处，赛道不会穿过。在铺设准备赛道时，有必要考虑最强的滑雪运动员的运动水平和最高速度。转弯时，赛道必须切近栅栏，以防止滑雪运动员在铺设的赛道和栅栏之间通过。赛道和赛道附近的雪必须坚硬。距终点线200米应尽可能平直，并有3条赛道。最后100米是终点区域，应该是直的。该区域开始的地方应以彩色线条清楚地进行标记。通常，该区域分为3个赛道，每个赛道都应清楚标记并清晰可见，并且所做的标记不应干扰滑雪板的运动。

**自由风格的运动赛道准备**

进行自由式比赛时，赛道的宽度必须至少为4米，赛道必须平整。赛道的最后100米是终点区域。终点区域的宽度必须至少为9米，该区域的起点必须用彩色线条清楚标记。通常，该区域分为3个赛道，每个赛道都应清楚标记，并且所做的标记不应干扰滑雪板的运动。

**举行追逐赛的赛道准备**

追逐（追踪）赛由两部分组成，这两部分不间断换滑板进行。第一部分为传统风格，第二部分为自由风格。对于追逐赛，赛道必须有良好的滑动性，并且宽度至少应为6米，这样一个滑雪者才能顺利超越另一个滑雪者。起跑区域分为2~4个起跑跑道，每个跑道至少2米宽。

男子比赛的赛程包括两个部分：15公里为传统风格，另15公里为自由式。在起步区以传统风格滑过赛程的上半部分后，更换滑雪板（更换运动风格）；女子的赛程包括两个部分：7.5公里采用传统风格，另7.5公里则以与男子相同的自由式，更换滑板。为进行追逐赛，需准备两条雪道：一种是传统运动风格雪道，另一种是自由雪道。

**赛道的整体准备**

需要使用专用设备对赛道进行准备并使其保持在良好的状态。使用重型机器时，应尽可能塑造自然的地形，以保持地形的不平坦。赛道的宽度至少应为3~4米，以便运动员可以自由滑行而不会受到危险。坡度应足够宽以能够铺设好跑道。赛道进行铺设时，应能够控制滑雪板并在其上滑动，避免任何约束部分对其产生阻碍作用。如果测量每个滑雪道到中间的距离，则两个滑雪道之间的距离为17~30厘米。即使在坚硬或冰冻的雪中，滑道的深度也应为2~5厘米。铺设两条滑道时，它们之间的距离应为1.0~1.2米，这是在这些滑道中点之间测得的。在正式训练开始之前，赛道必须完全准备好。这些赛道必须正确进行标记，其上应该放置里程指示器。用于滑雪测试的滑雪道应像正式赛道一样铺设。

比赛期间，赛道上的所有参赛者被提供的条件都必须一致。如果出现降雪或大风，就需要派遣机动队前往赛道，以保持其良好状态。

禁止使用（水和化学药品）改善雪中的滑动条件。但是，还是允许使用人造雪。滑雪道如果非常柔软，可以使用硝石压实雪。

比赛的主裁判和赛道负责人负责比赛赛道的铺设准备工作。

**赛道标记**

**赛道颜色代码**

为了标记赛道、标志、指示牌，旗帜和丝带的颜色将按照以下颜色代码来使用：

5 km（女子）——淡蓝色；

7.5 km（男/女）——淡蓝色/黄色；

10 km（女子）——紫色；

10 km（男子）——黄色；

15 km（女子）——红色/黄色；

15 km（男子）——红色；

30 km（女子）——绿色/橙色；

30 km（男子）——绿色；

50 km（男子）——橙色；

3~4×5 km（女子）——淡蓝色/橙色；

3~4×10 km（男子）——紫色/黄色；

短道——红色；

短道接力——红色。

赛道必须足够清晰地进行标记，以使运动员对其前进方向没有疑问。指示牌应显示已经滑完的赛道长度。在国际比赛中，每公里必须进行标记。在其他比赛中，只要有可能，都可以这样做，但在最后 5 公里内，就必须进行标记。路线上的岔路和交叉路口应明确标有清晰可见的标志，并且障碍物应放置在路线的未使用区域。

**赛道维护**

在大型比赛中，可能会受到观众干扰的所有地方的两侧都要设立围栏。

**赛道上的补给处**

在国际比赛中，长达 15 km 的赛道上可以设置 1 个补给站，长达 30 km 的可以设置 3 个，长达 50 km 的可以设置 6 个。

## 4.3　越野滑雪比赛的滑雪场准备

滑雪场应位于平坦的地方，不受风的影响。在滑雪场上铺设个人、团体和共同起跑滑雪比赛的滑雪道。滑雪场应有安排良好的起跑区和终点区。在准备滑雪场时，必须确保其功能性。如有必要，可以使用大门、围栏和标记区域对滑雪场区域进行划分和安排。滑雪场的准备方式如下：

比赛选手可以多次通过；

选手、官方人员、媒体、工作人员和观众可以轻松地走到自己的座位；

在个人比赛、群体起跑和接力赛中要有足够的起跑空间，并且终点区的长度符合既定要求。

比赛运动员必须能够不受阻碍地进入体育场以下区域：

团队训练区（房屋）；

热身赛道；

滑雪测试道；

滑雪标记和装备控制区；

存放热身运动服的地方；

起跑区——接力传递和滑雪板更换区域；

终点区——越过终点线后进入的滑雪板管理区；

即时服务区（衣服存放等）。

比赛官方人员必须符合适当的工作条件。教练、官方人员、新闻和工作人员应该在滑雪场内的工作区域，应保证其在不干扰起跑和终点过程的情况下进行工作。这些人进入滑雪场应出具认可证。计时员和负责计算结果的裁判应位于一个能够清晰观察起跑和终点区的房间内。起点和终点线通常位于一条直线上。具有电子计时功能的起跑区安置在起跑线上，光电管必须安装在终点线上。比赛完成的圈数结果的计时应与起跑和终点的分开。起跑区域必须至少有4米宽，并进行良好的防风处理。

对于医疗服务管理人员，应在滑雪场附近为其提供暖气室。

选手的洗手间必须位于滑雪场区域内，以便可以从滑雪场方便地到达洗手间。

实时信息设备：

信息板，用于记录有关气温、降雪和湿度的数据。这些信息应在起跑前2小时、1小时和30分钟以及起跑时、起跑30分钟和1小时后都进行报告。

温度测量应在滑雪场区域和可能出现极端温度的地方（在路线的多风，阴凉和阳光充足的地方，在最低和最高点等）；

用于记录成绩的记分板（屏幕），用于显示中间和非正式成绩；

扬声器，用于实时信息和广播。

## 4.4 器材、衣服以及鞋的要求

**双板滑雪板**

现代比赛用双板是玻璃纤维塑料和石墨制成的，光滑表面是由厚度为1.5mm的低压高分子聚乙烯构成的，其上贴着一层厚度为0.3~0.5mm的玻璃纤维，接着是中间的楔形层，上面是一到两层玻璃纤维及塑料装饰层。零件是用专用的压力胶粘贴的，能在一定状态下保证持续压力、制热及制冷。用塑料泡沫代替木头可以使一张板的重量降低至1200~1500克。

滑雪板拥有板面、板底、侧壁（侧表面），脚尖部分及脚后跟部分。

板底，即光滑表面有一个或多个导向沟槽，现代比赛双板的板底是用高分子量的塑料制成的。坚硬的塑料保护光滑的表面免受雪的巨大冲击，而疏松多孔的结构能使其吸收更多润滑油。现代滑雪板的塑料是聚乙烯加上特殊的材料（石墨、氟代烃）制成的。塑料在高温加压下聚合成结晶结构，这一过程叫作烧结。化学及物理合成的结晶之间还有空隙，空隙由非晶体的聚乙烯以及石墨粒子填充。优质的滑雪板板底在其聚乙烯结晶结构的空隙中有8%的石墨（FISCHER称15%以下）石墨减少了静电荷，相应地减少了底板和雪之间的电吸引力。石墨也能较好地传导雪和板底摩擦而产生的热。它将其热量传至滑雪板内部，在温暖的条件下，它能减少接触点上多余的水的形成，从而最大限度地减少毛细管力。滑雪板的脚尖部分有一个光滑的部分是不含石墨的，以便在滑雪板脚尖处形成足以实现最佳滑行的水膜。剩下的部分含有石墨，使得滑雪板上不会形成多余的水。

上表面，即滑雪板板面有一个承重面，用来安装固定器，并作为脚的支撑。

滑雪板脚后跟部分——滑雪板前部的末端，具有柔和的弯曲度，可以使滑雪板在雪中自由滑行。

滑雪板脚后跟部分——滑雪板后部的末端，略微成圆形并略微向上弯曲以减少滑行时的制动。

重量拱形——滑雪板的凹度，使滑雪者在雪地上的重量均匀分布。滑雪板的凹度决定了其硬度。

根据国际分类标准，滑雪板的硬度分为软、中、硬。

以下制造商的运动和旅游滑雪板最受欢迎：FISCHER、ATOMIC（奥地利），MADSHUS（挪威），ROSSIGNOL（法国）。

比赛用滑雪板有不同的应用：

1. 运动型；
2. 旅游型；
3. 日常型；
4. 专业型。

滑雪板有两种版本：

1. 传统款——用于传统式滑行；
2. 自由款——用于自由式滑行。

自由款的硬度比传统款高 10%～15%。

生产滑雪产品的公司会为顶尖运动员以及越野、旅游、狩猎和儿童滑雪爱好者提供模型滑雪板和制造滑雪板。

**滑雪板的挑选**

在挑选滑雪板时必须考虑体重和身高（表 4-4-1）。

表 4-4-1 传统款滑雪板挑选推荐

| 滑雪者体重（公斤） | 50～55 | 55～60 | 60～65 | 65～70 | 70～75 | 75～80 | 80～90 |
|---|---|---|---|---|---|---|---|
| 滑雪者身高（厘米） | 150～155 | 155～160 | 160～165 | 165～170 | 170～175 | 175～180 | 180～190 |
| 滑雪板长度（厘米） | 190～195 | 195～200 | 200～205 | 205～210 | 205～210 | 210～215 | 215～220 |

自由式滑行滑雪板的长度比传统款短 10～15 厘米。在结冰的路线推荐使用更短的滑雪板，而不是较软的滑雪板。

塑料滑雪板的光滑表面是粗糙的，这对于润滑膏和石蜡的保持是必须的。现代比赛用板的光滑表面带有聚乙烯 P-Tex，相比起其他聚乙烯它有很多优势：拥有最佳光滑度，能很好地吸收并保持石蜡、粉末和润滑油；拥有最大的硬度，也就是说耐损、耐摩擦。

现在滑雪板润滑油的主要生产商有 SWIX（挪威），START、VAUHTI、REX（芬兰），HOLMENKOL（德国），BRIKO-MAPLUS、RODE、STAR（意大利），SKI GO（瑞典），TOKO（瑞士）。

滑雪杖应结实、有弹性且轻。制造旅游型滑雪杖需要使用石墨（50%碳纤维和50%玻璃纤维）。自由型滑雪杖由 100%的石墨制成，重心偏移。它们具有软木手柄，底部有双石墨加固，杖重59克/米。质量较低的滑雪杖由90%的石墨和10%的玻璃纤维制成。儿童用滑雪杖由20%的石墨和80%的玻璃纤维制成。

滑雪杖由一根管（杆），一个握把（佩带），软木材料制成的手柄，一个支撑元件（"爪"）和一个杆尖组成。

主要的滑雪杖生产商如下：SWIX、MADSHUS（挪威），ONEWAY、EXEL

(芬兰），LEKI（德国），KV+（瑞士）。所有生产这些产品的公司都生产传统滑行式和自由滑行式的滑雪杖，每一家公司都既为高水平专业运动员生产滑雪杖，又为积极参与滑雪赛事的滑雪者以及爱好者、儿童生产滑雪杖。

滑雪杖的挑选要考虑以下因素：身高、身体发展、对技术的掌握程度和功能准备情况。

训练较弱的滑雪者要用短一些的滑雪杖（比训练有素的滑雪者短2~3厘米）。

根据身高选择滑雪杖参照（表4-4-2）。

表4-4-2 传统滑行式滑雪者滑雪杖选择与身高对照

| 滑雪者身高（厘米） | 155~160 | 160~165 | 165~170 | 170~175 | 175~180 | 180~185 | 185~190 |
|---|---|---|---|---|---|---|---|
| 滑雪杖长度（厘米） | 117~122 | 122~127 | 127~132 | 132~137 | 137~142 | 142~148 | 152~158 |

在实际操作中使用了该种选择传统滑雪杖的方法：运动员穿着滑雪靴站在滑雪板上，握住滑雪杖并将其放在腋下。在这种情况下滑雪杖应能抵在腋下。自由式滑行滑雪杆的选择，应根据运动员的训练水平在所选传统杆的长度上增加12~20厘米。这种方法较为简单且常常用于体育实践中。

**滑雪比赛运动员的服装和鞋**

滑雪者的服装由现代弹性材料聚酯，合成弹性纤维，聚酰胺纤维制成，可降低滑雪时的空气阻力，这些纤维不带电、不褪色、不吸收水分。生产商公司非常注重设计及衣服的便利性，他们使用现代样式，生产出轻巧美观的，方便滑雪者穿的衣服。由于培训课程和比赛通常在不利的天气条件下举行，因此服装应具有防水和防风的性能。

在现代运动服的制造中，使用了分层原理，最重要的是汗水不被吸收到衣服的各层中，而是排到外面。如果水分残留在皮肤上，它能将其迅速冷却。服装应在挡风的同时透气。衣服的第一层是透气的保暖层，能形成微气候并将汗排到外面即第二层中。第二层是T恤衫、短袖或长袖衬衫，即功能性服装，处在保暖层和高科技材料制成的外衣中间，使水分散发到外面，从而在高强度运动中提供舒适感。第三层是多功能运动员外衣。在训练课程中，滑雪者的衣服应包括内衣、训练工作服、外套或无袖外套、防寒裤子。参加比赛的运动员穿保暖内衣和膝盖和肘关节防寒的比赛服。现代保暖内衣不会使身体上留下水分，而是能将水分排到外面，因此运动员的身体能保持干燥，这非常重要。比赛服应足够保暖、活动方便，现代材料和裁剪样式都能保证这些。外部材料可以加上特殊的防水层，同时保持良好的通风性。滑雪者的现代衣服是由高科技的超细纤维网状织物制成，可保持自然通风，因为衣服防冷防风，运动员不会出汗，不会感到冷。比赛服有紧身样式。正确选择袜子非常重要。它们应由合成纤维和天然纤维制成，以提供良好的保暖性能。袜子不应很紧，但应足够紧以紧贴腿部。袜子过紧会破坏血液循环，滑雪者的双腿会更快结冰。它们的脚后跟和前部应该用更密的线连接，从而更好地给这些部位保暖。

天气寒冷时，为了防风防寒，要戴手套。手套由现代优质耐用的天然或人造材料制成（真皮或麂皮、人造皮以及特殊的合成致密保暖材料、防寒材料），手套应按手的大小好好挑选。

滑雪者的头部应受到良好保护，免受冷风侵袭。帽子可以由合成材料和天然材料共同制成，可以有不同样式。赛车帽仅由特殊样式的合成材料制成，由于紧密贴合头部，因此有流线型效果。

参加比赛的滑雪运动员还有雪靴：

传统式（针对传统滑行式）；

花式（针对自由滑行式）；

混合式（用于在马拉松运动中传统和自由滑行式）。

现代滑雪靴仅由合成的特殊材料制成，因为它们更坚固、更灵活、更轻。

传统雪靴最短，有柔软的鞋底，在蹬脚时可以很好地弯曲。要用锁扣将它们系紧。

花式雪靴较长，鞋底较硬。将它们系紧后再用两个锁扣固定。

混合雪靴的底比传统式的硬，但比花式的软，长短居中，将它们系紧后用一个锁扣固定。

混合雪靴和花式雪靴有轴圈，可在扣紧时调节鞋与腿的松紧度。

靴子的上部由防水材料制成。

所有生产滑雪产品的公司也都生产雪靴，它们的设计，顶部和鞋底的构造各不相同。

雪靴的安装座的生产公司有ROTTEFELLA（挪威），SALOMON（法国）。这些公司都生产安装座，包括传统式的以及自由式的。这些公司的安装座构造也不同，在花式滑行的安装座中，使用了双焦点系统，当滑雪板返回支撑腿时，可以轻松控制滑雪板。在传统安装座中没有这一设计，这是不必要的，仅仅用一个弓形夹。

企业生产两种类型的安装座：

在滑雪板上用螺钉加固的；

在滑雪板上安装专门的平台，并用专用开关将安装座固定在平台上。

## 4.5 滑雪板和润滑油选择的影响因素

滑雪板和润滑油的选择受以下因素影响：

1. 空气和雪的温度

温度要在雪道上的几个点测量，应记住，无论空气温度再怎么降低，雪表面的温度一旦到达0°C，就不会再升了，在该种情况下应考虑空气温度并注意空气湿度。

2. 空气湿度

滑雪比赛通常在平均湿度50%以内的干燥气候区、湿度为50%~80%的正常气候区或湿度为80%~100%的潮湿气候区中举行。此外，滑雪板和润滑油的选择还受降水影响。

3. 雪粒

选择滑雪板以及润滑油时必须考虑雪的结晶程度以及雪表状况。已下的雪和正在下的雪都会影响润滑剂的选择。在这种天气下需要使用润滑剂，使得尖锐的结晶雪不会透过润滑油。湿度很高时润滑油应有防水功能，且在雪板光滑的表面应有沟槽滚花。在有细小结晶雪粒时应用沟槽滚花更细小的雪板；在积雪老旧、空气温度适中时应用沟槽滚花中等的雪板；沟槽滚花大的雪板用于湿润的带结晶的雪。

4. 其他因素

大气状况以及雪的状况是一直在变化的。雪的温度在大气的影响下可能上升也可能下降，变化的速度取决于空气温度以及湿度。因此，空气过湿会导致雪面凝结，从而释放潜在热量，因此有必要使用更防寒的润滑膏，而不是仅仅考虑温度因素。在干燥的天气中，雪会升华——该过程会从雪层中带走热量。

在这种情况下，必须使用较硬的润滑膏。滑雪板在被风吹起的雪上滑行困难，因为雪粒被压碎成彼此摩擦的更小的小颗粒，结果是雪变得更密了。雪表面密度变大则使滑雪板与雪的接触面也加大，这导致更大的摩擦力。

在准备滑雪板时，要考虑到比赛中可能会出现降水，以及赛道的光照及非光照区域的比例。

## 4.6　打蜡工具

给滑雪板打蜡需要以下工具：

1. 打蜡桌

很多生产滑雪用具的公司也生产坚固的桌子，用来固定滑雪板，使其在各个边都有支撑（图4-6-1）。

图 4-6-1　准备滑雪板的桌子

2. 熨斗

在给滑雪板打蜡时要使用熨斗，电熨斗的底座更厚，恒温器更精确，因此可保持更恒定的温度，温度在 0~180 °C 调整（图 4-6-2）。

图 4-6-2 用来准备滑雪板的熨斗

3. 刮刀（用来刮蜡的刀）
金属刮刀（厚）——用来弄平滑雪板光滑表面；
金属刮刀（薄）——用来清除制动蜡；
丙烯酸、塑料或有机玻璃刮刀——用于刮除石蜡层，去蜡；
凹槽刮刀——用来清洁滑雪板的中央凹槽（图4-6-3）。

图 4-6-3 处理滑雪板光滑表面的刮刀样例

4. 刷子
在手动准备滑雪板工具时，使用了以下类型的刷子：
黄铜刷［清除滑雪板底面上的花纹（在涂底漆时）］；
尼龙刷（用于所有加工阶段的通用刷子）；
马毛刷（软刷，用于彻底清洁涂层结构）；
粗青铜刷（用以重塑架构）；
细青铜刷（专业刷子，用刮刀除去石蜡和氟化物后使用）；
软刷（用来抛光）；

微精加工刷（带钢毛的超软刷，用于精加工石蜡）；
转子刷（在滑雪板的机械加工过程中，使用转子刷）；
尼龙万能刷；
马毛刷（软毛刷，用于彻底清洁滑雪板的结构）；
青铜刷（用来清洁架构）；
天然万能刷（用于更新架构）；
软木（用来涂粉末和加速剂）；
石蜡和粉末要用单独的刷子（图4-6-4）。

图4-6-4 处理滑雪板光滑表面的刷子样例

5. 砂布，用来准备和加工滑雪板的光滑表面。
6. 砂纸，用来使制动区域变粗糙并准备滑雪板的光滑表面。
7. 纤维（多孔）织物，用于研磨和清洁滑雪板的光滑表面。
8. 软木塞（合成的和天然的），用于研磨润滑膏。
9. 温度计，用于测量雪温。
10. 测量站，用于精确测量空气和雪的温度以及空气湿度。
11. 单独反冲——一种测量滑雪速度的设备。
12. 测试滑雪板，用于测试石蜡、粉末、加速剂和滑雪膏：花样式用8~10对；传统式用5~6对。
13. 防护面罩——在准备滑雪板进行训练和比赛时，必须戴上防护面罩，以保护呼吸道免受有害烟雾的影响。

# 参考文献

1. Антонова, А. Н. Лыжная подготовка : учеб. пособие для студентов сред. пед. учеб. заведений / А. Н. Антонов, В. С. Кузнецов. – М.: 1999. – 208 с.
2. Артемьев, В. П. Теория и методика физического воспитания. Двигательные качества / В. П. Артемьев, В. В. Шутов. – Могилев, МГУ им. Кулешова А. А., 2004. – 283 с.
3. Багин, Н. А. Лыжный спорт (гонки) : Учебное пособие / Под ред. Н. А. Багина. – В. Луки, 1999. – 25 с.
4. Березин, Г. В. Лыжный спорт.: Учебник / Г. В. Березин, И. М. Бутин. – М.: Просвещение, 1973. – 276 с.
5. Бутин, И. М. Лыжный спорт. Учебник / И. М. Бутин. – М.: Просвещение, 1983. – 350 с.
6. Бутин, И. М. Лыжный спорт. Учебное пособие / И. М. Бутин. – М.: Академия, 2000. – 368 с.
7. Бутин, И. М. Лыжный спорт : учебник для студентов образовательных учреждений среднего проф. Образования / И. М. Бутин. – М.: ВЛАДОС - ПРЕСС, 2003. – 192 с.
8. Богдан, А. С. Питание спортсменов во время проведенияXXIX летних Олимпийских игр в Пекине / метод. рекомендации / А. С. Богдан. – Минск: Медисонт, 2008. – 126 с.
9. Браун, Н. Подготовка лыж. Полное руководство / Н. Браун; пер. с англ. А. Немцова. – Мурманск. – 2004. – 168 с.
10. Буссарин, А. Г. Использование фтористых добавок в смазке гоночных лыж : ANALYTIC - SERIAL / А. Г. Буссарин, Ю. П. Денисенко // Теория и практика физической культуры. – 2008. – № 5. – С. 86.
11. Гольберг, Н. Д. Питание юных спортсменов / Н. Д. Гольберг, Р. Р. Дондуковская. – М.: Советский спорт, 2009. – 240 с.
12. Гриффит, В. Витамины / В. Гриффит. – М.: Гранд, 2000. – 153 с.

13. Грушин, А. А. Все о лыжах 《Atomic》 и 《Fischer》 / А. А. Грушин // Лыжные гонки. - 1996. - № 1. - С. 18-20.

14. Грушин, А. С. Все о подготовке лыж / А. С. Грушин // Лыжные гонки. - 1997. - № 5. - С. 16-21.

15. Гурский, А. В. Лыжные гонки. Учебное пособие / А. В. Гурский, В. В. Ермаков, Л. Ф. Кобзева, Л. И. Рыженкова. - Смоленск: СГИФК, 1990. - 79 с.

16. Дворецкий, В. А. Выбор и подготовка современных гоночных лыж / В. А. Дворецкий. - Смоленск: РИОСГИФК. - 2002. - 43 с.

17. Дворецкий, В. А. Смазка лыж для коньковых и классических способов передвижения / В. А. Дворецкий, В. Н. Рыженков. - Смоленск: РиО СГИФК. - 2002. - 23 с.

18. Демко, Н. А. Техника конькового хода и пути ее совершенствования: метод рекомендации / Н. А. Демко. - Минск, 1988. - 18 с.

19. Добринина, Н. А. Питание для спортсменов / Н. А. Добринина. - М.: Человек, 2010. - 194 с.

20. Евстратов, В. Д. Лыжный спорт: учебник для ин - тов и техникумов физ культуры / В. Д. Евстратов, Б. И. Сергеев, Г. Б. Чукардин. - М.: ФиС, 1989. - 319 с.

21. Еншина, А. Н. Лечебные, гигиенические и технологические основы организации питания в лечебно - профилактических учреждениях / А. Н. Еншина, М. Д. Каравай, Г. А. Острошанкина. - Минск.: Медтраст, 1996. - 744 с.

22. Еншина, А. Н. Организация питания спортсменов национальных команд Республики Беларусь в циклических видах спорта / метод. рекомендации, 2-е изд. стереотипное / А. Н. Еншина. - Минск. 2009. - 160 с.

23. Ермаков, В. В. Становление технического мастерства лыжника - гонщика: Сборник научных трудов / В. В. Ермаков. - Смоленск: СГИФК. 1979. - 76 с.

24. Ермаков, В. В. Специальная подготовка лыжника - гонщика. Учебное пособие / В. В. Ермаков, А. В. Гурский, И. Т. Яковлев, О. Ю. Солодухин. - Смоленск: СГИФК, 1985. - 41 с.

25. Ермаков, В. В. Техника лыжных ходов. Учебное пособие / В. В. Ермаков. - Смоленск: СГИФК, 1989. - 77 с.

26. Захаров, А. Д. Специальная психологическая подготовка лыжника - гонщика к соревнованиям / А. Д. Захаров // Теория и практика физической

культуры. 1985. - № 1. - С. 11-13.

27. Киселев, В. М. Подготовка спортивного резерва в лыжных гонках: метод. рекомендации / В. М. Киселев, П. М. Прилуцкий, А. П. Слонский. - Минск, 2002. - 42 с.

28. Кобзева, Л. Ф. Планирование спортивного совершенствования в лыжных гонках. Учебное пособие /Л. Ф. Кобзева. - Смоленск: СГИФК, 1998. - 115 с.

29. Коркоран, М. Н. Подготовка беговых лыж к соревнованиям: Пер. с франц. А. В. Зубковой. - М.: Спорт Академ Пресс. - 2002. - 143 с.

30. Манжосов, В. Н. Лыжный спорт: учеб. пособие для вузов / В. Н. Манжосов, И. Г. Огольцов, Г. А. Смирнов. - М.: Высшая школа, 1979. - 151 с.

31. Масленников, И. Б. Лыжные гонки / И. Б. Масленников, Г. А. Смирнов. - М.: ФиС, 1999. - 200 с.

32. Матвеев, Л. П. Основы спортивной тренировки / Л. П. Матвеев. - М.: ФиС, 1977. - 280 с.

33. Озолин, Н. Г. Настольная книга тренера: Наука побеждать / Н. Г. Озолин. - М.: Астрель, 2003. - 863 с.

34. Петровский, А. В. Социальная психология коллектива / А. В. Петровский, В. В. Шпалинский. - М.: Просвещение, 1978. - 243 с.

35. Петровский, К. С. Гигиена питания / К. С. Петровский, В. Д. Ванханен. - М.: Медицина, 1982. - с. 333-405.

36. Пальчевский, В. Н. Лыжные гонки: Новичку, мастеру, тренеру / В. Н. Пальчевский, Н. А. Демко, С. В. Корнюшко. - Минск: Четыре четверти, 1966. - 169 с.

37. Пилоян, Р. А. Способы формирования мотивации спортивной деятельности: метод. разработка для слушателей Высшей школы тренеров, факультетов повышения квалификации и студентов ГЦОЛИФК / Р. А. Пилоян. - М., 1988. - 26 с.

38. Подготовка скользящей поверхности беговых лыж // Spotrall. ru [Электронный ресурс]. - 2010. - Режим доступа: http://www. Sportall. ru/info/skiwaxingistruction. html - Дата доступа: 06. 09. 2010.

39. Поварницын, А. П. Волевая подготовка лыжника - гонщика / А. П. Поварницын. - М.: Физкультура и спорт, 1976. - 128 с.

40. Прохоров, В. Н. Полифункциональность деятельности тренера ДЮСШ: автореф. дис. канд. ··· пед. наук / В. Н. Прохоров. - М.: 1982. -

19 с.

41. Раменская, Т. И. Техническая подготовка лыжника: учеб. - практ. пособие / Т. И. Раменская. - М.: ФиС, 2000. - 264 с.

42. Раменская, Т. И. Специальная подготвка лыжника: учеб. книга / Т. И. Раменская. - М.: СпортАкадемПресс, 2001. - 228 с.

43. Спиридонов, К. Н. Влияние условий скольжения на скорость хода лыжников - гонщиков. / К. Н. Спиридонов - М., 1980. - 24 с.

44. Торгерсен, Л. Уход за лыжами и лыжные мази: пер. с норв. / Л. Торгерсен; предисл. В. Н. Манжосов. - М.: ФиС, 1982. - 61 с.

45. Фомин, С. К. Лыжный инвентарь и смазка лыж / С. К. Фомин - К: Здоровье, 1974. - 126 с.

46. Фомин, С. К. Применение лыжных мазей. / С. К. Фомин, А. Б. Портнов. - М: ФиС, 1979. - 112 с.

47. Фомин, С. К. Подготовка лыжников в условиях среднегорья / С. К. Фомин, А. Д. Махонин, В. И. Пивоварова. - К.: Здоров'я, 1984. - 150 с.

48. Фомин, С. К. Лыжный спорт: Методическое пособие для учителей физической культуры и тренеров / С. К. Фомин. - К: Российская школа, 1988. - 179 с. 24.